道路桥梁工程建设管理与施工技术研究

黄秋霞　苟文忠　谭艳桃◎著

吉林科学技术出版社

图书在版编目（CIP）数据

道路桥梁工程建设管理与施工技术研究／黄秋霞，苟文忠，谭艳桃著 . -- 长春：吉林科学技术出版社，2024. 8. -- ISBN 978-7-5744-1787-8

Ⅰ. U415. 1；U445. 1

中国国家版本馆 CIP 数据核字第 20247TU461 号

道路桥梁工程建设管理与施工技术研究

著	黄秋霞　苟文忠　谭艳桃	
出 版 人	宛　霞	
责任编辑	穆　楠	
封面设计	金熙腾达	
制　版	金熙腾达	
幅面尺寸	170mm×240mm	
开　本	16	
字　数	240 千字	
印　张	15.25	
印　数	1~1500 册	
版　次	2024年8月第1版	
印　次	2024年12月第1次印刷	

出　版	吉林科学技术出版社
发　行	吉林科学技术出版社
地　址	长春市福祉大路5788 号出版大厦A 座
邮　编	130118
发行部电话/传真	0431-81629529 81629530 81629531
	81629532 81629533 81629534
储运部电话	0431-86059116
编辑部电话	0431-81629510
印　刷	三河市嵩川印刷有限公司

书　号	ISBN 978-7-5744-1787-8
定　价	96.00元

前　言

　　近年来，随着我国城市建设发展速度的逐渐加快，在城市交通中，车辆拥堵情况也逐渐涌现出来，这给人们生活以及城市建设的进步造成了很大的影响。因此，在这样的情况下，道路桥梁工程施工建设就非常关键。可是在道路桥梁工程施工环节中，往往会有多种因素影响工程建设，针对科学的施工技术，工程建设工作人员缺少相应的认识；同时，针对在工程建设环节中的管理，建筑工程施工企业有很多问题，这样就造成了我们国家道路桥梁工程施工质量达不到标准。随着我国的道路桥梁交通网不断扩大，这也促进了道路桥梁施工技术的发展，特别是各项新规范、新标准的颁布以及新技术、新工艺的不断推广使用，路基路面和桥梁上下部施工技术日新月异，人们对施工质量要求也越来越高。为了加快经济的发展，道路交通技术的支持是必不可少的，因此，要想使其得到快速发展，就要认真研究其存在的问题，不断进行完善，并对施工技术进行严格的管理。桥梁工程与施工技术研究在工程领域发展中具有重要意义，并取得了显著的成效。不同桥梁类型所采用的施工技术和方法也不尽相同，因此，针对桥梁工程与施工技术的研究具有重要意义。

　　本书主要研究道路桥梁工程的建设管理与施工技术。本书从道路桥梁工程基础理论入手，针对现代道路工程、桥梁工程做了简要说明；接着对道路桥梁工程建设的基本项目管理进行了分析，内容涵盖项目进度、质量、成本、合同、风险以及沟通与信息等方面，并基于可持续发展探讨了工程项目的施工安全与环境管理；在后半部分，着重对道路工程、道路附属工程、市政道路养护及桥梁工程的主要施工技术进行了研究。本书对道路桥梁工程的建设应用有一定的借鉴意义。

本书的写作参考和引用了诸多同行学者的著作、论文和相关标准规范，以及国家法规政策，并在写作过程中得到了领导和诸多同行的指导和帮助，在此谨向他们致以诚挚的谢意！由于作者水平有限，文中若有不当之处或错误，恳请读者批评指正。

著　者

目 录

第一章　道路桥梁工程概论

第一节　现代道路工程基础理论

一、道路与道路工程

道路是供各种车辆和行人通行的工程设施，道路工程则是以道路为对象而进行的规划、设计、施工、养护与管理工作的全过程及其工程实体的总称。

（一）道路的特点及功能

1. 特点

近百年来，汽车运输之所以能迅速发展，与道路及道路运输具有的一系列特点是分不开的。

（1）道路的基本属性

道路建设与道路运输都是物质生产，因此它们必然具有物质生产的基本属性，即生产资料、劳动手段和劳动力。作为物质产品而存在的道路又有其特有的基本属性：公益性、商品性、灵活性、超前性、储备性。

（2）道路的经济特征

道路作为一种特殊的物质产品，它还具有如下一些经济特征。

①道路产品是固定在广阔地域上的线形建筑物，道路建设的流动空间更大，工作地点更不固定，受社会和自然环境影响大，具有更强的专业性。

②道路的生产周期和使用周期长。在使用过程中还须进行经常性的养护、维修和管理工作。

③道路虽是物质产品，但不具有商品的形式。其投资费用通过道路收费（使用道路的收费和养护管理费）和运输运营收费形式来补偿。

④道路具有特殊的消费过程和消费方式。

⑤道路是作为一个完整的系统发挥其作用，为社会和经济服务的。

2. 功能

（1）道路具有的功能

①主要承担中、短途运输任务（短途运输里程为50km以内，中途运输里程为50~200km）。

②补充和衔接其他运输方式，担任大运量运输（如火车及轮船运输）的集散运输任务。

③在特殊条件下，也可独立担负长途运输任务。

（2）城市道路具有的功能

①联系城市各部分，为城市内部各种交通服务，并担负城市对外交通的中转集散。

②构成城市结构布局的骨架，确定城市的格局。

③为防空、防火、防地震及绿化提供场地。

④城市铺设各种公用设施的主要通道。

⑤为城市提供通风、采光，改善城市生活环境。

⑥划分街坊，组织沿街建筑，表现城市建设风貌。

（二）道路的组成

道路是一种线形工程结构物，它包括线形组成和结构组成两大部分。

1. 线形组成

道路的中线是一条三维空间曲线，称为路线，线形就是道路中线在空间的几何形状和尺寸。

在道路线形设计中，为了便于确定道路中线的位置、形状、尺寸，一般从路线平面、路线纵断面和空间线形三个方面来研究路线。道路中线在水平面上的投影叫路线平面，反映路线在平面上的形状、位置及尺寸的图形叫路线平面图。用一曲面沿道路中线竖直剖切展成的平面叫路线纵断面，反映道路中线在断面上的形状、位置及尺寸的图形叫路线纵断面图。沿道路中线上任一点所作的法向剖切面叫横断面，反映道路在横断面上的结构、尺寸形状的图形叫横断面图。空间线形通常是用线形组合、透视图法、模型法来进行研究的。

2. 结构组成

（1）路基

路基是道路结构体的基础，是由土、石材料按照一定尺寸、结构要求构成的带状土工结构物。路基必须稳定坚实。道路路基的结构、尺寸用横断面表示。

（2）路面

路面是在路基表面的行车部分，是用各种筑路材料分层铺筑的结构物，以供车辆在其上以一定速度安全、舒适地行驶。路面要具有一定的强度、平整度和粗糙度。

（3）桥涵

道路在跨越河流、沟谷和其他障碍物时所使用的结构物叫桥涵。桥涵是道路的横向排水系统之一。

（4）排水系统

为了确保路基稳定，免受自然水的侵蚀，道路还应修建排水设施。道路排水系统按其排水方向的不同可分为纵向和横向排水系统，按排水位置又分为地面和地下排水设施。地面排水设施用以排除危害路基的雨水、积水及外来水，地下排水设施主要用于降低地下水位及排除地下水。

（5）隧道

隧道是为道路从地层内部或水下通过而修筑的建筑物。隧道在道路中能缩短里程，避免道路翻越山岭，保证道路行车的平顺性。

（6）防护工程

陡峻的山坡或沿河一侧的路基边坡受水流冲刷，会威胁路段的稳定。为保证路基的稳定，加固路基边坡所修建的人工构造物称为防护工程。

（7）特殊构造物

除上述常见的构造物外，为了保证道路连续、路基稳定，确保行车安全，还在山区地形、地质特别复杂的路段修建一些特殊结构物，如悬出路台、半山桥、防石廊等。

（8）沿线设施

沿线设施是道路沿线交通安全、管理、服务及环保设施的总称，主要有以下几项。

①交通安全设施。包括跨线桥、地下横道色灯信号、护栏、防护网、反光标志、照明等。

②交通管理设施。包括道路标志（如指示标志、警告标志、指路标志、禁令标志等）、路面标志、立面标志、紧急电话、道路情报板、道路监视设施、交通控制设施、交通监视设施及安全岛、交通岛、中心岛等。

③防护设施。包括抗滑坡构造物、防雪走廊、防沙棚等。

④停车设施。指在道路沿线及起终点设置的停车场、汽车停靠站、回车道等设施。

⑤路用房屋及其他沿线设施。包括养护房屋、营运房屋、收费所、加油站、休息站等设施。

⑥绿化。包括道路分隔带，路旁、立交枢纽休息设施、人行道等处的绿化，以及道路防护林带和集中的绿化区等。

（三）道路工程体系的组成

道路工程的基本体系由道路的类型、组成内容及研究范围三个方面组成。

1. 道路规划

道路规划是指在一个地区范围内（如全国、省、市、自治区、地、县等），根据该地区的政治、国防、经济、文化、交通现状和发展要求，综合当地自然条件及其他因素，对道路进行的全面布局和规划的工作。道路网规划是道路建设科学管理大系统中决策系统的重要环节，是国土规划、综合运输网规划的重要组成部分；道路网规划属于长远发展布局规划，是制订道路建设中长期规划、编制五年建设计划、选择建设项目的主要依据，是确保道路建设合理布局，有秩序地协调发展，防止建设决策、建设布局随意性及盲目性的重要手段。

2. 道路可行性研究

可行性研究是指一种对投资项目在投资决策前进行技术、经济论证的科学方法，是一种在投资前通过调查、分析、研究、推算和比较，选择最小的耗费，取得最佳经济效果的手段。我国规定，要以可行性研究为基础来确定基本建设的基本轮廓。这个轮廓可概括为工程建设的可否、时期、规模三个基本问题。

道路可行性研究任务是在对地区社会经济发展及路网状况进行充分调查研

究、评价预测和必要的勘察工作的基础上，对项目建设的必要性、经济合理性、技术可行性、实施可能性提出综合的研究论证报告。按其工作深度可分为预测可行性研究和工程可行性研究。道路建设项目可行性研究报告的主要内容包括以下方面：建设项目的依据、背景，在交通运输网中的地位，原路的状况，预测交通量及发展水平；建设项目的地理位置和自然特征，筑路材料来源及运输条件；不同方案的特点及推荐意见；主要工程量和投资估算，经济评价；对推荐方案的评价，存在的问题和有关建议。

3. 道路设计与工程招投标

（1）道路设计

道路设计是根据道路规划，按国家规定的标准和设计任务书的要求，对一条道路的路线方案、形状、位置及各组成部分的详细结构尺寸、工程数量、费用等进行的设计工作。道路设计前必须对道路沿线（自然的、社会的等）条件进行勘测、调查，收集资料，再通过内业设计，完成修建全路所必需的全部图表、工程数量、费用等项目。道路设计根据任务、审核和完成资料的不同可分为初步设计、技术设计和施工图设计。

（2）工程招标与投标

①道路工程招标，是指道路工程建设单位就拟建道路工程的规模、道路等级、设计图、质量标准等有关条件，公开或非公开地邀请投标人报出工程价格，在规定的日期开标，从而择优选定工程承包者的过程。

②道路工程投标，是指承包单位在同意建设单位按拟定的招标文件所提出的各项条件的前提下，对招标项目进行报价。投标单位获得投标资料以后，在认真研究招标文件的基础上，掌握好价格、工期、质量、物资等关键因素，根据建设单位的要求和条件，在符合招标项目质量要求的前提下，对招标项目进行价格估算，并在规定的期限内向招标单位递交投标资料，争取"中标"的过程。

③道路工程建设实行招标投标承包制，是我国道路建设事业改革的需要。招标投标承包制不仅在理论上符合商品经济和价值规律的基本原理，也在实践上证明了可以确保工程质量、缩短建设工期、降低工程造价、提高投资效益、保护公平竞争。

④道路工程招标投标工作一般可分为三个阶段，即准备阶段、招投标阶段、

评标及签订合同阶段。

4. 工程概预算

（1）设计概算

设计概算是控制和确定工程造价的文件，是初步设计文件的重要组成部分。设计概算经批准后，就成为编制固定资产投资计划、签订建设项目总承包合同和贷款总合同、实行建设项目投资包干或确定招标投标标价的依据，也成为控制基本建设拨款和施工图预算、考核设计经济合理性的依据。设计概算文件包括概算编制说明、总概算书、单项工程综合概算书、单位工程概算书、其他工程与费用概算，以及钢材、木材、水泥等主要材料和设备表。

（2）施工图预算

预算是施工图设计文件的重要组成部分，是确定工程造价、签订建筑安装工程合同、实行建设单位和施工单位投资包干和办理工程结算、实行经济核算和考核工程成本的依据。施工图预算应根据施工图设计的工程量和施工方法，按照规定的定额、取费标准、工资单价、材料设备预算价格等办法，在开工前编制并报请批准。以施工图设计进行施工招标的工程，经审定后的施工图预算是编制工程标底的依据。

5. 道路施工及工程监理

（1）道路施工

道路施工是将设计的道路在实地具体实施的过程。由于道路是线形工程，工地布设沿线路展开，施工的点多、线长，并且施工现场又大多是露天作业，因而受自然条件的影响较大。道路施工与其他土木工程施工相比更复杂、更艰苦、更困难。道路施工的主要内容有以下方面：

①施工前的准备。包括征地、场地准备及拆迁、施工测量、材料准备、施工方案和施工组织计划的编制等。

②路基施工。包括路基土石方施工、路基整修、路基排水及防护施工等。

③路面施工。包括备料、路槽施工、路面基层施工、路面面层施工、路容整修等。

④桥涵施工。包括备料、基坑开挖、基础施工、下部构造施工、上部构造安装、桥面施工、桥头引道施工等。

⑤隧道及特殊构造施工。

⑥沿线设施施工。

⑦工程竣工及验收。

（2）工程监理

施工监理是指独立的监理单位受建设单位的委托，依照国家法律、法令、法规及有关的技术规范、标准和依法签订的施工合同文件，对工程建设的质量、投资、工期等进行全面的监督与管理的行为。推行道路工程监理制度是道路建设管理体制改革的重要内容，是强化质量管理、控制工期和造价、提高投资效益和施工管理水平的有效措施。

二、城市道路概述

（一）城市道路的基本组成

在城市，沿街两侧建筑红线之间的空间范围为城市道路用地，该用地由以下各个不同功能部分组成。

1. 供各种车辆行驶的车行道。其中，供汽车、无轨电车、摩托车行驶的为机动车道，供有轨电车行驶的为有轨电车道，供自行车、三轮车、平板车行驶的为非机动车道。

2. 专供行人使用的人行道。

3. 起防护与美化作用的绿化带。

4. 用于排除地面水的排水系统，如街沟或边沟、雨水口、雨水管、窨井等。

5. 为组织交通、保证交通安全的辅助性交通设施，如交通信号灯、交通标志、交通标线、交通岛、护栏等。

6. 交叉口和交通广场。

7. 停车场和公共汽车停靠站台。

8. 沿街的地上设备，如照明灯柱、架空电线杆、给水栓、接线柜等。

9. 地下的各种管线，如电缆、煤气管、给水管、污水管等。

10. 在交通高度发达的现代城市，还建有高架道路、地道桥、人行过街天桥、地下人行道、轻轨交通和地下铁道等。

（二）城市道路的功能

城市道路具有交通、形成国土结构、公共空间、防灾和繁荣经济等方面功能，见表1-1。

表1-1　道路功能

交通功能	工作、学习、生活、旅游客运
	货物运输
形成国土结构功能	用地结构的骨架，组成街坊
公共空间功能	保证日照、通风
	提供综合交通体系的空间（高架桥、地面轨道、地下铁道）
	提供公用设施管线走廊（电力、通信、燃气、给排水等）
防灾功能	保证消防活动、救援活动
	紧急疏散、避难通路
	防火带
繁荣经济功能	流通商品、活跃市场

道路是交通的基础，是社会经济活动产生的人流、物流的运输载体，担负着城市内部、城际之间、城乡之间交通中转、集散的功能，人们的生产、生活要求有一个安全、畅通、方便和舒适的道路交通运输体系。

道路是国土结构的骨架，城市道路则是城市建设的基础，城市各类建筑依据道路的走向布置而反映城市的风貌，所以城市道路是划分街坊、形成城市结构的骨架。道路作为公共空间，不仅提供交通体系的空间，且保证日照、通风，提供绿化、管线布置的场地，为地面排水提供条件。各种构筑物的使用效益有赖于道路先行来实现。在发生火灾、水灾、地震和空袭等自然灾害或紧急情况时，能提供疏散和避险的通道与空间。道路在全社会交通网络中起着重要的作用。

在道路建设过程中，各项基础设施应同步进行。道路的建成可使土地使用与开发得以迅速发展，经济市场得以繁荣，所以健全的道路系统能有力促进经济发展，方便生活。

三、城市道路的分类与分级

（一）城市道路的分类

城市道路分类是一项很复杂而且迄今尚未完善解决的问题。一般从下面五个方面区分。

1. 根据道路在城市规划道路系统中所处的地位区分，视城市规模大小可分为四级或三级。大城市一般分为四级，即主干路、次干路、支路及区间路；小城市分为主干路、次干路及支路（或区间路）；中等城市可视规模按四级或三级考虑。街坊内部道路作为街坊建筑的公共设施组成部分，不列入等级道路之内。

2. 根据道路对交通运输所起的作用区分，可分为全市性道路、区域性道路、环路、放射路、过境道路等。

3. 根据承担的主要运输性质区分，可分为客运道路、货运道路及客货运道路等。

4. 根据道路所处环境区分，从道路在规划布局中所处区域环境划分，可分为中心区道路、仓库区道路、文教区道路、行政区道路、住宅区道路、风景游览区道路等。

5. 从道路本身服务特征及街面建筑布置情况划分，可分为商业性道路、文化娱乐性道路、科教卫生性道路、生活性道路、火车站道路、游览性道路、林荫路等。

（二）城市道路分级

城市道路按其在城市道路系统中的地位、交通功能分为下述四类。

1. 快速路

城市道路中设有分隔带、具有四条以上的车道、全部或部分采用立体交叉与控制出入、供车辆以较高的速度行驶的道路叫快速路。快速路完全为交通功能服务，是解决城市长距离快速交通运输的动脉。在快速路两侧不宜设置吸引大量人流的公共建筑物的进出口。两侧一般建筑物的进出口应加以控制。

2. 主干路

在城市道路网中起骨架作用的道路叫主干路，以交通功能为主（小城市的主干路可兼沿线服务功能）。自行车交通量大时，宜采用机动车与非机动车分隔的形式。主干路上平面交叉口间距以 800~1200 m 为宜，以减小交叉口交通对主干路交通的干扰。交通性的主干路解决大城市各区之间的交通联系，以及与城市对外交通枢纽之间的联系。例如北京的东西长安街是全市性东西向主干路，全线展宽到 50~80 m，市中心路段为双向 10 条车道，设置隔离墩，实行快慢车分流。又如，上海中山东一路是一条宽为 10 车道的客货运主干路。

3. 次干路

次干路是联系主干路之间的辅助性干道，与主干路连接组成道路网，起到广泛连接城市各部分和集散交通的作用。次干路沿街多数为公共建筑和住宅建筑，兼有服务功能。

4. 支路

支路是次干路与街坊路的连接线，解决地区交通，以服务功能为主。沿街以居住建筑为主。

城市道路除快速路外，每类道路按照城市规模分为Ⅰ、Ⅱ、Ⅲ级。城市按照其市区和郊区的非农业人口总数划分为三级。

（1）大城市。总人口 50 万以上的城市，采用各类道路中的Ⅰ级标准。

（2）中城市。总人口 20 万以上，不足 50 万的城市，采用各类道路中的Ⅱ级标准。

（3）小城市。总人口不足 20 万的城市，采用各类道路中的Ⅲ级标准。

大城市人口多，出行次数多，再加上流动人口数量大，因而客、货运输量比中小城市大，机动车交通量也较大，所以采用的标准应高些。由于我国各城市所处的位置不同，地形、气候条件等存在着较大差异，同等级的城市也不一定采取同一等级的设计标准，应根据实际情况选用，可经过技术经济比较适当提高或降低标准。

第二节 现代桥梁工程基础理论

一、桥梁的基本组成与分类

（一）桥梁的基本组成部分

桥梁一般由上部结构、下部结构和附属设施组成。

上部结构包括桥跨结构和支座系统两部分。桥跨结构是指直接承重并架空的结构部分；支座系统的作用是支撑桥跨结构并把荷载传递给墩台，并保证桥跨结构能够满足一定的变位要求。

下部结构包括桥墩、桥台和墩台的基础。其作用是支撑上部结构，并将结构的荷载向下传递给地基。桥台设在桥跨结构的两端，桥墩设在两桥台之间。桥台除了起支承桥跨结构的作用外，还起到与路堤衔接、抵御路堤土压力、防止路堤滑坡的作用。因此，桥台两侧常设置锥体护坡。墩台的基础是承受由上至下的全部荷载（包括交通荷载和结构自重）并将其传至地基的结构部分。它通常埋于土层中或建筑在基岩上，常常需要在水下施工，因而也是桥梁建筑中情况比较复杂的部分。

附属设施包括桥面铺装、排水防水系统、伸缩缝、栏杆和灯光照明等。它与桥梁的服务功能密切相关，对桥梁行车的舒适性和结构物的外观质量有着重要影响，因而在桥梁设计中要对附属设施给予足够的重视。

（二）桥梁的分类

1. 桥梁按结构体系分类

（1）梁式桥

梁式桥是一种在竖向荷载作用下无水平反力的结构。由于外力（恒载和活载）的作用方向与承重结构的轴线接近垂直，故与同样跨径的其他结构体系相比，梁内产生的弯矩最大，通常须用抗弯能力强的材料（钢、木、钢筋混凝土等）来建造。为了节约钢材和木料（木桥使用寿命不长，除临时性桥梁或战备需要外，一般不宜采用），目前在道路上应用最广的是预制装配式的钢筋混凝土简支梁桥。这种梁桥的结构简单，施工方便，对地基承载能力的要求也不高，但其常用跨径在 25 m 以下。当跨度较大时，需要采用预应力混凝土简支梁桥，但跨度一般也不超过 50 m。为了达到经济、省料的目的，可根据地质条件等修建悬臂式或连续式的梁桥。对于很大跨径，以及承受很大荷载的特大桥梁，可建造使用高强度材料的预应力混凝土梁桥，也可建造钢桥。

（2）拱式桥

拱式桥的主要承重结构是拱圈或拱肋。在竖向荷载作用下，桥墩或桥台将承受水平推力。同时，这种水平推力将显著抵消荷载在拱圈（或拱肋）内引起的弯矩作用。因此，与同跨径的梁相比，拱的弯矩和变形要小得多。鉴于拱桥的承重结构以受压为主，通常可用抗压能力强的圬工材料（如砖、石、混凝土）和钢筋混凝土等来建造。

拱桥的跨越能力很大，外形也较美观，在条件许可的情况下，修建拱桥往往是经济合理的。同时应当注意，为了确保拱桥能安全使用，下部结构和地基必须能经受住很大水平推力的不利作用。此外，拱桥的施工一般要比梁桥困难些。对于很大跨度的桥梁，也可建造钢拱桥。

在地基条件不适于修建具有强大推力的拱桥的情况下，必要时也可建造水平推力由钢或预应力筋做成抗拉系杆来承受的系杆拱桥。近年来还发展了一种"飞鸟式"三跨无推力拱桥，即在拱桥边跨的两端施加强大的预加力，传至拱脚，以抵消主跨拱脚巨大的恒载水平推力。

（3）刚架桥

刚架桥的主要承重结构是梁或板和立柱或竖墙整体结合在一起的刚架结构，连接处刚性很大。在竖向荷载作用下，梁部主要受弯，而在柱脚处也具有水平反力，其受力状态介于梁桥与拱桥之间。刚架桥跨中的建筑高度可以做得较小。当遇到线路立体交叉或需要跨越通航江河时，采用这种桥型能尽量降低线路高程，以改善纵坡并减少路堤土方量。但普通钢筋混凝土修建的刚架桥施工比较困难，梁柱刚接处较易开裂。

T 形刚构桥是修建较大跨径钢筋混凝土桥曾采用的桥型，它是结合了刚架桥和多孔静定悬臂梁桥的特点发展起来的一种多跨结构。对于普通钢筋混凝土 T 形刚构桥，由于悬臂根部的负弯矩很大，修建时不仅钢材用量大，而且控制混凝土裂缝的开展成了难题，因此跨径不能做得太大（通常 40~50 m），目前已很少采用。

预应力混凝土工艺的发展，使得 T 形刚构桥和连续刚构桥得到了很大的推广。特别是采用了悬臂安装或悬臂浇筑的分段施工方法，不但加快了修建大跨度桥梁的施工速度，也克服了要在江河或深谷中搭设支架的困难。

多跨连续刚构桥属多次超静定结构，在设计中一般应减小墩柱的抗弯刚度，否则会在结构内引起较大的附加内力。对很长的桥，为了降低这种附加内力，往往在两侧的边跨设置活动铰支座，甚至将主跨的墩柱做成双壁式结构。

当跨越陡峭河岸和深邃峡谷时，修建斜腿式的刚构桥往往既经济合理，又造型轻巧美观。由于斜腿墩柱置于岸坡上，有较大斜角，在主梁跨度相同的条件下，斜腿刚构桥的桥梁跨度比门式刚构桥要大得多。

T 形刚构桥的悬臂主梁主要承受负弯矩，因此，横截面宜用箱形截面。连续钢构桥和斜腿刚构桥的主梁受力与连续梁相近，通常也采用各式箱形横截面。

（4）悬索桥

传统的悬索桥（也称吊桥）均用悬挂在两边塔架上的强大缆索作为主要承重结构。在竖向荷载作用下，通过吊杆使缆索承受很大的拉力，通常就需要在两岸桥台的后方修筑巨大的锚碇结构。悬索桥也具有水平反力（拉力）的结构。现代悬索桥广泛采用高强度钢丝成股编制的钢缆，以充分发挥其优异的抗拉性能，因此结构自重较轻，就能以较小的建筑高度跨越其他任何桥型难以企及的特大跨度。悬索桥的另一个特点是成卷的钢缆易于运输，结构的组成构件较轻，便于无支架悬吊拼装。我国在西南山岭地区和在遭受山洪泥石冲击等威胁的山区河流上，当修建其他桥梁有困难的情况时，往往采用悬索桥。

近年来，鉴于对桥梁美观的要求，在不宜修建锚碇的情况下，也可建造将主缆锚固在主梁两端的"自锚式"悬索桥。这种桥型虽然很有特色，但其结构设计和施工工艺比较复杂，经济性较差，跨径也不宜过大，目前最大跨径为 385m。

相对于前面所说的其他体系而言，悬索桥的自重轻，结构的刚度差，在车辆动荷载和风荷载作用下，桥有较大的变形和振动。可以说，整个悬索桥的发展历史，是不断研究和克服其有害的变形与振动的历史，也是争取其结构刚度的历史。

（5）斜拉桥

斜拉桥由斜索、塔柱和主梁组成。用高强钢材制成的斜拉索将主梁多点吊起，并将主梁的恒载和车辆荷载传至塔柱，再通过塔柱基础传至地基。这样，跨度较大的主梁就像一根多点弹性支承（吊起）的连续梁一样工作，从而可使主梁尺寸大大减小，结构自重显著减轻，既节省了结构材料，又大幅度地增大桥梁的跨越能力。与悬索桥相比，斜拉桥的结构刚度大，即在荷载作用下的结构变形小得多，且其抵抗风振的能力也比悬索桥好，这也是在斜拉桥可能达到的大跨度情况下使悬索桥逊色的重要因素。

斜拉桥的斜索组成和布置、塔柱形式及主梁的截面形状是多种多样的，我国常用平行高强钢丝束、平行钢绞线束等制作斜索，并用热挤法在钢丝束上包一层高密度的黑色聚乙烯（HDPE）外套进行防护。

斜索在立面上也可布置成不同形式。各种索形在构造和力学上各有特点，在外形美观上也各具特色。常用的索形布置为竖琴形和扇形两种。另一种是斜索集中锚固在塔顶的辐射形布置，因其塔顶锚固结构复杂而较少采用。

常用的斜拉桥是三跨双塔式结构，但在实践中也往往根据河流、地形、通航要求等情况，采用对称与不对称的独塔双跨式斜拉桥。

斜拉桥是半个多世纪来最富想象力和构思、内涵最丰富且引人注目的桥型，它具有广泛的适应性。一般说来，对于跨度 200~700 m，甚至超过 1000 m 的桥梁，斜拉桥在技术和经济上都具有相当优越的竞争力。诚然，随着斜拉桥跨度的增大，将会面临塔过高和斜索过长等一系列技术难点，这不仅涉及高耸塔柱抗震和抗风等动力稳定方面的问题，还有主梁受压力过大及长斜索因自重垂度增大而引起的种种技术问题。必须提到的是，斜拉桥的斜索可以说是这种桥梁的生命线，国内外已发生过几起通车仅几年就因斜索腐蚀严重而导致全部换索的实例。因此，确保其使用寿命仍是当今桥梁界十分关切和重视的重要课题。随着高性能新材料的开发、计算理论的进一步完善、施工方法的改进，特别是设计构思的不断创新，斜拉桥还会向更大的跨度和更新的结构形式发展。

（6）组合体系桥

除了以上五种桥梁的基本体系，根据结构的受力特点，还有由几种不同体系的结构组合而成的桥梁，称为组合体系桥。如梁和拱的组合体系，其中梁和拱都是主要承重结构，两者相互配合共同受力。由于吊杆将梁向上（与荷载作用的挠度方向相反）拉，显著减小了梁中的弯矩；同时由于拱与梁连接在一起，拱的水平推力就传给梁来承受，这样梁除了受弯还受拉。这种组合体系桥能跨越较一般简支梁桥更大的跨度，墩台没有推力作用，因此对地基的要求就与一般简支梁桥一样。

2. 桥梁的其他分类方法

除了上述按受力特点将桥梁分成不同结构体系，还可按大小规模和建桥材料等进行分类。

（1）按主要承重结构所用材料划分可分为圬工桥（包括砖、石、混凝土桥）、钢筋混凝土桥、预应力混凝土桥、钢桥、钢—混凝土组合桥和木桥等。

（2）按桥梁全长和跨径不同划分可分为特大桥、大桥、中桥、小桥和涵洞。

（3）按跨越障碍的性质划分可分为跨河桥、跨线桥（立体交叉）、高架桥和栈桥。高架桥一般指跨越深沟峡谷以代替高路堤的桥梁。为将车道升高至周围地面以上并使下面的空间可以通行车辆或做其他用途而修建的桥梁，称为栈桥。

（4）按上部结构的行车位置划分可分为上承式桥、下承式桥和中承式桥。桥面布置在主要承重结构以上的称上承式桥，桥面布置在桥跨结构高度中间的称中承式桥，桥面布置在承重结构以下的称下承式桥。上承式桥结构简单，施工方便，且其主梁或拱肋的数量和间距可按需要调整，以求得经济合理的布置；同时，在上承式桥上行车时，视野开阔，视觉舒适，所以道路桥梁一般尽可能采用上承式桥。但上承式桥的不足之处是桥梁的建筑高度较大，因此在建筑高度受严格限制的情况下，就应采用下承式桥或中承式桥。

（5）按桥跨结构的平面布置划分可分为正交桥、斜交桥和弯桥。

除上述的桥梁分类方法外，还有按桥梁使用时间长短划分的永久性桥梁和临时性桥梁。除了固定式的桥梁，还有开户桥、浮桥和漫水桥等。

二、桥梁的总体规划设计

（一）桥梁设计的基本原则

桥梁设计的一般步骤：通过概念设计确定结构方案，确立计算模型，确定结构的详细尺寸和细节构造。选择构思好的桥梁结构方案，是设计工作的第一步，也是最重要的一步，是评价桥梁设计成功与否的重要标准。

与设计其他工程结构物一样，在桥梁设计中必须考虑下述各项要求：

1. 使用上的要求

桥上的行车道和人行道宽度应保证车辆和行人的安全畅通，并适当考虑将来交通量增长的需要。桥型、跨度大小和桥下净空应满足泄洪、安全通航或通车等要求。建成的桥梁要保证使用年限，并便于检查和维修。

2. 经济上的要求

桥梁设计应体现经济上的合理性。在设计中必须进行详细周密的技术经济比较，使桥梁的总造价和材料等的消耗最少。应注意的是，要全面精确地计算所有的经济因素往往是困难的，在技术经济比较中，尚应充分考虑桥梁在使用期间的运营条件及养护和维修等方面的问题。

桥梁设计应根据因地制宜、就地取材、方便施工的原则，合理选用合适的桥型。此外，能满足快速施工要求、缩短工期的桥梁设计，不仅能降低造价，而且提早通车在运输上将带来很大的经济效益。

3. 结构尺寸和构造上的要求

整个桥梁结构及其各部分构件在制造、运输、安装和使用过程中应具有足够的强度、刚度、稳定性和耐久性。桥梁结构的强度应使全部构件及其连接构造的材料抗力或承载能力具有足够的安全储备。对于刚度的要求，应使桥梁在荷载等作用下的变形不超过规定的允许值，过度的变形会使结构的连接松弛，而且挠度过大会导致高速行车困难，引起桥梁剧烈振动，使人体感觉不适，严重者会危及桥梁结构的安全。结构的稳定性是要使桥梁结构在各种外力作用下，具有能保持原来形状和位置的能力，如桥梁结构和墩台的整体不致倾倒或滑移，受压构件不致引起纵向屈曲变形等。在地震区修建桥梁时，在计算和构造上还要满足抵御地震破坏力的要求。

4. 施工上的要求

梁结构应便于制造和架设。应尽量采用先进的工艺技术和施工机械，以利于加快施工进度，保证工程质量和施工安全。

5. 美观上的要求

桥梁应具有优美的外形，与周围的景观相协调。城市桥梁和游览地区的桥梁，可较多地考虑建筑艺术上的要求。合理的结构布局和轮廓造型是桥梁美观的主要因素，绝不应把美观片面地理解为豪华的细部装饰。

优秀的、结构上有特色又美观的桥型方案，应使结构的造型与力学行为相协调。在外形上标新立异、有特色但力学行为不合理的桥型方案，往往会显著提高造价和增加施工难度，严重者甚至会影响结构的耐久性和运行安全。

（二）桥位勘测与设计资料调查

在着手设计之前，首先要选择合理的桥位，这常常是影响桥梁设计、施工和使用的全局问题。对于选定的桥位，必须进一步调查研究，详细分析建桥的具体情况，才能做出合理的设计方案。一般桥梁设计中需要进行的资料调查工作有以下方面：

1. 调查桥梁的使用任务。根据桥梁所在的路线类别，调查桥上的交通种类和行车、行人的往来密度，确定桥梁的荷载等级和行车道、人行道宽度等。调查桥上是否需要通过各类管线（如电线、电话线和水管等），如有则须设置专门的构造装置。

2. 测量桥位附近的地形，绘制地形图供设计和施工使用。

3. 探测桥位的地质情况，包括岩土的分层高程、物理力学性能、地下水位等，并将钻探所得资料绘成地质剖面图。对于遇到的地质不良现象，如滑坡断层、溶洞、裂隙等，应详加注明。

4. 调查和测量河流的水文情况，包括调查河道性质（如河床及两岸的冲刷和淤积、河道的自然变迁等），收集和分析历年的洪水资料，测量河床断面图，调查河槽各部分的形态标志、糙率等，计算各种特征水位、流速、流量等。与水利和航道部门协商确定通航水位和通航净空标准。了解河流上相关水利设施对新建桥梁的影响。

5. 调查当地建筑材料（砂、石料等）的来源，水泥、钢材的供应情况及水陆交通的运输情况。

6. 调查了解施工单位的技术水平、施工机械等装备情况，以及施工现场的动力设备和电力供应情况。

7. 调查和收集有关气象资料，包括气温、雨量及风速（或台风影响）等情况。

8. 调查新建桥位上下游有无老桥，如有，须调查老桥的桥型布置及使用情况等。

很明显，为选择桥位需要了解一定的地形、地质和水文等资料，而对于选定的桥位，又需要进一步为桥梁设计提供更为详尽的依据资料，因此，以上各项工作往往是互相渗透、交错进行的。

（三）设计程序

设计工作是一座桥梁建设的灵魂。对于工程复杂的大中型桥梁的设计，为了能从错综复杂的客观情况中得出既经济又合理的设计，就需要循序渐进、逐步深入、科学地进行工作。一般大型桥梁的设计工作分前期工作阶段和设计工作阶段。前者分为工程预可行性研究（简称"预可"）阶段和工程可行性研究（简称"工可"）阶段；后者则分成初步设计、技术设计和施工图设计三个阶段。各个阶段包含的内容和深度、目的、解决的问题是不相同的。设计招标一般应在初步设计阶段进行。

1. "预可"和"工可"研究阶段

两者包含的内容基本一致，但研究的深度各有不同。"预可"阶段要在工程可行的基础上，着重研究建桥的必要性和宏观经济上的合理性。"工可"阶段则要在"预可"被审批确认后，进一步研究工程技术上的可行性和投资上的可行性。

一座大型桥梁的"预可"报告应从经济、政治、国防等方面，详细阐明建桥理由和工程建设的重要性和必要性；同时初步探讨技术上的可行性。对于区域性线路上的桥梁，应以建桥地点（渡口等）的车流量调查（以及国民经济逐年增长率）为立论依据。"预可"阶段的另一重点是通过多个桥位的综合比较，选定桥位和确定建设规模。

"预可"阶段工作的主要目标是解决建设工程的上报立项问题。在"工可"阶段，则要在"预可"的基础上着重研究和制定桥梁设计的技术标准，包括设计荷载标准、桥面宽度、通航标准（通航净宽和净高）、设计车速、桥面纵向和横向坡度、竖曲线与平曲线半径等。在这一阶段，要与河道、航运、城市规划等部门共同研究，处理好所有"外部条件"的关系。

在可行性研究阶段，尚不可能对桥式方案做深入比选，故不需要明确提出推荐方案，对工程量的估算也不宜偏紧。

这两个阶段的经济分析方面主要涉及造价估算、投资回报、资金来源及偿还等问题。一般来说，"预可"中要有设想，"工可"中要基本落实。

2. 初步设计

根据批准的"工可"报告编制的"设计任务书"，是进行初步设计的依据。在进一步的水文、地质"初勘"后，如发现原可行性研究阶段建议的桥位有问题，尚可适当挪动桥位轴线，推荐新桥位。

初步设计阶段也是桥梁设计中通过酝酿，构思出最富创造性的概念设计的阶段，其工作重点是通过多个各具创意的桥式方案的比选，推荐最优方案，报上级单位审批。在编制各个桥型方案时，要提供桥式布置图、主桥和引桥的横断面图，标明主要结构尺寸（包括重要的细节构造和尺寸），并估算工程数量，提供主要材料的用量，根据施工组织设计和概算定额编制出工程概算。初步设计的概算造价是控制建设项目投资和以后编制施工预算的依据。对所做的工程概算加以适当调整，可以作为招标的"标底"。

3. 技术设计

本阶段的工作是对初步设计的补充修改、深化和完善。技术设计中的补充勘探工作称为"技勘"，对水中基础每墩要有必要数量的地质钻孔。进一步研究解决所批准桥式方案的总体和细部的技术问题，并提交详细的结构设计图纸和工程数量，修正工程概算。如果初步设计中有批准下达的科研项目，也要在这阶段予以实施解决。

4. 施工图设计

本阶段的工作是根据前面批准核定的修建原则、技术方案、技术决定和总投资额等加以具体化。在施工图设计阶段，必要时须对重要的桥梁基础进行"施工钻探"，但此时一般不钻深孔。在此阶段中，必须对桥梁各部分构件进行详细的结构计算，绘制出施工详图，提供给施工单位，或进行施工招标。再由施工单位编制详细的施工组织设计和工程预算。施工图设计可由原编制技术设计的单位继续编制，或由中标施工单位编制，但要对技术设计有所改变的部分负责。

国内一般的大桥常把技术设计和施工图设计合并为一个阶段进行。一般小桥和较简单的中桥也可以采用一阶段设计，即以扩大的初步设计来包含各阶段设计的主要内容。

三、道路桥梁的作用

（一）作用的分类

作用在桥梁上的作用（荷载）可分为永久作用、可变作用、偶然作用三大类。

1. 永久作用（恒载）是指在设计基准期内始终存在，其值不随时间变化或其变化值与平均值相比可以忽略不计的作用。它包括结构重力、预加力、土的重力及侧压力、混凝土收缩及徐变作用、基础变位作用和水的浮力。

2. 可变作用是指在设计基准期内随时间变化，且其变化值与平均值相比不可忽略的作用。可变作用包括汽车荷载、汽车冲击力、汽车离心力、汽车引起的土侧压力、人群荷载、汽车制动力、疲劳荷载、风荷载、冰压力、流水压力、波浪力、温度作用及支座摩阻力。

3. 偶然作用是指在设计基准期内不一定出现，而一旦出现其量值很大，且持续时间较短。它包括船舶或漂浮物的撞击作用、汽车的撞击作用。

（二）作用的代表值

道路桥梁在设计时，对不同的作用采用不同的代表值。

1. 永久作用应采用标准值作为代表值。结构物的重力（包括结构的附加重力），可按照结构的实际体积或设计时所假定的体积与材料密度计算确定，该值为永久作用的标准值。对于预应力混凝土结构，预加应力在结构使用阶段设计时，应作为永久作用计算其效应，计算时应考虑相应阶段的预应力损失；在结构承载能力极限状态设计时，预应力不作为荷载，而将预应力筋作为普通钢筋计入结构抗力。

2. 可变作用应根据不同的极限状态分别采用标准值、组合值。频遇值或准永久值作为其代表值。承载能力极限状态设计及按弹性阶段计算结构强度时，应采用标准值作为可变作用的代表值；正常使用极限状态按短期效应（频遇）组合设计时，应采用频遇值作为可变作用的代表值；按长期效应（准永久）组合设计时，应采用准永久值作为可变作用的代表值。

3. 偶然作用取其设计值作为代表值，可根据历史记载、现场观测和试验，并结合工程经验综合分析确定，也可根据有关标准的专门规定确定。

（三）作用的组合

桥梁结构按承载能力极限状态设计时，对持久设计状况和短暂设计状况应采用作用的基本组合，对偶然设计状况应采用作用的偶然组合，对地震设计状况应采用作用的地震组合。桥梁结构正常使用极限状态设计时，应根据不同的设计要求，采用作用的频遇组合或准永久组合。

（四）道路桥梁上的汽车荷载

桥梁上行驶的车辆荷载种类繁多，有各种汽车、平板挂车等，而同一类车辆又有许多不同型号和载重等级。随着交通运输事业和高速路的发展，车辆的载质量还将不断增大。因此，需要拟定一种既满足目前车辆情况和将来发展需要，又便于在设计中应用简明统一的荷载标准。桥梁设计时，汽车荷载按车道荷载或车辆荷载计算。车道荷载由均布荷载和集中荷载组成。桥梁结构整体计算采用车道荷载，桥梁结构局部加载、涵洞、桥台和挡土墙土压力等的计算采用车辆荷载，车辆荷载与车道荷载不得叠加。

第二章　道路桥梁工程建设基本项目管理

第一节　工程项目进度管理

一、工程项目进度控制的概念

工程项目进度控制是指项目各参与方根据自己的进度控制目标制订工程项目进度控制计划，然后在实施过程中将实际进度与计划进度进行对比、寻找偏差、分析结果以及调整计划再付诸实施的过程。施工方的项目进度控制就是针对建设工程施工阶段建筑安装工作内容、施工程序、持续时间和衔接关系，根据工程总进度计划、项目总工期目标及可利用资源的优化配置等原则编制施工进度计划，并在其付诸实施的过程中，检查实际进度是否按照计划进行，对出现的偏差进行分析，采取补救措施，或调整或修改原计划再付诸实施，如此循环，直至项目竣工验收交付使用。

工程项目进度控制的最终目的是通过控制实现工程的进度目标，因此不仅要重视项目进度计划的编制，而且要重视项目进度计划实施的控制。进度控制的过程就是一个进度计划不断调整的过程，它贯穿于建筑工程施工全过程。由于工程建设过程中存在着很多影响进度的因素，这些因素来自不同的部门、不同的时期、有不同的产生原因等，它们对建筑工程进度具有复杂的影响。因此，进度控制人员必须事先对影响项目进度的各种因素进行调查分析，预测它们对项目进度的影响程度，以确定合理的进度控制目标，编制可行的进度控制计划。而在其实施过程中，必然会产生各种干扰因素和风险因素等，导致实际与计划产生偏差。此时就要求项目进度控制人员掌握动态控制原理，在项目进度计划实施过程中注意检查工程实际进展情况与计划安排的出入，然后在分析偏差大小及其产生原因的基础上，通过采取组织、技术、经济、合同等措施，维持原计划或调整计划，使项目建设工作始终按计划、可控制地进行。

二、工程项目进度控制的任务

代表不同利益的项目各个参与方都有进度控制的任务。业主方进度控制的任务是控制整个项目实施阶段的进度，包括控制设计准备阶段、设计阶段、施工阶段、物资采购阶段以及项目动用前的准备阶段等各个工作阶段的进度。设计方进度控制的任务就是依据设计任务委托合同对设计工作进度的要求控制设计工作的进度，并尽可能使设计工作进度与招投标、施工和物资采购等工作进度相协调。供货方进度控制的任务，即根据供货合同对供货的要求控制供货进度。

施工方作为工程实施的一个主要参与方，其对工程项目进度的控制不仅关系到施工进度目标能否实现，还直接关系到工程的质量和成本。施工方的进度控制在工程项目管理中起着关键的作用。其进度控制的任务是根据施工任务委托合同对施工进度的要求控制施工进度。在进度计划编制方面，施工方应视项目的特点和施工进度控制的需要，编制不同深度的控制性、指导性和实施性施工进度计划，以及不同计划周期的年度、季度、月度和旬度施工计划等。

三、进度管理原理

工程项目的进度控制是指为了实现项目最优的进度目标，对工程建设进度所进行的计划、执行、检查和调整等系列活动。

在道路工程项目建设过程中，能否使其在预定的时间内交付使用，直接关系到业主和施工企业投资效益的发挥。进行道路工程项目的进度控制是进行项目管理的中心任务和重要环节，它包括计划、执行、检查和调整等基本控制要素。

在进度控制过程中，首先针对道路工程项目各阶段的工作内容、工作程序、持续时间和衔接关系编制进度计划，在计划执行过程中检查实际进度是否按计划要求进行。当实际进度与计划进度出现偏差时，要进行原因分析，对计划进行及时调整（包括采取补救措施、修改原计划等），使后续计划在下一循环中达到预定的目标。如此循环往复，直至工程竣工，交付使用。

（一）项目进度计划

道路建设项目进度计划是项目进度控制的依据。它是指道路建设项目各阶段开始前，根据各项活动的先后关系、技术经济特点、组织措施、资源消耗、约束条件等，对其各建设活动在开始与完成时间上进行的规划活动。道路项目进度计划根据使用者、编制范围、对象等的不同，分为以下四种。

1. 业主进度计划。是宏观进度计划，实现项目进度目标。包括目前期工作计划、建设总进度计划、年度计划。

2. 监理咨询单位进度计划。是根据业主要求，实现项目的总进度计划、总进度分解计划、各子项目进度计划。

3. 设计单位进度计划。是根据业主要求，实现设计准备工作计划、设计总进度计划和设计工作分专业进度计划。

4. 施工单位进度计划。从编制的范围与对象看，是根据业主要求，实现施工准备工作计划、施工总进度计划、单位工程进度计划、分包工程进度计划、分部和分项工程进度计划；从编制计划时间的长短看，是根据业主要求，实现施工项目年、季、月、旬进度计划。

（二）编制道路工程进度计划应遵循的基本原则

1. 保证目标工期的实现；

2. 保证投资效果的尽早实现；

3. 尽量使基本建设活动均衡与连续。

项目进度控制在项目进度计划阶段的实质体现在：一是制订分级控制进度计划，即将上级计划细化为项目总进度计划（总控制）、项目分阶段进度计划（中间控制）和项目分阶段的各子项进度计划（详细控制）；二是须对这些计划进行优化，以提高项目进度计划的有效控制程度。

四、进度控制程序

一般来说，进度控制随着工程项目的进程而展开，因此进度控制的总程序与建设程序的阶段划分相一致。在具体操作上，每一建设阶段的进度控制又按计划、实施、监测及反复调整的科学程序进行。

进度控制的重点是项目施工准备和施工阶段的进度控制。因为这两个阶段时间最长、影响因素最多、分工协作关系最复杂、变化也最大。但前期工作阶段所进行的进度决策又是实施阶段进度控制的前提和依据，其预见性和科学性对整个进度控制的成败具有决定性的影响。进度控制总程序如下。

1. 项目建议书阶段，通过机会研究和初步可行性研究，在项目建议书报批文件中提出项目总安排的建议。它体现了业主对项目建设时间方面的预期目标。

2. 可行性研究阶段，对项目的实施进度进行较详细的研究。通过对项目投入使用时间要求和建设条件可能的相关分析、对不同进度安排的经济效果的比较，在可行性研究报告中提出最优的两个以上备选方案。该报告经评估、审批后确定的建设总进度和分期、分阶段控制进度，就成为实施阶段控制进度的决策目标。

3. 设计阶段，除进行设计进度控制外，还要对施工进度做进一步预测。设计进度本身也必须与施工进度相协调。

4. 施工准备阶段，要控制征地、拆迁、场地清障和平整的进度，抓紧水、电、道路等建设条件的准备，组织材料、设备的订货，组织施工招标，办理各种协议签订和有关主管部门的审批手续，这一阶段工作头绪繁多，上下左右间关系复杂。每一项疏漏或拖延都将留下建设条件的缺口，造成工程顺利开展的障碍或打乱进度的正常程序。因此，这一阶段工作及其进度控制极为重要，绝不能掉以轻心。在这一阶段还应通过编制与审批施工组织设计，确定施工总进度计划、首期或第一年工程的进度计划。

5. 施工阶段，进度控制的重点是组织综合施工和进行偏差管理。项目管理者要全面做好进度的事前控制、事中控制和事后控制。除对进度的计划审批、施工条件提供等预控环节和进度实施过程的跟踪管理外，还要重视协调好总包不能解决的内外界关系问题。当没有总包单位，建筑安装的各项专业任务直接由业主分别发包时，计划的综合平衡和单位间协调配合的责任就更为重要。对进度的事后控制，就是要及早发现并尽快排除相互脱节、冲突和外界干扰等影响工程进度的不利情况，使进度始终处于受控状态，确保进度目标的逐步实现。与此同时，还要抓好项目投入使用准备工作，为按期或提早竣工创造必要而充分的条件。施工单位的具体进度控制程序如下。

第一，确定施工进度目标。根据施工合同确定的开工日期、总工期和竣工日期确定施工进度目标，明确计划开工日期和计划竣工日期，并确定项目分期、分批的开工、竣工日期。

第二，编制施工进度计划。施工进度计划应根据工艺关系、组织关系、搭接关系、起止时间、劳动力计划、材料计划、机械计划和其他保证性计划等因素综合确定。

第三，报送开工申请报告。向监理工程师提出开工申请报告，并按照监理工程师下达的开工令指定的日期开工。

第四，实施施工进度计划和统计报告。当出现进度偏差（不必要的提前或延误）时，应及时进行调整，并应不断预测未来进度状况。

第五，进行进度控制总结。全部任务完成后进行进度控制总结并编写进度控制报告。

6. 在竣工验收阶段，施工单位要做好项目的自验和预验收，协助建设单位进行初验，在具备条件后协助业主组织正式验收。在本阶段中，有关甲乙双方之间的竣工结算，技术资料的核查、归档、移交、施工遗留问题的返修、处理等，都会有大量涉及双方利益的问题需要协调解决。此外，还有各验收过程的大量准备工作，必须抓全、抓细、抓紧，才能加快验收的进度。

第二节　工程项目质量管理

一、质量控制相关理论

（一）质量和质量控制

1. 质量

根据国家标准《质量管理体系基础和术语》的定义，质量是一组固有特性满足要求的程度。工程质量的固有特性通常包括使用功能、寿命以及可靠性、安全性、经济性等，这些特性满足要求的程度越高，质量就越好。

2. 质量管理

质量管理是在质量方面指挥和控制组织协调的活动，这些活动通常包括制定质量方针和质量目标，以及质量策划、质量控制、质量保证和质量改进等一系列的工作。

3. 质量控制

根据国家标准《质量管理体系基础和术语》的定义，质量控制是质量管理的一部分，是致力于满足质量要求的一系列相关活动。这些活动主要包括如下内容。

（1）设定标准：规定要求，确定需要控制的区间、范围和区域。

（2）测量结果：测量满足所设定标准的程度。

（3）评价：评价控制的能力和效果。

（4）纠偏：对不满足设定标准的偏差及时纠正，保持控制能力的稳定性。

建设工程项目质量控制，是在工程勘察设计、招标采购、施工安装、竣工验收等各个阶段，项目参与各方均应围绕致力于满足业主要求的质量总目标而进行的控制。

（二）工程项目质量的特征

项目从本质上说是一项拟建或在建的产品，它和一般产品具有同样的质量内涵，即一组固有特性满足需要的程度。这些特性是指产品的适用性、可靠性、安全性、经济性以及环境的适宜性等。同时，由于建设工程项目本身的一次性、单件性、预约性的特点，建设工程项目质量的基本特性包括以下几个方面。

1. 能够反映建筑环境

建筑环境质量包括项目用地范围内的规划布局、道路交通组织、绿化景观，更追求其与周边环境的协调性或适宜性。

2. 能够反映使用功能

建设工程项目的功能性质量，主要是反映对建设工程使用功能需求的一系列特性指标，如房屋建筑的平面空间布局、通风采光性能，工业建设工程项目的生产能力和工艺流程，道路交通工程的路面等级、通行能力等。

3. 能够反映艺术文化

建筑产品具有深刻的社会文化背景，其个性的艺术效果，包括建筑造型、立面外观、文化内涵、时代特征以及装修装饰、色彩视觉等，都是使用者以及社会关注的焦点。建设工程项目艺术文化特性的质量来自设计者的设计理念、创意和创新，以及施工者对设计意图的领会与精益生产。

4. 能够反映安全可靠

建筑产品不仅要满足使用功能和用途的要求，而且在正常的使用条件下应能达到安全可靠的要求。可靠性质量必须在满足功能性质量需求的基础上，结合技术标准、规范，特别是强制性条文的要求进行确定与实施。

（三）工程项目质量控制的目标

工程项目质量控制指采取有效措施，确保实现合同（设计承包合同、施工承包合同与订货合同等）商定的质量要求和质量标准，避免常见的质量问题，达到预期目标。一般来说，工程项目质量控制的目标要求如下。

1. 工程设计必须符合设计承包合同规定的规范标准的质量要求，投资额、建设规模应控制在批准的设计任务书范围内。

2. 设计文件、图纸要清晰完整，各相关图纸之间无矛盾。

3. 工程项目的设备选型、系统布置要经济合理、安全可靠、管线紧凑、节约能源。

4. 环境保护措施、"三废"处理、能源利用等要符合国家和地方政府规定的指标。

5. 施工过程与技术要求相一致，与计划规范相一致，与设计质量要求相一致，符合合同要求和验收标准。

工程项目的质量控制在项目管理中占有特别重要的地位，确保工程项目的质量是工程技术人员和项目管理人员的重要使命。近年来，国家已明确规定把建筑工程优良品率作为考核建筑施工企业的一项重要指标，要求施工企业在施工过程中推行全面质量管理、价值工程等现代管理方法，使工程质量明显提高。但是，目前，我国建筑的质量管理仍不尽如人意，还存在不少施工质量问题，这些问题的出现，大大影响了用户的使用效果，严重的甚至还造成人身伤亡事故，给建设事业造成了极大的损失。为了确保项目的质量，应下大力气抓好质量控制。

二、施工阶段工程项目的质量管理

建设工程的施工质量控制，一是指狭义的质量控制，即建设工程项目施工单位的施工质量控制，包括总承包、分包单位综合的和专业的施工质量控制；二是指广义的质量控制，即除了施工单位的施工质量控制外，还包括业主、设计单位、监理单位以及政府质量监督机构在施工阶段对建设工程项目施工质量所实施的监督管理和控制职能。

（一）施工阶段质量控制概述

1. 施工阶段质量控制的目标

施工是实现工程设计意图、形成工程实体的阶段，是最终形成工程产品质量和项目使用价值的重要阶段。建设工程项目施工阶段的质量控制是整个工程项目质量控制的关键环节，是从对投入原材料的质量控制开始，直到完成工程竣工验收和交工后服务的系统过程，分为施工准备、施工、竣工验收和回访服务四个阶段。

建设工程项目施工质量控制的总目标，是实现由建设工程项目决策、设计文件和施工合同所决定的预期使用功能和质量标准。建设、设计、施工、供货和监理等单位，在施工阶段质量控制的地位和任务、目标不同，但从建设工程项目管理的角度来看，都致力于实现建设工程项目的质量总目标。

施工阶段各方的质量控制可具体表述如下。

（1）建设单位的控制目标

建设单位在施工阶段，通过对施工全过程、全面的质量监督管理，保证整个施工过程及其成果达到项目决策所确定的质量标准。

（2）设计单位的控制目标

设计单位在施工阶段，通过对关键部位和重要分部分项工程施工质量的验收签证、设计变更控制及纠正施工中所发现的设计问题、采纳变更设计的合理化建议等，保证竣工项目各项施工和成果与设计文件（包括变更文件）所规定的质量标准相一致。

（3）施工单位的控制目标

施工单位包括施工总承包和分包单位，作为建设工程产品的生产者，应根据施工合同的任务范围和质量要求，通过全过程、全面的施工质量自控，保证最终交付满足施工合同及设计文件所规定质量标准（含建设工程质量创优要求）的建设工程产品。我国《建设工程质量管理条例》规定，施工单位对建设工程的施工质量负责，分包单位应当按照分包合同的约定对其分包工程的质量向总承包单位负责，总承包单位与分包单位对分包工程的质量承担连带责任。

（4）供货单位的控制目标

建筑材料、设备、构配件等供应厂商，应按照采购供货合同约定的质量标准提供货物及其合格证明，包括检验试验单据、产品规格和使用说明书，以及其他必要的数据和资料，并对其产品质量负责。

（5）监理单位的控制目标

建设工程监理单位在施工阶段，通过审核施工单位的施工质量文件、报告报表，采取现场旁站、巡视、平行检测等形式进行施工过程质量监理，并应用施工指令和结算支付控制等手段，监控施工承包单位的质量活动行为，协调施工关系，正确履行对工程施工质量的监督责任，以保证工程质量达到施工合同和设计文件所规定的质量标准。

施工质量的自控和监控相辅相成，自控主体的质量意识和能力是关键，是施工质量的决定因素，各监控主体所进行的施工质量监控是对自控行为的推动和约束。因此，自控主体必须正确处理自控和监控的关系，在致力于施工质量自控的同时，还必须接受来自业主、监理等方面对其质量行为和结果所进行的监督管理，包括质量检查、评价和验收。自控主体不能因为监控主体的存在和监控职能的实施而减轻或免除其质量责任。

2. 施工质量控制的依据

（1）共同性依据

共同性依据指适用于施工阶段且与质量管理有关的、通用的、具有普遍指导意义和必须遵守的基本条件，主要包括工程建设合同、设计文件、设计交底及图纸会审记录、设计修改和技术变更、国家和政府有关部门颁布的与质量管理有关的法律和法规性文件，如《中华人民共和国建筑法》《中华人民共和国招标投标法》和《建设工程质量管理条例》等。

（2）专门技术法规性依据

专门技术法规性依据指针对不同的行业、不同质量控制对象制定的专门技术法规文件，包括规范、规程、标准和规定等，如工程建设项目质量检验评定标准，有关建筑材料、半成品和构配件等质量方面的专门技术法规性文件，有关材料验收、包装和标志等方面的技术标准和规定，施工工艺质量等方面的技术法规性文件，有关新工艺、新技术、新材料、新设备的质量规范和鉴定意见等。

3. 施工质量控制的基本环节

施工质量控制应贯穿全面、全过程质量管理的思想，运用动态控制原理，进行质量的事前控制、事中控制和事后控制。

（1）事前控制

事前控制即在正式施工前进行的主动质量控制，其通过编制施工质量计划，明确质量目标，制订施工方案，设置质量管理点，落实质量责任，分析可能导致质量目标偏离的各种影响因素，针对这些影响因素制定有效的防范措施，防患于未然。

事前控制必须充分发挥组织的技术和管理方面的整体优势，把长期形成的先进技术、管理方法和经验智慧，创造性地应用于工程项目。

事前控制要求针对质量控制对象的控制目标、活动条件、影响因素进行周密分析，找出薄弱环节，制定有效的控制措施和对策。

（2）事中控制

事中控制指在施工质量形成过程中，对影响施工质量的各种因素进行的全面动态控制。

事中控制也称为作业活动过程质量控制，包括质量活动主体的自我控制和他人监控的控制方式。自我控制是第一位的，即作业者在作业过程中对自身质量活动行为的约束和技术能力的发挥，以完成符合预定质量目标的作业任务。他人监控是指作业者的质量活动过程和结果，接受来自企业内部管理者和企业外部有关方面的检查检验，如工程监理机构、政府质量监督部门等的监控。

事中控制的目标是确保工序质量合格，杜绝质量事故发生，控制的关键是坚持质量标准，控制的重点是工序质量、工作质量和质量控制点的控制。

（3）事后控制

事后控制也称为事后质量把关，以使不合格的工序或最终产品（包括单位工程或整个工程项目）不流入下道工序、不进入市场。事后控制包括对质量活动结果的评价、认定，对工序质量偏差的纠正，对不合格产品进行的整改和处理。控制的重点是发现施工质量方面的缺陷，并通过分析提出施工质量改进的措施，保持质量处于受控状态。

以上三大环节不是互相孤立和截然分开的，它们共同构成有机的系统过程，实质上也就是质量管理 PDCA 循环的具体化，在每一次滚动循环中不断提高，达到质量管理和质量控制的持续改进。

（二）施工阶段质量控制的主要环节

1. 项目质量计划

（1）项目质量计划的作用和内容

项目质量计划的第一项作用是为质量控制提供依据，使施工的特殊质量要求能通过有效的措施得以满足；其第二项作用是在合同情况下，满足特定合同的特殊质量要求，并作为顾客实施质量监督的依据。根据以上作用的要求，项目质量计划应包括的内容是：编制依据；质量目标；组织机构；质量控制及管理组织协调的系统描述；必要的质量监控手段，实施过程、服务、检验和试验程序等；确定关键工序和作业指导书；与施工阶段相适应的检验、试验、测量、验证要求；更改和完善质量计划的程序。

（2）质量计划的编制

编制项目质量计划应注意以下几点。

①由于项目质量计划的重要作用，作为最高领导者的项目经理应亲自主持编制。

②项目质量计划应集体编制。编制者应有丰富的知识和实践经验，且应有较强的沟通能力和创新精神。

③始终以业主为关注焦点，准确无误地找出关键质量问题，反复征询对质量计划草案的意见以修改完善。

④质量计划应体现有工序、分项工程、分部工程、单位工程的过程控制，且应体现从资源投入到完成工程质量最终检验和试验的全过程控制，质量计划成为对外质量保证和对内质量控制的依据。

（3）质量计划的实施与验证

质量计划实施时，质量管理人员应按照分工进行控制，按规定保存质量控制记录。当发生质量缺陷或事故时，必须分清原因、分清责任，进行整改。项目负责人应定期组织具有资格的质量检查人员和内部质量审检员验证质量计划的实施效果，发现质量控制中的问题或隐患时，提出措施予以解决。对重复出现的不合格，负责人应按规定承担责任，并依据验证评价的结果进行处罚。

2. 施工准备阶段的质量控制

（1）技术资料及文件准备的质量控制

①施工项目所在地的自然条件和技术经济条件调查资料应做到周密、详细、科学、妥善保存，为施工准备提供依据。

②施工组织设计文件的质量控制要求是：一要使施工顺序、施工方法和技术措施等能保证质量；二要进行技术经济比较，使质量好、经济效果也好。

③要认真收集并学习有关质量管理方面的法律、法规，质量验收标准，质量管理体系标准等。

④工程测量控制资料应按规定收集、整理和保管。

（2）设计角度和图纸审核的质量控制

应通过设计交底、图纸审核（或会审），使施工者了解设计意图、工程特点、工艺要求和质量要求，发现、纠正和减少设计差错，消灭图纸中的质量隐患并做好记录，以保证工程质量。

（3）采购和分包的质量控制

①项目经理应按计划中的物资采购法分包的规定选择和评价供应人，并保存评价记录。

②采购要求包括：产品质量要求或外包服务要求、有关产品提供的程序要求、对供方资格的要求、对供方质量管理体系的要求。采购要求的形式可以是合同、订单、技术协议、询价单及采购计划等。

③物资采购应符合设计文件、规范、相关法规及承包合同的要求。

④对产品应根据验证要求规定验证部门及验证方式；当拟在供方现场实施验证时，应在采购要求中事先做出规定。

⑤对各种分包服务选用的控制应根据其规模和控制的复杂程度区别对待，一般通过分包合同对分包服务进行动态控制。

（4）质量教育与培训

通过质量教育培训，增强质量意识和顾客意识，使员工具有所从事的质量工作要求的能力。

测试可以通过考试或实际操作等方式检查培训的有效性，并保存教育、培训及技能认可的记录。

第三节　施工成本与合同管理

一、施工成本管理

（一）工程项目成本的概念

"工程项目成本"一词本身具有多重含义。对不同的项目实施主体而言，工程建设成本在业主是项目投资，在承包商是工程建设费用。在不同的项目实施阶段，工程建设成本表现形式多样，例如，在整个建设过程中，工程项目成本存在投资估算、设计概算、施工图预算、工程承包合同价、工程结算价及竣工决算等多种形式。

工程项目施工成本，是指在建设工程项目的施工过程中所发生的全部生产费用的总和，由直接成本和间接成本所组成。直接成本是指施工过程中耗费的构成工程实体或有助于工程实体形成的各项费用支出，是可以直接计入工程对象的费用，包括人工费、材料费、施工机械使用费和施工措施费等；间接成本是指为施工准备、组织和管理施工生产的全部费用的支出，是非直接用于也无法直接计入工程对象，但为进行工程施工所必须发生的费用，包括管理人员工资、办公费、差旅交通费等。

（二）工程项目施工成本管理的任务

工程项目施工成本管理就是要在保证工期和质量满足要求的情况下，采取相应的组织、经济、技术、合同等管理措施，把成本控制在计划范围内，并进一步寻求最大限度的成本节约。施工成本管理主要包括施工成本预测、施工成本计划、施工成本控制、施工成本核算、施工成本分析和施工成本考核六个方面的任务。

1. 施工成本预测

施工成本预测是成本管理的首要环节，就是根据成本信息和施工项目的具体情况，运用一定的专门方法，在工程施工以前对成本进行估算，对未来的成本水平及其可能的发展趋势做出科学的估计。

成本预测的目的是预见成本的发展趋势，为成本管理决策和编制成本计划提供依据。施工成本预测通常是对施工项目计划工期内影响其成本变化的各个因素进行分析，比照近期已完工施工项目或将完工施工项目的成本，预测这些因素对工程成本中有关项目的影响程度，预测出工程的单位成本或总成本。

2. 施工成本计划

成本计划是实现成本目标的具体安排，是成本管理工作的行动纲领。施工成本计划是以货币形式编制施工项目在计划期内的生产费用、成本水平、成本降低率以及为降低成本所采取的主要措施和规划的书面方案，是建立施工项目成本管理责任制、开展成本控制和核算的基础。它是该项目降低成本的指导文件，是设立目标成本的依据。

成本计划应在项目实施方案确定和不断优化的前提下进行编制，因为不同的实施方案将导致直接工程费、措施费和企业管理费的差异。成本计划的编制是施工成本预控的重要手段，应在工程开工前编制完成。

3. 施工成本控制

施工成本控制是指在施工过程中，针对影响施工成本的各种因素，加强管理并采取各种有效措施，将施工中实际发生的各种消耗和支出严格控制在成本计划范围内。通过随时揭示并及时反馈，严格审查各项费用是否符合标准，计算实际成本和计划成本之间的差异并进行分析，进而采取多种措施，消除施工中的损失和浪费现象。

工程项目施工成本控制应贯穿于项目从投标阶段开始直至竣工验收的全过程，它是企业全面成本管理的重要环节。

4. 施工成本核算

施工成本核算，是指按照规定开支范围对施工费用进行归集，计算出施工费用的实际发生额，并根据成本核算对象，采用适当的方法，计算出该施工项目的总成本和单位成本。

施工成本一般以单位工程为成本核算对象，但也可以按照承包工程项目的规模、工期、结构类型、施工组织和施工现场等情况，结合成本管理要求，灵活划分成本核算对象。项目经理部应作为企业的成本中心，加强施工项目成本核算，为成本控制各环节提供必要的资料。成本核算应贯穿于成本管理的全过程。

5. 施工成本分析

施工成本分析是在成本形成过程中，主要利用施工项目的成本核算资料（成本信息），与目标成本、预算成本以及类似施工项目的实际成本等进行比较，了解成本的变动情况；同时也要分析主要技术经济指标对成本的影响，系统地研究成本变动的因素，检查成本计划的合理性，并通过成本分析，深入揭示成本变动的规律，寻找降低施工项目成本的途径，以便有效地进行成本控制。

施工成本分析应贯穿于施工成本管理的全过程。通过成本分析，寻求进一步降低成本的途径，包括有利偏差的挖掘和不利偏差的纠正。成本偏差的控制，分析是关键，纠偏是核心。

要针对分析得出的偏差发生原因，采取切实措施加以纠正。

6. 施工成本考核

施工成本考核，是指在施工项目完成后，对施工项目成本形成过程中的各责任者，按施工项目成本目标责任制的有关规定，将成本的实际指标与计划、定额、预算进行对比和考核，评定施工项目成本计划的完成情况和各责任者的业绩，并以此给予相应的奖励和处罚。

成本考核的目的在于通过考察责任成本的完成情况，调动责任者成本管理的积极性。施工成本考核是衡量成本降低的实际成果，也是对成本指标完成情况的总结和评价。

施工成本管理的各项任务是相互联系和相互作用的。成本预测是成本决策的前提；成本计划是成本决策所确定目标的具体化；成本控制是对成本计划的实施进行的控制和监督，以保证决策成本目标的实现；而成本核算又是对成本计划是否实现的最后检验，它所提供的成本信息又对下一个施工项目成本预测和决策提供基础资料。成本考核是实现成本目标责任制的保证和实现决策目标的重要手段。

二、合同管理

（一）施工项目合同管理概述

在市场经济条件下，建设项目施工是一种特殊的交易活动，这种交易活动从招标、投标工作开始，并持续于项目施工的全过程，为加强对施工项目的管理，必须依法签订合同。与项目经理部有经济往来的有业主（发包人）、专业分包人、材料供应商、设备供应商、银行、保险公司等，怎样使有关各方建立有机的联系，相互协调，默契配合，保证工程项目目标的顺利实现，一个必不可少的措施就是利用合同手段，通过经济与法律相结合的方法，将各方在平等互利的原则上建立起相互的权利、义务关系。

1. 施工合同

施工合同即建筑安装工程承包合同，是发包人和承包人为完成某一商定的建筑安装工程，明确相互权利和义务关系的合同。施工合同与建设工程的其他合同一样，在签订合同时必须遵守平等、自愿、公平、诚实信用等原则。依据施工合同，承包人应完成合同规定的建筑、安装工程任务，发包人应提供必要的施工条件，并支付相应的工程价款。施工合同是承包人进行工程建设质量管理、进度管理、成本管理的主要依据之一。

2. 施工合同管理

广义的施工合同管理，是指各级建设行政主管机关、金融机构和市场监管部门，以及工程发包单位、监理单位、承包单位依据法律和行政法规、规章制度，采取法律的、行政的手段对施工合同关系进行组织、指导、协调及监督，保护施工合同当事人的合法权益，处理施工合同纠纷，防止和制裁违法行为，保证施工合同顺利实施等一系列活动。由此可见，施工合同管理分为两个层次：第一个层次为国家机关及金融机构对施工合同的管理，是侧重于宏观的管理；第二个层次则为建设工程施工合同当事人及监理单位对施工合同的管理，即对施工合同进行具体而细致的管理。

（二）施工项目所涉及的合同

1. 施工承包合同

对施工项目经理部而言，最重要的合同是承包人与业主签订的施工承包合同，即建筑安装工程承包合同。施工承包合同也是项目经理部进行合同管理和合同运作的主线，其他合同都是以该合同的目标为最终目标，并围绕施工承包合同进行运作。

2. 不同计价方法的合同

工程项目的具体条件都有一定的差异，因而承包的内容和方式也就不尽相同，往往需要不同类型和不同承包价计算方法的合同。按合同类型和计价方法的不同，可将施工项目合同分为以下五种：

（1）固定总价合同

固定总价合同就是以图纸和工程说明书为依据，明确承包内容，并考虑到一些费用的上升因素，按商定的总价承包工程的合同。固定总价一次包死，在合同履行过程中，除非业主要求变更原定的承包内容，承包人一般不得要求变更承包价。

固定总价合同对业主比较简便，但对承包人而言，只有当设计图纸和说明书详细、施工条件较好时才是一种较为简便的承包方式。如果设计粗略、未知因素多，或者遇到原材料价格突然上涨以及恶劣天气等意外情况时，承包人须承担应变的风险。因此，这种承包方式的合同通常仅适用于技术不复杂、工程规模小、工期短的项目。

（2）按量计价合同

按量计价合同是以工程量清单和单价表为计算承包价依据的合同。通常由业主提出工程量清单，承包人填报单价，再计算出承包价。由于工程量是统一计算出来的，承包人只要经过复核并确定单价后就能计算出承包价，因而承担的风险较小。业主只须审核单价是否合理即可，十分方便。我国道路工程项目施工大多采用这种形式的合同。

（3）单价合同

单价合同是由承包人填报单价或由业主提出单价，经双方磋商确定承包单价，并依据实际完成的工程数量结算工程价款的合同。根据工程的具体条件和不同的设计深度，单价合同又可细分为按分部分项工程单价承包合同、按最终产品单价承包合同，以及按总价投标和决标、按单价结算工程价款合同等三种。

工程实践中，有时没有详细的施工图就需开工，或虽有施工图但工程的某些条件尚不完全清楚，既不能准确计算工程量，又要避免合同的任何一方承担过大的风险，采用单价合同是比较合理的。

（4）成本加酬金合同

成本加酬金合同是按工程实际发生的成本，加上商定的总管理费和利润来确定工程承包价的合同。合同所指的成本包括人工费、材料费、施工机械使用费、其他直接费、现场经费和施工管理费，但不包括施工承包企业的总管理费和应缴纳的税金。根据酬金的确定方式不同，又可细分为成本加固定百分数酬金合同、成本加固定酬金合同、成本加浮动酬金合同和目标成本加奖罚的合同等四种。

成本加酬金合同主要适用于开工前对工程内容尚不十分清楚、突发因素多、工期异常紧迫的情况，也就是工程风险极大的项目。例如边设计边施工的紧急工程、地质条件和施工环境恶劣的工程，或遭受地震、洪水、战火等灾害破坏后须尽快修复的工程等。

（5）统包合同

统包合同也称"交钥匙"合同，适用于"建设全过程承包"的项目，即从可行性研究开始至工程投入使用的各个阶段全部委托给一个承包人。工程实施的每个阶段都要签订合同，规定支付给承包人的报酬数额。由于工程设计和概预算是逐步深入和完善的，业主要根据前一阶段工作的结果决定是否进行下一阶段的工作，所以一般不大可能采用固定总价合同、按量计价合同或单价合同等形式，通常采用成本加酬金合同进行承包。

3. 其他合同

在施工项目的实施过程中，为保证施工承包合同的顺利履行，还会涉及其他多种合同关系，它们是施工项目能够按计划进行的基础和前提，因而也是合同管理的一项内容。这些合同主要有：涉及施工物资采购的买卖合同和运输合同，租用施工周转性材料和大型专用设备的租赁合同，委托其他单位加工、订做、复制某些部件或半成品的承揽合同，为确保施工人员、施工物资和工程安全的保险合同等。项目部对这些合同的管理与对施工承包合同的管理的区别在于，项目部是以甲方即发包人的身份，对其他合同进行管理。

第四节 工程风险管理

一、工程项目风险的含义及构成要素

（一）风险的定义

"风险"是一个非常常用、宽泛的词语。对于风险的定义，无论是业界还是理论界、国内还是国外，目前都还没有达成一致的认识，并没有一个统一的界定，可以说这是一个"没有共识的共识"。尽管普遍认为风险没有统一的定义，但任何管理都必须首先明确管理的对象，风险管理也是如此。加之风险是金融甚至所有经济活动的基本要素，对风险概念的明确成为关于风险理论问题探讨的首要问题。国内外与风险相关的教科书，如金融学、投资学、银行管理、保险、审计等，大多在承认风险缺乏统一定义之后提出各自的风险定义版本。综合分析这些定义版本，目前国内外金融理论界对风险的解释或界定主要有以下一些观点。

1. 决策理论学者认为，风险就是损失的不确定性。

2. 统计学家认为，风险是实际结果与预期结果之间的离差度。

3. 保险学者认为，风险就是损失或损害。

4. 项目工作者认为，风险就是人们不希望活动或事件有消极后果发生的潜在可能性。

综合上述观点，风险包括两方面的内涵：一是风险意味着出现损失或未实现预期目标；二是出现损失的事件是一种具有不确定性的随机现象，可以用概率表示出现的可能程度，但不能对出现与否做出确定性判断。

（二）工程项目风险的定义

工程项目风险是指工程项目在投资决策阶段、设计阶段、招投标阶段、施工阶段、竣工验收阶段等各环节可能遇到的风险，主要包括业主单位的风险、承包人的风险、监理单位的风险、设计单位的风险、咨询单位的风险等。

1. 业主的风险

业主是工程项目的拥有者或者使用者，在这个工程项目过程中占据主导地位，拥有项目的决策权。因此，业主的风险主要是项目决策风险，例如方案选择、各参与方的选择、工程实施中各种处理方案的选择等。此外，业主在工程项目中充当了组织者，应承担项目组织实施风险，如合同缺陷；也要承担其他参与者的违约、失职或缺乏诚意等风险。

2. 承包人的风险

承包人作为工程项目的实现者，是施工过程中的决策者，主要承担决策错误的风险、缔约与履约风险、责任风险等。决策错误的风险如信息失真与信息取舍失误、中介代理风险、投标风险（失标时费用无法补偿、报价失误），缔约与履约风险如合同缺陷或不平等条款、管理方法与施工技术不恰当、合同管理不善、资源组织管理不当、成本管理失控，责任风险如违约、故意或无意侵权、欺骗和其他错误。

（三）工程项目风险的构成要素

从风险的定义和特征可以得出，风险的三个基本构成要素是：风险因素的客观存在性、风险事件发生的不确定性和风险后果的不确定性。这三个要素之间的关系是相互联系、相互作用，共同形成风险。

二、工程项目风险管理的定义和过程

（一）工程项目风险管理的定义

风险管理是指人们对潜在的意外损失进行识别评估，并根据具体情况采取相应的措施进行处理。

工程项目是一种一次性、独特性和不确定性较高的工作，存在着很大的风险，所以必须开展项目风险管理。

工程项目风险管理指对项目风险从识别到分析评估乃至采取应对措施等的一

系列过程。它包括将积极因素所产生的影响最大化和使消极因素产生的影响最小化两个方面。

工程项目的实现是一个存在着很大不确定性的过程，因为这一过程是一个复杂的、一次性的、创新的，并涉及许多关系与变数的过程。工程项目的这些特性造成了在项目的实现过程中存在着各种各样的风险，如果不能很好地管理这些风险，将会给项目造成损失，甚至导致项目目标不能实现。项目风险管理的主要任务是对工程项目实现过程中的不确定性和风险性事件或问题的管理。

（二）工程项目风险管理的过程

工程项目风险管理过程一般由若干主要阶段组成，这些阶段不仅相互作用，而且与项目管理其他管理区域也相互影响，每个风险管理阶段的完成都可能需要项目管理人员的努力。风险管理过程主要包括风险识别、风险分析、风险计划、风险跟踪、风险控制和风险沟通六个环节。这六个环节也可以用风险识别、风险评估与分析、风险应对计划制订和风险应对控制四个阶段来描述。

1. 风险识别，包含确定哪种风险可能影响一个项目，并将各风险的特征归档。

2. 风险分析评估，涉及对风险及风险相互作用的评估，以评价项目可能结果的范围。

3. 风险应对计划制订，包括采取措施增大机会和制定应对威胁的措施。

4. 风险应对控制，涉及对整个项目管理过程中的风险进行应对。

三、工程项目风险监控

（一）工程项目风险监控的定义

风险监控就是通过对风险规划、识别、估计、评价、应对全过程的监视和控制，保证风险管理达到预期的目标，是项目实施中的一项重要工作。其目的是考察各种风险控制行动产生的实际效果，确定风险减少的程度，监视残留风险的变化情况，进而考虑是否需要调整风险管理计划以及是否启动相应的应急措施。

（二）项目风险监控的步骤

1. 建立项目风险监控体制。主要包括项目风险责任制、项目风险信息报告制、项目风险监控决策制、项目风险监控沟通程序等。

2. 确定项目风险监控责任。所有需要监控的项目风险都必须落实到人，同时明确岗位职责，对于项目风险控制应由专人负责。

3. 确定项目风险监控的行动时间。对项目风险的监控要制订相应的时间计划和安排，计划和规定出解决项目风险问题的时间表与时间限制。

4. 制订具体项目风险监控方案。根据项目风险的特性和时间计划制订出各具体项目风险控制方案，找出能够控制项目风险的各种备选方案，然后要对方案做必要的可行性分析，以验证各项目风险控制备选方案的效果，最终选定要采用的风险控制方案或备用方案。

5. 实施具体项目风险监控方案。要按照选定的具体项目风险控制方案开展项目风险控制的活动。

6. 跟踪具体项目风险的控制结果。就是要收集风险事件控制工作的信息并给出反馈，即利用跟踪去确认所采取的项目风险控制活动是否有效、项目风险的发展是否有新的变化等，以便不断提供反馈信息，从而指导项目风险控制方案的具体实施。

7. 判断项目风险是否已经消除。若认定某个项目风险已经解除，则该项目风险的控制作业就已完成；若判断该项目风险仍未解除，就要重新进行项目风险识别，重新开展下一步的项目风险监控作业。

（三）工程项目风险监控的方法

风险监控应该围绕项目风险的基本问题，制订科学的风险监控标准，采用系统的方法，建立有效的风险预警系统，做好应急计划，实施高效的项目风险监控。在工程建设项目投资风险监控中，常见的方法如下。

1. 风险图表示法

风险图表示法就是根据风险评价的结果，从项目的所有风险中挑选出几个，例如，前十个最严重的，列入监视范围。然后每月都对这十个进行检查，同时写出风险规避计划，说明用于规避风险的策略和措施是否取得了成功。与此同时，画一张图表，列出当月前十个优先考虑的风险。其中每一个都写上当月优先顺序号、上个月的优先顺序号以及它在这张表上已经出现了几个星期。如果发现表上出现了以前未出现过的新风险，或者有的风险情况变化很小，那么就要考虑重新进行风险分析。要注意尽早发现问题，不要让其由小变大，进而失去控制。

同样重要的是，要及时注意和发现在规避风险方面取得的进展，因此，也要把已成功控制住的风险记在图表中。另外，还要跟踪列入图表前风险的类别变化，如果新列入图表的风险以前被划入未知或不可预见的类别，那么就预示着项目很可能要出现麻烦。这种情况还表明原来做的风险分析不准确，项目实际面临的风险要比当初考虑的大。

2. 审核检查法

审核检查法是监控风险的首选方法，该法用于项目的全过程，从项目建议书开始，直至项目结束。项目建议书，项目产品或服务的技术规格要求，项目的招标文件、设计文件、实施计划、必要的实验等都需要审核。审核时要查出错误、疏漏、不准确、前后矛盾、不一致之处。审核还会发现以前或他人未注意或未想到的地方和问题。审核会议要有明确的目标，提的问题要具体，要请多方面的人员参加。参加者不要审核自己负责的那部分工作。审核结束后，要把发现的问题及时交代给原来负责的人员，让他们马上采取行动予以解决。问题解决后要签字验收。检查是在项目实施过程中进行的，而不是在项目告一段落时进行的。检查是为了把各方面来的反馈意见立即通知有关人员，一般以已完成的工作成果为对象，包括项目的设计文件、实施计划、实验计划、正在施工的工程、运到现场的材料设备等。

3. 用偏差分析法

这是一种测量预算实施情况的方法。该法将实际上已完成的项目工作同计划的项目工作进行比较，确定项目在费用支出和时间进度方面是否符合原定计划的要求。该法计算、收集三种基本数据：计划工作的预算费用、已完成工作实际费用以及已完成实际工作量。按照单位工作的预算价格计算出的已经完成实际工作量的费用，校准已完工作预算费用。

第五节 沟通和信息管理

一、工程项目沟通管理

（一）沟通的概念及作用

沟通就是信息的交流。在项目的实施过程中，信息交流主要是人与人之间和组织之间的交流。人与人之间的沟通是将信息由一个人传递到另一个人的过程，如下级人员与项目经理之间，主要是指人们带着一定的动机、目的、态度通过各种途径传递信息、情感、态度、思想、观点等。在这个过程中，可能会有阻碍有效沟通的因素，如不同的人对同一信息的理解程度受其知识结构、经历、职业、价值观的不同影响，从而产生不同的看法和不同的理解。而组织之间的沟通是指组织之间的信息传递。

对于项目来说，要科学地组织、指挥、协调和控制项目的实施过程，就必须进行项目的信息沟通，好的信息沟通对项目的发展和人际关系的改善都有促进作用。具体来说，沟通的作用如下。

1. 为项目决策和计划提供依据。

2. 为组织和控制管理过程提供依据和手段。

3. 有利于建立和改善人际关系。

4. 为项目经理的成功领导提供重要手段。

（二）项目沟通的内容

沟通分为内部关系的沟通与协调、近外层关系的沟通与协调和远外层关系的沟通与协调。内部关系指企业内部（含项目经理部）的各种关系，近外层关系指企业与同发包人签有合同的单位的关系，远外层关系是指与企业及项目管理有关但无合同约束的单位的关系。在项目实施过程中，沟通主要包括人际关系、组织机构关系、供求关系及协作配合关系的沟通协调。人际关系包括项目组织内部的人际关系和项目组织与关联单位的人际关系，其沟通协调的对象主要是相关人员在管理工作中的联系和矛盾。组织机构关系应包括沟通与协调项目经理部与企业管理层及劳务作业层之间的关系；供求关系应包括企业物资供应部门与项目经理部及生产要素供需单位之间的关系；协作配合关系应包括近外层单位的协作配合，内部各部门、上下级、管理层与作业层之间的关系。

1. 内部人际关系的沟通与协调

项目经理所领导的项目经理部是项目组织的领导核心。通常，项目经理不直接控制资源和具体工作，而是由项目经理部中的职能人员具体实施控制，这就使得项目经理和职能人员之间及各职能人员之间存在着和沟通与协调的关系。

（1）项目经理与技术专家的沟通

技术专家往往对基层的具体施工了解较少，只注意技术方案的优化，注重数字，对技术的可行性过于乐观，而不注重社会和心理方面的影响。项目经理应积极引导，发挥技术人员的作用，同时注重全局综合和方案实施的可行性。

（2）建立完善实用的项目管理系统，明确划分各自的工作职责

许多项目经理对管理程序寄予很大的希望，认为只要建立科学的管理程序，要求大家按程序工作，职责明确，就可以比较好地解决组织沟通问题。实践证明，这是不全面的，原因如下。

①管理程序过细并过于依赖它容易使组织僵化。

②项目具有特殊性，实际情况千变万化，项目管理工作很难定量评价，它的成就还主要依靠管理者的能力、职业道德、工作热情和积极性。

③过于程序化容易造成组织效率低下、组织摩擦大、管理成本高、工期长。

（3）建立项目激励机制

由于项目的特点，项目经理更应注意从心理学、行为科学的角度激励各个成员的积极性。虽然项目工作富有创造性、有吸引力，但也应有自己的激励措施。

①采用民主的工作作风，不独断专行。在项目经理部内放权让组织成员独立工作，充分发挥他们的积极性和创造性，使他们对工作有成就感。

②改进工作关系，关心各个成员，礼貌待人。

③公开、公平、公正地处理事务。

④在向上级和职能部门提交的报告中，应包括对项目组织成员的评价和鉴定

意见，项目结束时应对成绩显著的成员进行表彰。

（4）形成比较稳定的项目管理队伍

以项目作为经营对象的企业，如承包公司、监理公司等，应形成比较稳定的项目管理队伍。尽管项目是一次性的、常新的，但项目小组却相对稳定，各成员之间相互熟悉，彼此了解，可大大减小组织摩擦。

（5）职能人员应双重忠诚

项目经理部是一个临时性的管理组织，特别在矩阵式的组织中，项目成员在原职能部门保持其专业职位，可能同时为许多项目提供管理服务。所以，应鼓励项目组织成员对项目和对职能部门都忠诚，这是项目成功的必要条件。

（6）考核评价工作

建立公平、公正的考评工作业绩的方法、标准，并定期客观、慎重地对成员进行业绩考评，在其中排除偶然、不可控制和不可预见等因素。

2. 项目经理部与企业管理层关系的沟通与协调

项目经理部与企业管理层关系的沟通与协调应依靠严格执行"项目管理目标责任书"，在党务、行政和生产管理上，根据企业党委和经理的指令以及企业管理制度来进行。项目经理部受企业有关职能部、室的指导，二者既是上下级行政关系，又是服务与服从、监督与执行的关系。即企业层次生产要素的调控体系要服务于项目层次生产要素的优化配置，同时项目生产要素的动态管理要服从于企业主管部门的宏观调控。

企业要对项目管理全过程进行必要的监督与调控，项目经理部要按照与企业签订的责任状，尽职尽责、全力以赴地抓好项目的具体实施。在经济往来上，根据企业法定代表人与项目经理签订的"项目管理目标责任书"，严格履约，按实结算，建立双方平等的经济责任关系；在业务管理上，项目经理部作为企业内部项目的管理层，接受企业职能部、室的业务指导和服务。一切统计报表，包括技术、质量、预算、定额、工资、外包队的使用计划及各种资料都要按系统管理和有关规定准时报送主管部门。其主要业务管理关系如下。

（1）计划统计。项目管理的全过程、目标管理与经济活动，必须纳入计划管理。项目经理部除每月（季）向企业报送施工统计报表外，还要根据企业经理与项目经理签订的项目管理目标责任书所定工期，编制单位工程总进度计划、物资计划、财务收支计划，坚持月计划、旬安排、日检查制度。

（2）财务核算。项目经理部作为公司内部一个相对独立的核算单位，负责整个项目的财务收支和成本核算工作。整个工程施工过程中，不论项目经理部班子成员如何变动，其财务系统管理和成本核算责任不变。

（3）材料供应。工程项目所需三大主材、地材、钢木门窗及构配件、机电设备，由项目经理部按单位工程用料计划报公司供应部门，实行加工、采购、供应、服务一条龙。凡是供应到现场的各类物资必须在项目经理部的调配下统一建库、统一保管、统一发放、统一加工，按规定结算。工程按施工预算定额发料，运用材料成本票据结算。

（4）周转料具供应。工程所需机械设备及周转材料，由项目经理部上报计划，公司组织供应。设备进入工地后由项目经理部统一管理、调配。

（5）预算及经济洽商签证。预算合同经营管理部门负责项目全部设计预算的编制和报批，选聘到项目经理部工作的预算人员负责所有工程施工预算的编制，包括经济洽商签证和增减账预算的编制报批。各类经济洽商签证要分别送公司预算管理部门、项目经理部和作业队存档，作为审批和结算增收的依据。

（6）质量、安全、行政管理、测试计量等工作，均通过业务系统管理，实行从决策到贯彻实施，从检测控制到信息反馈全过程的监控、检查、考核、评比和严格管理。

（7）项目经理部与水电、运输、吊装分公司之间的关系，是总包与分包之间的关系。在公司的沟通与协调下，通过合同明确总分包关系，各专业服从项目经理部的安排和调配，为项目经理部提供专业施工服务，并就工期、服务态度、服务质量等签订分包合同。

二、工程项目信息管理

（一）信息管理的概念和基本任务

信息管理是对信息的收集、整理、处理、储存、传递与应用等一系列工作的总称。信息管理的目的就是通过有组织的信息流通，使决策者能及时、准确地获得相应的信息。为了达到信息管理的目的，就要把握好信息管理的各个环节，并要做到三点：一是了解和掌握信息来源，对信息进行分类；二是掌握和正确运用信息管理的手段，如计算机；三是掌握信息流程的不同环节，建立信息管理系统。

进行工程项目信息管理是管理者完成目标控制任务的基础，只有掌握了大量的来自各领域的准确及时的信息，才能够做出科学的决策，高效地完成项目管理工作。一般来说，工程项目信息管理的基本任务如下。

1. 收集项目的基本情况信息并系统化，编制项目手册。项目管理的任务之一是按照项目的任务、实施要求，设计项目实施和项目管理中的信息和信息流，确定它们的基本要求和特征，并保证项目实施过程中信息顺利流通。

2. 在对项目信息进行整理的过程中，遵循项目报告及各类资料的规定，如，资料的格式、内容、数据结构要求。

3. 按照项目实施、项目组织、项目管理工作过程建立项目管理信息系统，在实际工作中保证系统正常运行，并控制信息流。

4. 做好文件档案管理工作。有效的项目管理需要更多地依靠信息系统的结构和维护，信息管理将影响组织和整个项目系统的运行效率。

由于工程项目信息量大，因此在信息管理的过程中，应特别注意信息的时效性和有效性。

对收集到的信息及时高效地处理，并善于预测信息的走向趋势。

（二）项目信息的分类

1. 按照项目信息来源划分

项目信息按其来源的不同，可分为项目内部信息和外部信息两类。项目内部信息取自建设项目本身，如工程概况、合同文件、施工方案、施工组织设计、进度计划、会议制度等。项目外部信息来自项目外部环境，如国家相关法律法规、设备材料物价指数、类似工程情况等。

2. 按照项目管理目标划分

按项目管理目标可将项目信息划分为投资控制信息、质量控制信息、进度控制信息、安全生产控制信息和合同管理信息等。

投资控制信息是指与投资控制有关的信息，包括投资标准信息（如工程造价）、项目计划投资信息（如项目投资估算）和项目实际投资信息（如施工阶段的支付账单）。

质量控制信息是指与质量控制有关的信息，包括有关法规标准信息（如质量法规）、计划工程质量有关的信息（如质量控制措施）和项目进展中产生的质量信息（如工程质量验收记录）等。此外，还包括工程参加方的资质及特殊工种人员的资质等。

进度控制信息是指与进度控制有关的信息，包括与进度计划有关的信息和项目进展中产生的进度信息，以及这两类信息在加工后产生的信息，如进度目标分解信息等。

安全生产控制信息是指与安全生产控制有关的信息，包括相关的法律法规信息、制度措施，项目进展中产生的信息，另外，还有文明施工及环境保护等信息。

合同管理信息则指各类工程合同文件，以及相关法律法规等。

（三）项目信息管理

在工程建设中，每时每刻都产生着大量的信息。但要得到有价值的信息，提高信息质量，充分发挥信息的作用，必须根据需要进行有目的、有组织、有计划的收集。

1. 收集项目信息的基本原则

第一，要及时主动。项目部要取得对工程控制的主动权，就必须积极主动地收集信息，善于及时获取、加工各类工程信息。项目管理是一个动态的过程，实时信息量大、时效性强，加上建设工程项目自身的复杂特性，如不能及时获取、加工大量的工程信息，势必会影响项目管理工作的进行。

第二，要全面系统。项目信息贯穿于工程项目建设的各个阶段，收集项目信息应全面，不能漏掉任何一条有用的信息。同时，工程建设也遵循一定的规律，收集信息不能盲目无章，而要注重信息的系统性和连续性。

第三，要真实可靠。项目管理工作是一项严肃科学的工作，管理人员在工作中也应秉持严肃科学的态度，对待信息收集工作更应如此。由于建设项目参与方之间的经济利益关系，以及工程项目建设自身的复杂性，信息在传输过程中不可避免地会出现失真现象。这就需要管理人员在收集信息时，要进行严格的核实筛选，去伪存真。

第四，要重点选择。收集信息虽然要注重全面性和系统性，但这并不等于不分主次，应有针对性地收集。同时，收集的信息应符合项目管理工作的需要。

2. 收集项目信息的基本方法

项目管理人员主要通过各种记录方式来收集信息，这些记录方式主要包括以下几类。

（1）现场记录

现场记录主要是指项目管理人员每天通过某种方式记录工地上所发生的事情。所有记录都应妥善保存，以供查阅。现场记录主要包括工程范围内的机械、劳力的配备和使用情况，气候及水文情况，承包商每天的工作范围、完成工程数量、开工和完成工作的时间、出现的问题及处理效果，施工中每步工序完成后的情况描述，现场材料供应和储备情况，现场试验情况等。

（2）会议记录

由项目部所主持的会议应由专人记录，并形成会议纪要，由与会者签字确认，这些记录可作为今后处理问题的主要依据。

（3）计量与支付记录

这项记录包括所有计量及付款资料，应清楚地记录工程计量与否、支付与否，已同意或确定的费率和价格变更等。

（4）试验记录

除正常的试验报告外，试验室应有专人记录试验工作情况，包括对承包商的试验监督和数据分析等。记录内容包括试验工作内容的简单叙述，承包人试验人员配备情况，承包商试验仪器、设备配备、使用和调动情况，监理方与承包方的同一试验有无重大差异及原因分析。

（5）工程照片和录像

对某些重大试验、体现工程质量的部位或建设阶段、隐蔽工程、工程事故现场状况、现场监理工作实况等，可采用照片和录像的方式来记录。

3. 信息管理系统

项目管理工作中涉及的信息量如此之大，要实现快速、高效的信息管理，仅仅依靠传统的手工操作管理办法已无法满足需要。利用计算机来进行信息管理已成为必然选择。这是因为计算机可以用于监理信息存储，其信息处理快速准确，且能快速整理报告。此外，运用计算机辅助监理不仅可提高监理工作效率、减少手工计算量，而且能增强监理指令的准确性，避免错误判断，提高项目管理质量。同时，计算机也可帮助管理人员总结经验，辅助决策，有利于管理水平的提高。

信息管理系统主要是研究系统中信息传递的逻辑程序和信息处理的数学模型，并研究如何利用计算机来处理各类信息和描述数学模型的方法与手段。信息管理通过提供的多种信息管理方案并实施系统管理，能为决策者提供辅助决策支持。

工程项目信息管理系统是一个由几个功能子系统关联而合成的一体化信息系统。它提供统一格式的信息，简化各种项目数据的统计和收集工作，降低信息成本；及时全面地提供不同需要、不同浓缩度的项目信息，从而可以迅速做出分析解释，及时产生正确的控制；完整系统地保存大量的项目信息，能方便、快速地查询和综合，为项目管理决策提供信息支持；利用模型方法处理信息，预测未来，科学地进行决策。信息管理系统主要包括投资控制、质量控制、进度控制、安全生产管理、合同管理、文档管理和组织协调七个功能子系统。

投资控制子系统应包括项目投资概算、预算、标底、合同价、结算、决算以及成本控制。该子系统应具有的功能有项目概算、预算、标底的编制和调整，项目概算、预算的对比分析，标底与概算、预算的对比分析，项目投资变化趋势预测，提供各项投资报表等。

质量控制子系统的功能包括设计、施工、材料和设备质量控制相关文件资料，工程事故处理资料，质量监理活动档案资料。

进度控制子系统的功能包括原始数据的录入、修改和查询，网络计划的编制与调整，工程实际进度的统计分析，工程进度各类数据查询，各种工程进度报表等。

合同管理子系统主要实现的功能有提供和选择标准的合同文本，合同文件、资料的管理，合同执行情况的跟踪和处理过程的管理，涉外合同的外汇折算，经济法规的查询，提供各种合同管理报表等。

第三章
道路桥梁工程项目施工安全与环境管理

第一节　工程项目施工安全管理

一、项目施工安全管理概述

（一）项目施工安全管理的概念、原则及系统构成

1. 项目施工安全管理的概念

道路桥梁工程项目安全管理中的"安全管理"指的是在道路桥梁建设工程中，生产管理机构要以法律法规为依据，通过计划和组织以及协调和控制等系列活动，预防施工过程中的事故，从而构建优化安全管理系统。道路桥梁工程的安全管理贯穿施工始终，主要管理项目中的人与物以及环境等因素，同时有效地控制人与物的不安全状态，确保工作人员的安全与健康得到充分的保障。针对施工单位，要加大监督安全管理的力度，对安全责任者的职责予以明确，针对工程施工的过程中有可能存在的安全性因素予以预防与控制。同时制订安全预案与相关规划，签署安全责任书，从而提升安全管理的效率。

2. 项目施工安全管理的原则

（1）管生产必须同时管安全

①安全问题是生产建设单位，以及与生产建设单位直接相关的其他部门顺利进行各项工作的前提和保障。此外，这些机构与机构的领导者，要以国务院有关安全生产的理念为依据，全方位地承担安全生产的相关责任，使之成为生产企业的关键事宜。管生产与管安全两项工作要同时进行，安全工作也是各种生产活动的一部分，两者相辅相成。

②遵循安全生产管理原则，就是要认真贯彻执行国家安全生产的法规、政策和标准。制定本企业、本部门的各种安全生产责任制、安全卫生技术规范和各工作岗位的安全操作规程等。设立安全生产组织管理机构，配齐专门工作人员。

（2）明确安全管理目的

施工安全管理的目标：保障工程施工的安全，不发生伤亡事故；保障无火灾与不发生交通事故；使施工设备设施的安全得到保障；保护环境，保持现场的整洁等。

施工安全管理的最终目标是保障劳动者的身心健康，且保障其安全，对参与施工的物与人以及环境的现实情形加以管理，加强对人的不安全行为和物的不安全状态的及时管理，有效地避免或减少安全生产事故的发生。保障实现安全管理目标是安全工作的第一要务，如果安全管理是盲目的且缺失目标的，那么将使健康和安全的状态向反方向予以转化。

（3）贯彻"安全第一""预防为主"的方针

①遵循"安全第一"原则。"安全第一"突出了安全问题在施工生产中的重要地位。对于建设工程，安全的至高无上的位置应予以明确，这是落实社会主义核心价值观、构建和谐社会必然要遵循的原则。要求全部工程建设者（涵盖管理者与一线员工和工程建设监督管理人员）都必须树立安全意识，在安全与经济利益之间，不能舍本逐末。在安全与生产产生矛盾时，应把安全问题放在首位。为了保障生产活动的顺利进行，要以安全为前提，推动经济的发展，构建和谐稳定的社会局面。为了防止意外事故和人身伤害的发生，应使道路桥梁生产活动符合安全生产要求，采取合理施工工序来保障生产活动的稳步推进，从而提高施工人员的工作效率，进而提高企业的生产水平。进行安全管理不等于事故处理。安全管理的科学性正是以施工生产的特征与影响因素为依据，采取合理有效的管理手段与技术，对不安全因素的发生与拓展予以预防与规避，将安全隐患扼杀在摇篮中，使生产活动的顺利进行得到充分的保障，同时保障员工的安全与健康。

②"预防为主"是主要途径。"预防为主"意味着构建渐进式、立体型的预防事故机制体系，对于安全事故要做到预防、预教、预测、预想、预报、预警。新时期赋予预防为主以新的含义，即完善安全机制，提高有关安全的技术水准，对安全的责任制予以贯彻落实，围绕安全管理这个核心，加大资源投入的力度。其主要内容如下：

一是加强安全文化和社会文化建设，从而预防安全事故的发生。

二是完善安全生产许可制度，隐患排查、治理监督等相关法律与规章制度，以法治力量为依托，推动安全事故的预防与规避工作。

三是贯彻"科教兴安"战略，以科技进步为依托，优化安全生产环境，提高劳动者综合素质。

四是完善且创新安全生产监督管理体制，根据各企业不同的生产情况，制定适合本企业的制度，提高管理安全生产的水平，增强基础设施保障力度。

③ "综合治理"是重要通道。各个生产部门要自觉地遵守安全管理的相关规则，意识到安全管理工作是一项长期而复杂的极为艰巨的工作，意识到在安全管理的过程中所存在的主要矛盾与冲突，综合性地采取经济手段，运用法律武器，有效运用行政手段，结合人治与法治，同时提高技术水平，共同防范不安全因素，并做好舆论的监督工作。而在生产领域，采取行之有效的措施解决有关安全管理的问题，并与国家安全生产的要求相适应，且保障道路桥梁工程施工的安全性、稳定性以及可靠性。所以综合治理要做到与时俱进和重点解决，将综合治理作为贯彻安全生产方针的基础，使其成为安全工作的重中之重。

要将安全生产方针作为统一的整体，意味着把安全放在首位，发挥预防的主体性作用，加大综合治理的力度，要将三者密切结合起来。对其内容可以概括如下："安全第一"，是方针的统帅和核心环节，缺失这个理念，会使预防缺失理念方面的支持，会使治理失去整改的依据，就谈不上所谓的预防与治理了。"预防为主"，是践行"安全第一"思想理念的有效途径。要将健全事故防范体系作为安全生产管理的重点，做好有效的防范工作，从而降低发生事故的概率，且将损失降至最低点，贯彻落实"安全第一"的思想。"综合治理"，作为贯彻落实前两者的方法，要完善相关制度，贯彻落实有关安全管理的政策。

（4）坚持"四全"的动态管理

道路桥梁施工安全管理涉及路基、路面、桥梁、隧道、水上、陆地、高空、爆破、电气使用等各层面。施工安全管理贯穿各项施工活动的全过程，所以施工生产活动要坚持动态式安全管理，即全方位地管理好施工全过程与全员在全时段中的行为。不能将安全管理局限在少数专职员工与项目安全机构方面，而应该让所有参与生产的工作人员共同参与。

3. 项目施工安全管理的系统构成

（1）资质、机构与人员管理

资质、机构与人员的管理直接关系着道路桥梁工程施工安全管理技术力量的强弱和组织管理水平的高低，道路桥梁工程施工安全管理系统的稳定离不开具有相应资质和经验的管理人员及完善的安全管理机构，项目安全管理的稳定性也易受分包单位和供应单位的影响。资质、机构与人员作为道路桥梁工程施工安全系统的组成部分，其资质的合规性、安全管理机构的完善性、分包单位及供应单位的选取将对施工主体质量水平和施工人员的安危产生直接或者间接的重大影响。

（2）设施与设备管理

设备设施是道路桥梁工程施工安全系统的重要组成部分，设备的完善及配套在施工现场将直接影响施工人员的作业安全，而道路桥梁工程建设所需的机械设备较为繁杂，像塔式起重机、挖掘机等机械大多受力复杂，平时受长期露天作业影响，经常受风吹雨淋和日光曝晒，故受腐蚀大、磨损严重。且道路桥梁工程建设场地和施工操作人员的流动性都比较大，故机械安装质量及维修质量、机械操作水平波动较大，也很容易影响施工机械的可靠性和施工人员的安全。设施与设备管理还包含防护设备的管理，其对施工人员职业病的预防和施工作业的安全将产生积极的作用。故安全管理系统中应包含直接参与工程建设、直接与施工人员接触、对施工人员可以起到防护作用，又可以直接影响其安全性的设施与设备。

（3）安全技术管理

道路桥梁工程建设环境随道路里程的增加而变化，环境的不确定性、人员的流动性、设施与设备管理中的隐患等因素都可影响到施工人员的安危。故道路桥梁工程施工安全管理系统应包括危险源控制、专项安全技术方案等安全技术管理因素。安全技术管理质量直接影响到安全应急体系、危险源控制防范措施的有效性。

（4）安全生产管理制度

安全生产管理制度是道路桥梁工程施工安全管理系统稳定运行的重要制度保障，也是道路桥梁工程施工安全管理系统责任主体划分的依据，是系统中最不可或缺的一部分。安全生产管理制度的建立及完善是施工安全管理系统自我改进的驱动力之一，其中的资金保障制度提供安全系统自我完善的经济基础，安全检查制度直接推动系统内部的自检、互检与持续改进，安全生产教育培训则促使安全系统内的有关人员提高自我安全意识，避免主观地引发施工安全操作或者管理责任事故。故安全生产管理制度是安全管理系统内部的核心环节，是系统的重要组成部分。

（二）项目施工安全管理模式

1. 施工安全管理模式概述

影响道路桥梁工程施工安全的因素极多，而安全管理的重要内容是避免各种类型的因素对施工安全产生影响与作用，保障施工者的安全与健康，保障其建设的顺利进行和稳步推进。优化安全管理模式，杜绝安全隐患，如发生安全问题，要及时有效地解决。优化安全管理模式的主要内容有：健全组织系统，完善相关机制，使日常施工安全得到保障，构建事故发生的应急救援系统，且加以有效地控制，做到防患于未然。构建管理模式之后，参与组织体系者要明确自身须承担的责任和履行的义务，培育安全意识且增强责任感，并与安全责任制度相匹配，健全安全管理体系，使道路桥梁工程施工整体的安全得到充分的保障。

2. 施工安全管理模式构建策略

（1）保障日常施工安全的管理方式

落实安全责任制和完善日常安全管理制度，制度可以为执行提供保障支撑，保障日常施工安全要着重从以下三方面着手：

①完善安全责任制。健全奖罚机制与激励机制，贯彻相关的生产责任并加以落实，在事故发生的时候，相关责任人应该能够承担相应的责任，无安全事故时，要做好督促与激励等工作。

②完善检查制度。在施工的阶段，不定期对工程施工的总体情况予以检查，妥善安排检查人员，及时排除安全隐患，核准相关经费，严格把握安全生产环节。对于现场施工，要采取必要的防护手段来保障员工安全，维持并保护设备的正常使用，设置完善的安全防护制度，保障设备设施的安全，同时避免人员的伤亡。对于技术安全交底同样要加强管理，保障各施工工序严格按照施工规范进行，在遇到特殊情况时要及时调整施工规范，并通知现场施工员，保障施工技术的安全性与可靠性。

③贯彻落实安全生产方面的宣传机制，采取多元化的宣传方式，且将其有效地运用。有机地结合安全知识，加大教育培训的力度，使施工现场员工增强安全意识且掌握相关实践技术，增强安全知识储备。

（2）在施工的过程中完善预控机制

对于日常的安全管理工作，要构建并完善有关施工安全的预防控制管理制度，从而降低道路桥梁工程施工过程中发生安全事故的概率，有效诊断、预测以及监测安全隐患，假如发现存在潜在风险，要及时采取预控等手段，有效地预防且控制事故的发生。委派专业人员建立预防控制管理小组，施工者要全力配合，客观地评价与检测道路桥梁工程施工过程中潜在的安全性因素。

①客观地评价与有效地监测环境因素，就自然与社会因素来说，要进行有效掌控，辨别不利因素并且采取相应的预防控制手段。

②对机械设备安全予以监测，监控特种机械以保障其安全，提高相关技术水平，保障操作的安全性。

③监测施工者贯彻执行的情形。确保施工过程的安全性与可靠性得到充分的保障，降低事故的发生率。

（3）安全事故的应急救援系统

在施工过程中，为保障施工安全，要构建有关安全事故的应急救援系统。针对已发生的事故要妥善处置，把损失降到最低，并预防二次伤害的发生。

①针对存在较大安全隐患的施工段，组建应急救援组织，以便事故发生后予以紧急的救助。

②针对应急救援小组的成员，加大培训与教育的力度，使成员增强安全保障的意识，储备好有关应急救援的知识，各成员要能够熟练地运用应急救援的器械等，并且做好各救援设备的检查维护工作，对存在问题的设备要及时更换。

③优化、完善以及改进应急报告流程，发生事故之后，专业化的救援小组应立刻奔赴现场，避免事故受伤人员遭受二次伤害，并及时对人员加以疏散，以掌握事故情形为基础，制订救援预案并开展救援活动。

二、施工安全管理问题与管理措施

（一）道路桥梁工程施工特点

1. 作业条件的恶劣性

我国复杂的地理环境以及道路桥梁工程建设等人为的工程活动而导致的地质

灾害，最终致使人员伤亡与经济损失事件与日俱增。尤其是云、贵、川等丘陵地带，地质环境条件错综复杂，已建或在建的道路桥梁、人为地开挖坡脚与路堑、修缮建设等具体活动，均容易导致地质灾害的发生。一般情况下，道路桥梁施工主要是野外作业，在施工过程中会遇到各种各样的作业环境，如松软的路面、错综复杂的地质条件、噪声干扰和不良的照明条件和极端的温度环境等，均易发生安全事故。假如气候条件特殊或自然灾害发生，安全事故也极有可能随之而来，如冰雹暴雨与洪水以及严寒、酷暑等不可抗条件。与其他生产企业作业条件不同的是，随着施工进度的改变，道路桥梁施工作业环境将产生相应的变化，各影响因素的形成存在极强的随机性。道路桥梁施工的不同阶段与不同路段以及不同产品，其影响性因素存在很大的差异，这也给道路桥梁工程施工安全管理工作带来很大难度。例如，在化工、制造业等的生产过程中，影响因素相对稳定。一般情况下，其生产环境不容易受到风雨、雷电以及冰雹等自然界因素的影响，同时生产车间中的危险源相对固定，工人对其极为熟悉。而道路桥梁建设工程施工基本上在露天空旷的野外或水域中完成，甚至要在悬崖深谷边、潮汐海浪处作业，在上述恶劣的环境下，安全防护的条件极差，易导致伤亡事故的发生。

2. 施工地点的复杂性

在道路桥梁工程施工的过程中，存在诸多危险源，高空作业就是存在较大风险的工序。改变作业环境，将会增加施工者在心理方面的负担与压力。由于高空作业的条件是距离地面超过 2 m，有时甚至距地面十几米、几百米，而且工作面很少有平稳的立脚的地方，如果安全防护措施不到位，极易产生高空坠落伤亡事故。在道路桥梁工程施工的过程中，所发生的高处坠落的安全事故与高空作业相关，因此在高空作业时，要做好安全防护工作，加大安全管理与监督的力度是至关重要的。高空作业，要以工程特征为基础，以在建工程周边环境为依托，制定有效的安全防护策略，同时严格地加以执行。道路桥梁建设常涉及地下作业，如隧道作业等。随着施工的深入，作业场所发生变化，由地上转为地下，施工条件与环境不断地恶化，其表现形式是空间狭窄（施工设备与机械占用空间，且须进行各种交叉作业）、照明情况差、灰尘和噪声污染严重。有些隧道还存在着高温、高湿的危害，这种情况很容易发生交通事故，而且还极易使工作人员患上职业病。另外，隧道施工环境是一个恶劣的、多变的动态环境，经常存在物体打击与坠落及车辆伤害等事故，且事故频发，易给工作者带来精神方面的压力。

3. 实施安全管理的困难性

随着道路桥梁业市场改革进程的加快以及道路桥梁企业改制之后经营机制的不断完善，道路桥梁企业的用工制度发生了本质上的改变。就现阶段的情形而言，施工企业的用工体系中分离出了劳务层，现场中的一线工人逐渐从以往的固定工人转为现在的劳务工人，道路桥梁建设企业也不例外。

（1）基础设施建设规模日益拓展，劳务市场的发展却较为滞后，务工人员大多没有经过安全教育培训，其安全意识有待增强，且须做好角色的转换工作。

（2）大部分务工人员的学历层次不高，缺乏综合素质与安全意识，且生产技能低。他们难以在较短的时间内通过培训达到国家对施工安全生产作业的要求。

（3）即使务工人员经由多年的培训与教育，技术与技能水平有所提升，与技能要求基本上匹配，也难以有效地控制其流动性。道路桥梁工程施工具有极大的流动性，作业环境有待优化，且条件极其恶劣，薪酬水平不高，难以提升对人才的吸引力，致使中青年的人力资源流失严重，导致技术工人团队呈现断层的局面。在施工现场中，缺乏专职的安全管理者与安全员，诸多施工现场的安全管理者与安全员一般为兼职，其专业化水平有待提高，且需要全面了解掌握技术标准与安全规范。安全生产从业者的上述问题导致施工现场存在诸多安全隐患，若其能得到及时的纠正与消除，也有助于建设单位杜绝安全隐患。

4. 劳动保护是一项长期艰巨的任务

在恶劣的施工环境中，道路桥梁工人操作繁杂的步骤，体能被大量耗费，同时劳动时间长、强度高，将严重危害工人的身心健康，这也使得个人劳动保护任务更加艰巨。

总之，施工安全隐患普遍存在于高处或作业交叉、垂直运输或运用电气机具等场合。伤亡事故主要包括：高空坠落、物体打击、机械伤害、触电和坍塌压砸等环节。目前新型与个性化的道路桥梁产品不断涌现，为道路桥梁工程施工的完成带来巨大的压力，也给道路桥梁工程安全管理以及相关的防护工作提出了更高的要求。

（二）道路桥梁工程项目施工安全管理措施

1. 道路桥梁施工开始前的安全管理措施

（1）强化安全生产意识

安全生产是各生产企业不得不考虑的问题，但往往被忽略或者不被重视。为避免发生事故，道路桥梁企业在施工之前要针对施工者做好安全教育工作，增强施工者的安全意识。施工机构领导要高度重视安全，广泛开展安全培训活动，使安全生产不流于形式。

（2）确定安全管理方案

在道路桥梁工程施工之前，施工机构要细致分析周边的施工环境，对可能造成安全事故的因素要提前做好预防，确定工程施工安全管理方案的每个细节，从而制定出经优化的安全管理方案。制订方案时，企业要组织相关人员召开会议，探讨安全管理规划的影响性因素，最后对安全管理方案予以明确。然后组织各个施工现场的管理者和操作工人学习、了解安全管理的相关规划。特别是现场的安全员，要充分熟悉管理的每项要求和内容。规范施工者的职责，向施工者传达落实安全管理的工作，从而避免事故发生。

（3）针对道路桥梁施工，及时发布相关信息

一些道路桥梁工程是扩建或再建的既有道路桥梁，因此要对道路桥梁施工段的情形予以及时公布，缓解施工段交通压力，避免来往车辆出现拥堵和交通安全事故的发生。在发布道路桥梁施工安全信息方面，施工单位可以通过多种途径进行，具体发布时间可以在施工单位开工前的几天时间内。以电视、网络、新闻媒体等为介质，向社会公布道路通行情形与施工信息，使通行的车辆提前做相应的准备，警示车辆在行驶的过程中注意施工路面情形，有效地规避车辆拥堵状况，缓解或解决施工路段基于安全层面的压力。

2. 道路桥梁施工过程中的安全管理措施

对于施工现场，为避免事故的发生或缩小事故发生的概率，要加强管理，对现场予以有效的监管，从而保障安全。在道路的改建和扩建中，除了要做好方案所约束的安全管理工作，还要基于施工现场划分施工区域，这样可以帮助安全管理者明确安全管理工作的重心。可将施工区域划分为警告区、上游过渡区、作业

区和下游过渡区，且在各区设置相应的安全标志，最大限度地保障道路使用者与施工者的安全：

（1）警告区

警告区旨在告知通过此路段者前方的道路正在施工的过程中，其不宜太短，否则将致使通过者未注意便驶入施工区域。一般情况下，基于警告区设置两个警示牌，使驶入者能够看到。同时要在醒目的地方设置警示牌，从而引起车辆驾驶者的关注。

（2）上游过渡区

上游过渡区旨在对来往的车辆进行疏导，引导车辆及时变道，或改变行驶的路线。当车辆进入上游过渡区时，使行车速度变缓。

（3）作业区

作业区，即施工区，它被用来堆放诸多施工物资，且施工车辆可在此处停靠。因此，在作业区中，要整齐地堆放施工物资，不可占用供车辆行驶的道路，机械遵循标准涂上橘黄色，作业区内为工程车辆提供进出口车道，在作业区与正常通行区间设置隔离性装置。

（4）下游过渡区

下游过渡区下游过渡区允许车辆变换车道或改变行驶路径。

3. 施工现场的安全管理工作

通过上文的分析可以看出，施工现场安全事故发生的最主要的两个原因，即人的不安全行为和物的不安全状态。而这两种不安全因素存在的原因归根结底都离不开人的不安全心理和执行力度的问题。安全问题没有引起现场安全管理者及一线操作工人足够重视，才会导致类似的安全事故频繁发生。所以，项目负责人要加大对安全教育的投入，定期组织安全员和一线操作工人学习安全事故出现的客观原因和直接原因，并且学习如何在施工中避免这些事故出现。再者就是监管力度的问题，项目负责人要制定一套安全事故奖惩办法，对导致安全事故的行为和当事人绝不姑息，这也可以让他人引以为戒。国家安全管理部门也应该加大对施工安全管理的监督，要求存在安全隐患的单位及时整改，并给予一些对企业员工安全不负责的企业或领导严肃处理。

三、工程安全事故处理

（一）工程安全事故的概念

安全事故是指人们在进行有目的的活动过程中，发生了违背人们意愿的不幸事件，使其有目的的行动暂时或永久地停止。建设工程安全事故是指在建设工程施工现场发生的安全事故，一般会造成人身伤亡或伤害，且伤害要求包括急救在内的医疗救护，或造成财产、设备等损失。建设工程重大安全事故，系指在工程施工过程中由于责任过失造成工程倒塌或废弃，亦或由于机械设备破坏和安全设施失当造成人身伤亡或重大经济损失的事故。

（二）工程安全事故的预防

为了切实达成预防事故和减少事故损失的目标，应采取以下安全技术措施：

1. 改进生产工艺，实现机械化、自动化

随着科学技术的发展，企业不断改进生产工艺，加快了实现机械化、自动化的过程，促进了生产的发展，提高了安全技术水平，大大减轻了工人的劳动强度，保证了职工的安全和健康。如采取机械化的喷涂抹灰，提高工效 2~4 倍，不仅保证了工程质量，还减轻了工人的劳动强度，保护了施工人员的安全。因此，在编制施工组织设计时，应尽量优先考虑采用机械化、自动化的生产手段，为安全生产、预防事故创造条件。

2. 设置安全装置

（1）防护装置

防护装置是用屏护方法与手段把人体与生产活动中出现的危险部位隔离开来的设施和设备。施工活动中的危险部位主要有"四口"机具，车辆，暂设电器，高温、高压容器及原始环境中遗留下来的不安全因素等。

（2）保险装置

保险装置是指机械设备在非正常操作和运行中能够自动控制和消除危险的设施设备。也可以说它是保障设施设备和人身安全的装置，如锅炉、压力容器的安全阀，供电设施的触电保安器，各种提升设备的断绳保险器等。

（3）信号装置

信号装置是利用人的视觉、听觉反应原理制造的装置。它是应用信号指示或警告工人该做什么、该躲避什么。

信号装置可分为以下三种：

①颜色信号，如指挥起重工的红、绿手旗，场内道路上的红灯、绿灯、黄灯。

②音响信号，如塔吊上的电铃、指挥吹的口哨等。

③指示仪表信号，如压力表、水位表、温度计等。

（4）危险警示标志

危险警示标志是警示工人进入施工现场应注意或必须做到的统一措施。通常它以简短的文字或明确的图形符号予以显示。如"禁止烟火！"危险！"有电！"等。各类图形通常配以红、蓝、黄、绿颜色。红色表示危险禁止，蓝色表示指令，黄色表示警告，绿色表示安全，国家发布的安全标志对保持安全生产起着促进作用，必须按标准予以实施。

3. 预防性的机械强度试验和电气绝缘检验

（1）预防性的机械强度试验

施工现场的机械设备，特别是自行设计组装的临时设施和各种材料、构件、部件均应进行机械强度试验，必须在满足设计和使用功能时方可投入正常使用，有些还须定期或不定期地进行试验，如施工用的钢丝绳、钢材、钢筋、机件及自行设计的吊篮架、外挂架子等，在使用前必须做承载试验，这种试验是确保施工安全的有效措施。

（2）电气绝缘检验

电气设备的绝缘是否可靠，不仅关系到电业人员的安全问题，也关系到整个施工现场财产、人员的安全。施工现场多工种联合作业，使用电气设备的工种不断增多，更应重视电气绝缘问题。因此，要保证良好的作业环境，使机电设施、设备正常运转，不断更新老化及被损坏的电气设备和线路是必须采取的预防措施。为及时发现隐患，消除危险源，则要求在施工前、施工中、施工后均应对电气绝缘进行检验。

4. 机械设备的维修保养和有计划的检修

随着施工机械化的发展，各种先进的大、中、小型机械设备进入工地，但施工要经常变化施工地点和条件，机械设备不得不经常拆卸、安装，就机械设备本身而言，各零部件也会产生自然和人为的磨损，如果不及时发现和处理，就会导致事故发生，轻则影响生产，重则将会给企业乃至社会造成无法弥补的损失。因此，要保持设备的良好状态，提高它的使用期限和效率，有效地预防事故，就必须进行经常性的维修保养。

（1）机械设备的维修和保养

各种机械设备是根据不同的使用功能设计生产出来的，除一般的要求外，也具有特殊的要求，即要严格坚持机械设备的维护保养规则，要按照其操作过程进行保护，使用后须及时加油清洗，使其减少磨损，确保正常运转，尽量延长寿命，提高完好率和使用率。

（2）计划检修

为了确保机械设备正常运转，对每类机械设备均应建立档案（租赁的设备由设备产权单位建档），以便及时地按每台机械设备的具体情况，进行定期的大、中、小修，在检修中要严格遵守规章制度，遵守安全技术规定，遵守先检查后使用的原则，绝不允许为了赶进度，违章指挥、违章作业，让机械设备"带病"工作。

5. 文明施工

当前开展文明安全施工活动，已纳入各级政府及主管部门对企业考核的重要指标之一。

一个施工现场如果做到整体规划有序，平面布置合理，临时设施整洁划一，原材料、构配件堆放整齐，各种防护齐全有效，各种标志醒目，施工生产管理人员遵章守纪，那么这个施工企业一定能够获得较大的经济效益、社会效益和环境效益。反之，将会造成不良的影响。因此，文明施工也是预防安全事故、提高企业素质的综合手段。

6. 合理使用劳动保护用品

适时地供应劳动保护用品，是在施工生产过程中预防事故、保护工人安全和健康的一种辅助手段。它虽不是主要手段，但在一定的地点、时间条件下能起到不可估量的作用。统一采购、妥善保管、正确使用防护用品也是预防事故、减轻伤害程度的不可缺少的措施之一。

7. 强化民主管理，普及安全技术知识教育

随着改革开放，大量农村富余劳动力以各种形式进入施工现场，从事他们不熟悉的工作。此类劳动力十分缺乏施工安全知识，因此绝大多数事故发生在他们身上。据有关部门统计，一般因工伤亡事故农民工占 80% 以上，有的企业 100% 的事故都出现在他们身上，如果能从招工审查、技术培训、施工管理、行政生活上严格加强民主管理，将事故减少 50% 以上，则许多生命将被挽救。因此，这是当前以及将来预防事故的一个重要方面。

第二节　工程项目环境管理

一、项目环境管理概述

（一）项目环境管理的相关概念

1. 环境管理

所谓环境管理，是指依据国家和地方的环境政策、环境法律法规和标准，按照环境与发展和谐统一的原则，坚持宏观综合决策与微观执法监督相结合，运用各种有效管理手段，调控人类的各种行为，协调经济、社会发展同环境保护之间的关系，限制人类损害环境质量的活动，以维护正常的环境秩序和环境安全，实现可持续发展的行为总体。

环境管理是针对次生环境问题的一种管理活动，解决由人类活动所造成的各类环境问题，所以环境管理的核心是对人的管理。人是各种行为的实施主体，人类的活动是产生各种环境问题的根源，环境保护工作首要的是加强对人类行为的管理。环境管理涉及社会、经济、技术和资源等多个领域，内容广泛，是政府管理和企事业单位管理的重要组成部分。

2. 项目环境管理

项目环境管理指的是环境保护机构基于国家和地方提出的相应环保制度、行业规范、技术规定等各方面的制度政策，通过环境影响评价、环境预审以及"三同时"管理体制，对所有工程项目依法管理的一项行为。项目环境管理是为了实现项目科学规划，尽可能降低能源和自然资源的消耗量，控制污染物的排放，使项目施工对自然环境所造成的负面影响降到最低，保证项目符合环境保护的各种要求。

3. 项目全过程环境管理

项目全过程环境管理指的是由项目的立项到设计、策划、实施及最终的维护环节，基于环境保护的制度与政策，在关乎自然环境、社会环境方面，出于实现环境目标的诉求而形成的协调、规划和管理体制。

4. 环境影响评价

所谓环境影响评价，就是对计划实施中的项目在实施的过程中可能会为环境带来的影响效果进行判定与评估。具体就是环境监理部门基于法律制度的要求与项目的相关技术信息，对建设单位给予引导和帮助，使其有效落实相应的环保政策制度。

5. 竣工环保验收

竣工环保验收是指对大型的建设项目，如道路桥梁建设等项目，在竣工后交付使用前须进行环保验收，主要包括对建设项目内容的核查、各环境要素的调查和公众意见调查等。

（二）项目环境管理的职能与基本手段

1. 项目环境管理的职能

环境管理的职能就是环境管理的职责与功能。这种职责与功能贯穿环境管理工作的全过程。环境管理是一种兼具科学性、艺术性和社会性的活动。其活动形式表现为通过计划、组织、协调、控制而达到既定目标的过程。因此，环境管理可分为四个基本职能：计划职能、组织职能、协调职能和监督职能。

（1）计划职能

计划职能是环境管理的首要职能。计划职能是指对未来的环境管理目标、对策和措施进行规划和安排。也就是在开展环境管理工作或行动之前，预先拟定具体内容和步骤，包括确定短期和长期的管理目标，以及选定实现管理目标的对策和措施。

（2）组织职能

组织职能是指为了实现环境管理目标，对人们的环境保护活动进行合理的分工和协作，合理配备和使用各种资源，动员和协调社会各方面的力量，正确处理人际关系以及调整社会各阶层经济利益关系。

（3）协调职能

协调职能是指在实现管理目标的过程中，协调和处理各种横向和纵向关系及联系。从宏观上讲，环境管理就是要协调环境保护与经济建设以及社会发展之间的关系，实现国家可持续发展；从微观上讲，环境管理就是协调社会各个领域、各个部门、不同层次人们的各种需求和经济利益关系，以适应环境准则。

（4）监督职能

监督职能是指针对环境管理活动进行监察和处理，以及对环境质量进行检查和监测。在环境管理过程中，可能会出现各种预料不到的情况，此外，各种活动要素及其相互关系也可能出现一些事先无法把握的变化，所以在执行项目计划的过程中可能会产生不同程度的偏差。这就要求通过监督和反馈加以调整，以保证环境管理最终目标的实现。

2. 项目环境管理的基本手段

环境管理的手段是指为实现环境管理目标，管理主体针对客体所采取的必需、有效的手段。

（1）法律手段

法律手段是指政府通过立法、执法对环境保护进行规范，对社会各组成单位自身的环境行为进行监督和约束。法律手段的特点在于它的权威性、强制性。法律手段是环境管理的根本手段，是其他手段的支撑和保障。但在环境保护具体工作中，单独运用法律手段也存在一定的局限性，如法律手段对环境问题的解决需要经历一个法定的过程，可能造成环境问题的延迟解决。

（2）行政手段

行政手段是指国家和地方政府，根据国家法规赋予的权力，以命令、指示、规定等形式直接作用于管理对象，对环境保护工作实施行政决策和管理的一种手段。行政手段通常包括制定和实施环境标准、颁布和推行环境政策等。行政手段的特点是规范性、强制性。但行政手段受行政部门和个人主观因素影响较大，有时表现出一定程度的随意性。

（3）经济手段

经济手段是指利用经济利益的关系，使保护环境的要求体现为与经济利益密切相关的政策和措施，用经济方法促进环境保护，如利用环境税、排污许可证交易制度、环境补贴、押金制度等。但经济手段的有效实施要依赖于一些条件，如市场的开放程度等。

（4）技术手段

技术手段是指管理者为实现环境保护目标所采取的科学技术方法，包括环境管理和环境治理的科学技术。先进的环境保护技术手段及其有效运用是保护环境、促进环境管理的保证。技术手段的有效性要依靠先进的科学技术和人才的支持。

（5）教育手段

教育手段是指运用各种形式开展环境保护的宣传教育，以增强大众环境意识和环境保护知识。环境教育的根本任务是提高全民族的环境意识和培养环境保护方面的专业人才。教育手段通过各种方式宣传环境保护的意义、内容和要求，激发广大民众保护环境的积极性。人们环境意识的形成和提高是一个积累的过程，这决定了环境教育具有后效性。

（6）参与手段

参与手段，也称社会手段。环境是全社会人所共有的，广大民众和非政府组织等参与环境管理不仅可以增强公众对环境保护的意识，而且能促进环境管理决策的科学化、民主化。

（7）投资手段

环保投资是指为了治理环境污染、维持生态平衡而投入资金，用以转化为实物资产或取得环境效益。环保投资的目的是防治污染、保护和改善生态环境，获得环境、经济、社会的综合效益，着重强调的是环境效益和社会效益。

（三）项目环境管理的技术方法

环境管理技术方法是环境管理的基础，是环境保护工作的重要组成部分，是环境管理在环境保护实践中的具体应用。

1. 环境管理基本程序

环境管理的一般程序可分为五个阶段：

（1）明确问题

通过分析对象，以及对对象所处环境的调查研究，分析可能产生的环境问题与所要分析的环境问题。

（2）制订宏观环境管理的规划和计划

根据环境保护的总体要求，制订环境保护的长远规划和中短期计划。

（3）制定微观环境管理方案和技术措施

提出可能采取的环境管理方案，并比选方案和技术措施。

（4）执行规划和计划，执行方案和技术

按照确定的环境管理规划和计划、方案和技术开展环境保护工作，研究和解决在环境管理过程中出现的问题。

（5）评价实施结果

评价分析环境管理的有效性，总结实际情况和环境管理的缺陷。

2. 环境管理基础方法

（1）管理预测方法

环境管理的预测方法是根据所掌握的有关环境方面的信息和资料来推断环境质量变化以及发展趋势的一种方法。预测方法可分为定性预测、定量预测两大类。环境管理与测试运用基本预测方法进行污染源调查、环境污染预测、生态环境预测，以及由环境资源破坏和环境污染所造成的经济损失的预测等。通过环境预测，调整或指导管理者的管理，避免环境管理上的失误，能有效地把"预防为主"的环保方针落到实处。环境预测是环境决策的重要依据，是环境规划的重要前提。

（2）管理决策方法

环境管理决策就是通过对环境预测结果的综合分析，在众多的环境管理方案中选择最佳方案，并采取措施实施。决策的基本分析方法有多种，根据环境管理的具体任务选择合适的决策方法很重要。目前，常用的宏观环境管理决策方法有投入产出法和规划论等。在微观环境管理的决策分析中，环境经济评级、工程经济分析和管理决策分析是常用的决策分析方法。环境管理决策是环境管理的核心，科学的环境管理决策是提高社会、经济和环境三种效益的根本保证。

（3）管理评价方法

环境管理的评价方法是对人们的活动可能产生的环境影响进行的定量和定性的分析或评估。环境管理评价方法是预测方法、决策方法和其他相关方法的综合运用。通过环境管理的评价，可以给环境管理的实际工作的顺利开展打下基础，从而实现环境管理的目标。

3. 环境管理技术方法

环境管理技术方法是指管理者为实现环境保护目标所采取的环境工程、环境监测、环境预测、环境评价、环境决策分析等技术，是实现环境管理目标的手段。环境管理技术方法分为宏观管理技术方法和微观管理技术方法。

（1）宏观管理技术方法

宏观管理技术方法属于决策技术的范畴，是一类偏"软"的管理技术。它是指管理者为开展宏观管理所采用定量和定性的分析技术来实现宏观管理的目标，同时引导和规范应用各种微观管理技术方法，以达到环境保护的要求。环境宏观管理的技术方法包括环境预测技术、环境评价技术和环境决策技术。

（2）微观管理技术方法

环境微观管理技术方法归属于应用技术的范畴，是一类偏"硬"的管理技术。它是指管理者运用各种具体的环境保护技术来规范各类行为主体的活动，以达到强化内部的环境管理，实现污染防治和生态保护的目标。

按照环境保护技术的作用，微观管理技术方法分为预测技术、治理技术和监督技术三类。预测技术包括污染预测技术和生态预测技术，治理技术包括污染治理技术和生态治理技术，监督技术包括常规监测技术和自动监测技术。

二、实施项目环境管理的策略

（一）建立项目环境管理和控制监理制度

1. 监理的必要性

长期以来，我国对建设项目的环境管理实施建设项目环境影响评价和"三同时"制度，对控制新污染的产生起了积极的作用。然而当前由于各级环保行政管理部门监管力量有限，对环境工程的监理大多采取抽查的形式。随着市场经济的逐步实现，投资多元化带来了新的环境挑战，许多投资者基于资金、效益和管理等方面的因素，在项目的建设期间对环境管理方面未能引起足够重视，给环境造成了极大的污染；有些项目没有按照环境影响报告书及环境保护行政管理部门批复的要求进行设计和施工，在施工过程中没有任何环境保护的措施，只重视项目进度和成本的控制，对项目的质量控制和安全控制也比较重视，但是对环境的管理和控制比较忽视，因此有必要强制性推行实施环境保护监理制度，借助第三方性质的社会中介机构力量对建设项目建设过程的环境保护措施的落实情况实施全过程监理。

2. 监理的范围和对象

建设项目环境保护监理管理体制，是一个在环境保护行政主管部门的监督管理之下，由项目业主、承建商、环境监理单位直接参加的三方管理体制，采取行政执法和社会中介服务相结合的形式。在项目建设阶段，开展环境保护监理，建设单位委托有环境保护监理资质的监理单位，承担建设项目施工到环保"三同时"措施落实过程直至投产的全过程环境保护监理。环境保护监理单位定期就建设过程的环保情况进行检查总结，及时将有关情况报告环保主管部门和建设单位。

（1）拟开展的环境保护监理建设项目行业范围

根据目前建设项目环境保护现状、项目的污染程度和环境敏感性、国家行业主管部门对环保监理工作的要求，初步确定对冶金、建材、电力（含热电）、水利、围垦、港口码头、道路、表面处理、印染、化工行业的建设项目开展环境监理工作，从重污染行业和大工程开始，先小范围搞试点，积累经验，不断营造环保监理市场氛围，强化企业的环保监理意识，待条件成熟后再逐渐推广到各个行业。

（2）环境保护监理的区域

环境保护监理的区域包括施工工程区域和工程影响区域，一般指各合同段承包商及其分包商的施工现场、工作场地、生活营地、施工道路、业主办公区和业主营地、附属设施等，包括上述范围内生产施工可能会对周边造成环境污染和生态破坏的区域，还有为生产营运期配套的污染治理设施安装场所、建设场地等其他环保专项设施区域。

（3）环境保护监理内容

环境保护监理内容包括以下几个方面：

①生产废水和生活污水处理措施。

②固体废弃物处理措施。

③大气污染防治措施。

④噪声控制措施。

⑤水土保持措施。

⑥生态保护和恢复措施。

⑦为生产营运期配套的污染治理设施"三同时"落实情况监督。

3. 环境保护监理方式

环境保护监理人员应对施工活动的环境保护工作和为项目生产营运期配套的污染治理设施、措施"三同时"工作情况进行动态管理。工作方式以巡视和现场检查为主，并配备必要的监测仪器。

在检查中发现问题，及时以书面形式通知承包商限期处理并报告环保部门。对要求限期处理的环境问题，应按期进行复查，并将复查结果形成文字通知承包商和环保部门。

4. 拟开展的环境保护监理工作要求

建设项目环境保护监理工作应当依照法律、行政法规及有关的技术标准、设计文件和工程承包合同，对承包单位在施工期的环保措施、为生产营运配套的污染治理设施施工质量、建设工期和建设资金使用等方面，代表建设单位实施监督。

（1）监督检查承包商的环境管理体系建立情况，并对体系运行的有效性进行评估。

（2）在开工时，监督审核承包商编制的"项目建设环境管理计划"。监理人员认为工程施工不符合工程设计要求、施工技术标准和合同约定的，有权要求施工企业改正。

（3）根据有关要求，对施工期环境保护措施，以及落实为项目生产营运配套的污染治理设施的"三同时"工作执行情况进行技术监督。发现污染治理设施工程设计不符合工程质量标准或者合同约定的质量要求的，应当报告建设单位要求设计单位改正。

（4）环境保护监理工程师定期与环境监测机构沟通，及时掌握监测结果，并依此向承包商发布指令。

（5）评价工程施工阶段的环境保护是否已经达到环保设计要求及预期目标。

（6）定期向业主及各级环保行政主管部门提交工程阶段环境监理报告，便于各级环保行政主管部门及时监督管理和业主及时落实整改措施。

5. 工程环境保护监理流程

（1）对于需要进行环境保护监理的建设项目，由环保主管部门在环评批复中明确提出要求，并通知建设单位必须在工程开工之前，委托具有环境保护监理资质的监理单位，进行环境保护监理。

（2）建设单位与监理单位签订相关合同。

（3）监理单位制订计划，征得建设单位同意后，由建设单位报送环保主管部门（建管处、监察支队）备案。

（4）由监理单位对全过程进行监理，定期提交阶段环境保护监理报告，对重大问题及时报告。

（5）环保主管部门根据报告，对违规建设项目进行处罚。

（6）环保主管部门对环境保护监理单位是否客观、公正地执行监理任务进行监督检查，检查监理单位是否有转让工程监理业务现象，是否与被监理工程的承包单位以及材料、构配件和设备供应单位有隶属关系或者其他利害关系。

（7）建设项目施工完工，试生产结束后，由监理单位编写总结报告，该总结报告通过审查是项目通过环保竣工验收的必备条件。

6. 环境保护监理机构应建立的制度

（1）设计审核制度。监理工程师负责审查项目设计稿中的环境保护篇章、承包商报送的施工组织设计中的环境保护内容及施工营地的设置方案，并提出审核意见。对工程施工中的环保设计变更，监理人员应根据变更方案进行环境影响复核，当环境保护措施不能满足有关要求和规定时，由监理人员提出要求，提交工程总监理工程师，必要时，建议业主组织专业论证，确保变更方案以满足环境保护要求。由于设计方案变更造成环境保护措施调整，需要增加环境保护投资时，应提请业主确定费用的解决途径。

（2）工作记录制度。监理工程师每天根据工作情况，进行工作记录（监理日记），重点描述现场环境保护工作的巡视检查情况、当时发现的主要环境问题、问题发生的责任单位、产生问题的主要原因、监理工程师对问题的处理意见。

（3）报告制度。工程建设期环境保护工程监理报告是工程建设中环境保护工作的一项重要内容。工程环境监理报告包括月报、季度报告、半年进度评估报告以及承包商的环境月报。工程环境监理报告应向业主报送。

（4）函件来往制度。监理工程师在现场检查过程中发现的环境问题，应通过下发监理通知单的形式，通知承包商需要采取的纠正或处理措施；对承包商某些方面的规定或要求，必须通过书面形式通知。情况紧急须口头通知时，随后必须以书面函件形式予以确认。同样，承包商对环境问题处理结果的答复以及其他方面的问题，也应致函监理工程师。

（5）例会制度。建立环境例会制度，定期召开环保会议。在例会期间，承包商对近一段时间的环境保护工作进行回顾性总结，监理工程师对该月单位工程的环境保护工作进行全面评议，肯定工作中的成绩，提出存在的问题及整改要求。每次会议都应形成会议纪要。

（二）建立环境管理体系，实施环境监控

随着经济的高速增长，环境问题已迫切地摆在人们面前，它严重威胁着人类的健康生存和社会的可持续发展，并日益受到全社会的普遍关注。在项目的施工过程中，项目组织也要重视自己的环境表现和环境形象，并以一套系统化的方法规范其环境管理活动，满足法律的要求和自身的环境方针，以求得生存和发展。

环境管理体系是整个管理体系的一个组成部分，包括制定、实施、实现、评审和保持环境方针所需的组织结构、计划活动、职责、惯例、程序、过程和资源。

环境管理体系是一个系统，因此需要不断监测和定期评审，以适应变化着的内外部因素，有效地引导项目组织的环境活动。项目组织内的每一个成员都应承担环境改进的职责。

实施环境监控时，应确定环境因素，并对环境做出评价。

1. 项目的活动、产品和服务中包含哪些环境因素？

2. 项目的活动、产品和服务是否产生重大的、有害的环境影响？

3. 项目组织是否具备评价新项目环境影响的程序？

4. 项目所处的地点有无特殊的环境要求？

5. 对项目的活动、产品和服务的任何更改或补充，将如何作用于环境因素和与之相关的环境影响？

6. 如果一个过程失效，将产生多大的环境影响？

7. 可能造成环境影响的事件出现的频率是多大？

8. 从影响、可能性、严重性和频率方面考虑，有哪些是重要环境因素？

9. 这些重大环境影响是当地的、区域性的，还是全球性的？

在环境管理体系运行中，应根据项目的环境目标和指标，建立对实际环境表现进行测量和监测的系统，其中包括对遵循环境法律和法规的情况进行评价。还应对测量的结果做出分析，以确定哪些部分是成功的、哪些部分是需要采取纠正措施和予以改进的活动。管理者应确保这些纠正和预防措施的贯彻，并采取系统的后续措施来确保其有效性。

（三）倡导绿色施工、文明施工理念

绿色施工是指工程建设中，在保证质量、安全等基本要求的前提下，通过科学管理和技术进步，最大限度地节约资源与减少对环境负面影响的施工活动，实现"四节一环保"（节能、节地、节水、节材和环境保护）。承包商是实现绿色施工的主体，绿色施工是承包商努力的方向。

绿色施工建立在可持续发展的理念上，其基本内容之一是减少施工对环境的负面影响。当然，绿色施工除封闭施工、降低噪声扰民、防止扬尘、减少环境污染、清洁运输、文明施工外，还应该减少场地干扰，尊重基地环境，结合气候施工，节约水、电、材料等资源和能源，采用环保健康的施工工艺，减少填埋废弃物的数量，以及实施科学管理、保证施工质量等，遵循可持续发展的原则。也有人对绿色施工提出了更高的要求，认为绿色施工具有"四化"的特征，即系统化、社会化、信息化、一体化，这实质上是将施工技术提升到了一个新的高度。

需要强调的是，施工单位是实现绿色施工的主体。承包商在实施绿色施工中，不但肩负着社会的可持续发展和环境保护的责任，还肩负着带动企业自身发展的责任。实施绿色施工，有助于提高企业的管理水平；有助于企业技术创新，提高企业竞争力；有助于企业节能降耗，降低成本；有助于提升企业的社会形象，为企业的长期良性发展提供保障；也有助于企业与国际市场的顺利接轨。因此，绿色施工应该是承包商努力的方向。

其实，绿色施工的一些内容，一些承包商在工程施工实践中一直在做，所以绿色施工并不是一个全新的理念。特别是一些通过 ISO 14001 环境管理标准认证或正在着手建立 ISO 14001 环境管理标准的施工企业，在工程施工中有计划性地采取了一系列有效措施，以达到保护环境、节约资源、文明施工的目的。

但是目前，大部分绿色施工评估体系只是在评估措施本身，而不是评估采取措施后的结果，而结果才是绿色施工最重要的方面。造成这种情况的原因是人们没有制定各种环境因素的定量指标，也没有制定保证绿色施工在材料、设备、施工工艺方面的定量指标，从而也无从建立评定结果的评价系统。要更有效地推进绿色施工的实施，能够定量评价绿色施工的效果，必须要进行绿色施工的研究。

施工造成的环境因素有噪声、扬尘、光污染、水污染等，已有各类文章对此提出了很多的控制措施，但少见对这些环境因素的深入研究，从而缺少相应的定量指标。有的文献对施工噪声做了比较详细的调查，包括对常用设备的使用调查、不同施工阶段的场界噪声调查、施工噪声的衰减测量、施工现场场界噪声24 小时变化调查等，积累了一些有用的数据，也让施工企业得到了一些启发。特别是场界噪声24 小时的变化情况，应该引起施工企业的关注与思考。

需要说明的是，扬尘包括厂区道路尘、市区道路尘、土壤尘和建筑材料灰尘，与道路桥梁施工也有密切的关系。因此，道路桥梁施工扬尘对大气的污染是明显的。道路桥梁施工扬尘的粒径一般要比汽车尘等工业尘大，对人体健康有影响的可吸入颗粒物粒径达到 $10\mu m$。可以预计，可吸入颗粒物中道路桥梁施工扬尘的占比较大。

绿色施工对扬尘的控制，应该建立在整个大气环境背景的基础上。作为研究，应该针对不同的施工阶段，在场地周边及一定距离范围内采集大气样本，进行施工扬尘对大气环境影响的研究。在积累大量数据的基础上，才可以建立施工扬尘控制标准。

对其他的环境影响因素也应该在现场调查的基础上，进行有针对性的研究，把基础数据的研究做扎实了，建立的指标控制标准才能成为有本之木。

要实现绿色施工，固体废物的减量化是关键因素之一。施工企业的目的是要实现固体废物的减量化和重复利用。首先应该对施工现场产出的固体废物情况进行调查，包括种类、数量、产生原因、可再利用程度等，为减量化和再利用提供基础资料。固体废物的调查仅仅是基础，除减量化外，关键是要研究固体废物的下游出口问题。如果出口不畅，则固体废物面临的只能是堆放或填埋。只有解决了固体废物的下游出口问题，才能减少固体废物的填埋或堆放，为绿色施工创造条件。

绿色施工还应该减少对周边环境的扰动，尊重基地环境，采用与基地相适应的基础形式。如减少土方开挖量、减少地下水的抽取、回收地下支护锚索、避免对周边构筑物的扰动或影响等。

绿色施工有赖于施工管理、施工工艺技术和施工机械的支持。施工管理中引进信息化技术，将大大提高工作效率。施工中工作量是动态变化的，施工资源的投入也将随之发生变化。绿色施工就要适应这样的变化，采用信息化技术，依靠动态参数，实施定量、动态的施工管理，以最少的资源投入完成工程，达到高效、低耗、环保的目的。

施工工艺技术的改进，也有助于绿色施工的实现。如逆作法可以降低施工扬尘对大气环境的影响，降低基础施工阶段噪声对周边的干扰；清水饰面混凝土施工技术，表面不做抹灰、喷涂、干挂等装饰，节省资源，减少垃圾产出量；新材料如免振捣混凝土的应用，可以降低工人的劳动强度，避免噪声的产生。施工工艺技术的改进，是绿色施工不断取得进步的源泉，也是绿色施工的根本。

施工机械的改进，不但提高施工效率，而且能直接为绿色施工做出贡献。如低能耗、低噪声、环境友好型机械的开发，有利于绿色施工的开展。目前国外公司开发了一种一体化作业工程机械，可以连续地按顺序完成工程的多个或全部工序，从而减少进场的工程机械种类和数量，消除工序衔接的停闲时间，减少施工人员，从而提高工效、降低物料消耗、减少环境污染，为绿色施工提供保障。

绿色施工是可持续发展的需要，是一个系统工程，涉及各种专业和各个方面。它需要承包商、业主、政府和社会各界的参与。只有这样，才能使绿色施工不仅仅停留在口号和概念上。

三、施工现场主要环境污染防治措施

（一）施工现场噪声及其防治

1. 噪声源及其危害

施工现场施工及构件加工过程中，存在着多种无规律的音调和使人听之生厌的噪声。施工现场道路桥梁噪声源较多而繁乱，归纳为以下四种：

（1）机械性噪声

机械性噪声，即由机械的撞击、摩擦、敲打、转动等而产生的噪声。如风钻、风铲、混凝土搅拌机、混凝土振动器、离心制管机、金属加工的车床及钢模板校平等产生的噪声。

（2）空气动力性噪声

如通风机、鼓风机、空气压缩机、铆枪、空气锤打桩机、电锤打桩机等发出的噪声。

（3）电磁性噪声

如发电机、变压器等发出的噪声。

（4）爆炸性噪声

如放炮作业过程中发出的噪声。

噪声危害是非常广泛的环境污染问题，噪声环境会干扰人的睡眠与工作，影响人的心理状态与情绪，造成人的听力受损，甚至引起许多疾病。此外，噪声也干扰人们的对话。

2. 防止噪声污染的措施

防止噪声污染的措施主要从声源、传播途径、接受者等方面进行控制或防护，具体如下：

（1）声源控制

从声源上降低噪声，这是防止噪声污染的最根本的措施。尽量采用低噪声设备和工艺代替高噪声设备与工艺，如低噪声振捣器、风机、电动空压机、电锯等。在声源处安装消声器消声，即在通风机、鼓风机、压缩机、燃气机、内燃机及各类排气装置等的进出风管的适当位置设置消声器。

（2）传播途径的控制

在传播途径上控制噪声的方法主要包括：吸声，利用吸声材料或由吸声结构形成的共振结构（金属或木质薄板钻孔制成的空腔体）吸收声能，降低噪声；隔声，应用隔声结构阻碍噪声向空间传播，将接收者与噪声声源分隔，隔声结构包括隔声室、隔声罩、隔声屏障、隔声墙等；消声，利用消声器阻止声音传播，允许气流通过的消声器是防治空气动力性噪声的主要装置；减振降噪，对振动引起的噪声，通过降低机械振动减小噪声，如用阻尼材料涂在振动源上，或改变振动源与其他刚性结构的连接方式等。

施工现场涉及产生强噪声的成品、半成品加工、制作作业等，应尽量放在工厂、车间完成，减少施工现场加工制作产生的噪声。尽量选用低噪声或备有消声降噪设备的施工机械。施工现场的强噪声机械，如搅拌机、电锯、电刨、砂轮机等，要设置封闭的降噪棚，以减少强噪声的扩散。

（3）接收者的防护

让处于噪声环境下的人员使用耳塞、耳罩等防护用品，减少人员在噪声环境中的暴露时间，以减轻噪声对人体的危害。

人为噪声的控制措施：施工现场要文明施工，建立健全控制人为噪声的管理制度。尽量减少人为的大声喧哗，增强全体施工人员防噪声扰民的自觉意识。

（4）强噪声作业时间的控制

若要进行城市道路建设，凡在居民稠密区进行强噪声作业的，要严格控制作业时间，晚间作业不超过 22 时，早晨作业不早于 6 时，特殊情况须连续作业（或夜间作业）的，应尽量采取降噪措施，事先做好周围群众的工作，并报工地所在地的政府有关管理部门同意后方可夜间施工。

加强施工现场的噪声监测：加强施工现场环境噪声的长期监测，采取专人监测、专人管理的原则，根据测量结果填写道路桥梁施工场地噪声测量记录表，凡超过《建筑施工场界环境噪声排放标准》（GB 12523—2011）的，要及时对施工现场噪声超标的有关因素进行调整，达到施工噪声不扰民的目的。

（二）施工现场废水及防治

废水处理的目的是把废水中所含的有害物质清理分离出来。废水处理方法包括：物理法，利用筛滤、沉淀、气浮等；化学法，利用化学反应来分离、分解污染物，或使其转化为无害物质；物理化学方法，如吸附法、反渗透法、电渗析法；生物法，利用微生物新陈代谢功能，将废水中呈溶解和胶体状态的有机污染物降解，并转化为无害物质，使水得到净化。

施工现场废水控制主要是采取如下措施：

1. 搅拌机的废水排放控制

凡在施工场地进行搅拌作业的，必须在搅拌机前台及运输车清洗处设置沉淀池。排放的废水要排入沉淀池内，经二次沉淀后，方可排入市政污水管线或回收用于洒水降尘。未经处理的泥浆水，严禁直接排入城市排水设施和河流。

2. 现制水磨石作业污水的排放控制

施工现场现制水磨石作业产生的污水，禁止随地排放。作业时严格控制污水流向，在合理位置设置沉淀池，经沉淀后方可排入市政污水管线。

3. 食堂污水的排放控制

施工现场临时食堂要设置简易有效的隔油池，产生的污水经下水管道排放要经过隔油池。平时加强管理，定期淘油，防止污染。

4. 油漆油料库、化学用品、外加剂等的防渗漏控制

施工现场要设置专用的油漆油料库及化学用品储存库等，严禁库内放置其他物资，库房地面和墙面要做防渗漏的特殊处理，储存、使用和保管要专人负责，防止油料、化学用品、外加剂等的跑、冒、滴、漏，杜绝污染水体。

5. 禁止回填有毒有害废弃物

禁止将有毒有害废弃物用作土方回填，以免污染地下水和环境。

6. 工地临时厕所、化粪池应采取防渗漏措施

城市市区施工现场的临时厕所可采用水冲式厕所，并有防蝇、灭蛆措施，防止污染水体和环境。

（三）施工现场大气污染及防治

1. 大气污染物的分类

（1）气体状态污染物

气体状态污染物具有运动速度较大、扩散较快、在周围大气中分布比较均匀的

特点。气体状态污染物包括分子状态污染物和蒸气状态污染物。分子状态污染物，指在常温常压下以气体分子形式分散于大气中的物质，如燃料燃烧过程中产生的二氧化硫、氮氧化物、一氧化碳等。蒸气状态污染物，指在常温常压下易挥发的物质，以蒸气状态进入大气，如机动车尾气、沥青烟中含有的碳氢化合物等。

（2）粒子状态污染物

粒子状态污染物，又称固体颗粒污染物，是分散于大气中的微小液滴和固体颗粒，是一个复杂的非均匀体。通常根据粒子状态污染物在重力作用下的沉降特性又可分为降尘和飘尘。降尘，指在重力作用下能很快下降的固体颗粒，其粒径较大；飘尘，指可长期飘浮于大气中的固体颗粒，其粒径较小。飘尘具有胶体的性质，故又称为气溶胶，它易随呼吸进入人体肺脏，危害人体健康，故称为可吸入颗粒。施工现场的粒子状态污染物主要有锅炉、熔化炉、厨房烧煤产生的烟尘，还有建材破碎、筛分、碾磨、加料、装卸运输等过程产生的粉尘等。

2. 施工现场大气污染的防治措施

（1）除尘技术

在气体中除去或收集固态或液态粒子的设备称为除尘装置。除尘装置的主要种类有机械除尘装置、洗涤式除尘装置、过滤除尘装置和电除尘装置等。建设工地的烧煤茶炉、锅炉、炉灶等应选用装有上述除尘装置的设备。施工现场其他粉尘可用遮盖、淋水等措施防治。

（2）气态污染物治理技术

气态污染物治理技术包括：吸收法，选用合适的吸收剂，可吸收空气中的二氧化硫、氮氧化物等；吸附法，让气体混合物与吸附性固体接触，把混合物中的某个组成成分吸留在固体表面；催化法，利用催化剂把气体中有害物质转化为无害物质；燃烧法，通过氧化作用，将废气中的可燃有害部分转化为无害物质；冷凝法，使处于气态的污染物冷凝，从气体中分离出来，该法特别适合处理高浓度的有机废气，如对沥青气体的冷凝、回收油品；生物法，利用微生物的代谢活动过程把废气中的气态污染物转化为少害甚至无害的物质，该法适用于低浓度污染物。

3. 施工现场防扬尘措施

散装水泥和其他易飞扬的细颗粒散体材料应尽量安排在库内存放，如露天存放应严密遮盖，运输和装卸时要防止遗撒、飞扬，以减少扬尘。

生石灰熟化时和在灰土上施工时要适当配合洒水，杜绝扬尘。

在规划市区、居民稠密区、风景游览区、疗养区及国家规定的文物保护区内施工，施工现场要制定洒水降尘制度，配备专用洒水设备及指定专人负责，在易产生扬尘的季节，施工场地采取洒水降尘。

在城区内施工，应使用商品混凝土，减少搅拌扬尘。

在城区外施工，搅拌站要搭设封闭的搅拌棚，搅拌机上设置喷淋装置（搅拌机雾化器）方可进行施工。

施工运输车辆、挖掘土方设备行驶出工地前必须做除泥除尘处理，严禁将泥土、尘土带出施工现场。

运输砂、石、水泥、土方、垃圾等易产生扬尘污染的车辆，必须封闭，严禁撒漏。

施工现场进行土方开挖时，堆积土要相对集中，存弃土时间超过一个月的，必须采取覆盖、固化或绿化等措施。对短时存放的，要采取洒水降尘等措施，并设专人负责。遇有四级以上风力的天气，停止土方施工。

（四）施工现场固体废物的处理

1. 施工现场常见的固体废物及其危害

固体废物是生产和生活中产生的固态、半固态废弃物质。固体废物是一个极其复杂的废物体系，按照其化学组成可分为有机废物和无机废物，按照其对环境和人类健康的危害程度可以分为一般废物和危险废物。

施工现场常见的固体废物包括：建设渣土，如碎石、渣土、混凝土碎块、废钢铁、废碎屑等；废弃的散装建设材料，如散装水泥、石灰等；生活垃圾，如厨余废弃物、丢弃食品、废纸、生活用品、玻璃、陶瓷碎片、废电池、废旧日用品、废塑料制品、煤灰渣、废交通工具等；设备、材料等的废弃包装材料及粪便等。

固体废物对环境的危害主要表现是侵占土地，固体废物的堆放，可直接破坏土地和植被；污染土壤，固体废物在堆放中，有害成分易污染土壤，并在土壤中发生积累，给作物生长带来危害，部分有害物质还能杀死土壤中的微生物，使土壤丧失腐化降解能力；污染水体，固体废物遇水浸泡、溶解后，其有害成分随地表径流或土壤渗流污染地下水和地表水，随风飘移进入水体造成污染；污染大气，以细颗粒状存在的废渣垃圾和道路桥梁材料在堆放和运输过程中，会随风扩散，使大气中悬浮的灰尘废弃物含量提高，固体废物在焚烧等处理过程中，可能产生有害气体造成大气污染；影响环境卫生，固体废物的大量堆放，会造成蚊蝇滋生，臭味四溢，严重影响工地及周围环境卫生，对员工和工地附近居民的健康造成危害等。

2. 施工现场固体废物的处理和处置

施工现场固体废物处理的原则是采取资源化、减量化和无害化的处理，对固体废物产生的全过程进行控制，其主要处理方法如下：

（1）回收利用

回收利用是对固体废物进行资源化、减量化的重要手段之一，如对渣土可视其情况加以利用，对废弃钢材可按需要用作金属原材料，对废电池等废弃物应分类回收、集中处理等。

（2）减量化处理

减量化是对已经产生的固体废物进行分选、破碎、压实浓缩、脱水等减少最终处置量，降低处理成本，减少对环境的污染。在减量化处理的过程中，包括与其他处理技术相关的工艺方法，如焚烧、热解、堆肥等。

（3）焚烧技术

焚烧用于不适合再利用且不宜直接予以填埋处置的废物，尤其是对于受到病菌、病毒污染的物品，可以用焚烧技术进行无害化处理。焚烧处理应使用符合环境要求的处理装置，注意避免对大气的二次污染。

（4）稳定和固化技术

利用水泥、沥青等胶结材料，将松散的废物包裹起来，减小废物的毒性和移动性，从而使污染减小。

（5）填埋

填埋是固体废物处理的最终技术。它是指将经过无害化、减量化处理的废物残渣集中到填埋场进行处置。填埋的时候应尽量使需要处置的废物与周围的生态环境隔离，并注意废物的稳定性和长期安全性。

第四章 道路工程施工技术

第一节 道路路基防护与加固

一、道路路基坡面防护

（一）道路路基的植物防护措施

植物防护，可美化路容，协调环境，协调边坡上的湿温，起到固结和稳定边坡的作用。它对于坡高不大、边坡比较平缓的土质坡面是一种简易有效的防护措施，其方法有种草、铺草皮和植树。土质边坡防护也可以采用拉伸网草皮、固定草种布或网格固定撒种，用土工合成材料进行土质边坡防护的边坡坡度宜为1：1.0~2.0。

拉伸网草皮是在土工网或土工合成材料上铺设3~5cm的种植土层，经过撒种、养护后形成人工草；固定草种布（也可称植生带）是在土工织物纺织时将草种固定于土工织物中，然后到现场铺筑以促使草皮生长的一种土工合成材料草皮制品；网格固定撒种是先将土工网固定于需防护的边坡上，然后撒播草种形成草皮的一种边坡防护方法。

种草，适合于边坡坡度不大于1：1，土质适合种草不浸水或短期浸水但地面径流速度不超过0.6m/s的边坡。草种选用应根据防护目的、气候、土质、施工季节等确定，宜采用易成活、生长快、根系发达、叶茎矮或有匍匐茎的多年生草种，种子的配合、播种量等的设计应根据选用植物的生长特点、防护地点及施工方法确定。不宜种草的坡面，可以铺5~10cm厚的种植土层，土层与原坡面结合稳定。

铺草皮，当坡面冲刷比较严重，边坡较陡，径流速度大于0.6m/s，容许最大速度为1.8m/s时应根据具体条件（坡度与流速），分别采用平铺（平行于坡面）水平叠置，垂直坡面与坡面成一半坡角的倾斜叠置草皮，还可采用片石铺砌成方格或拱式边框，方格或框内再铺草皮。

铺草皮适用于需要快速绿化，且坡率缓于 1∶1 的土质边坡和严重风化的软质岩石边坡。草皮应选择根系发达、茎矮叶茂、耐旱草种，不宜采用喜水草种，严禁采用生长在泥沼地的草皮。铺草皮应预先备料，草皮可就近培育，切成整齐块状，然后移铺在坡面上。铺时应自下而上，并用竹木小桩将草皮钉在坡面上，使之稳固。草皮根部土应随草切割，坡面要预先整平，必要时还应加铺种植土，草皮应随挖随铺，注意相互贴紧。

植树，主要是用在堤岸边的河滩上，用来降低流速，促使泥沙淤积，防止水直接冲刷路堤。植树适用于坡率缓于 1∶1.5 的边坡，或在边坡以外的河岸及漫滩外。树种应选用能迅速生长且根深枝密的低矮灌木类。道路弯道内侧边坡严禁栽植高大树木。多排林堤岸与流水方向斜交，还可以起挑水改变水流方向的作用。沙漠与雪害地区，防护林带还起阻沙防雪的作用。树木的品种与种植位置及宽度，应根据防护要求、流水速度等因素，参见有关设计手册，结合当地经验而定，城市或风景区的植物防护，应与有关部门协调配合。

三维植被网适用于沙性土、土夹石及风化岩石，且坡率缓于 1∶0.75 的边坡防护；三维植被网中的回填土采用客土或土、肥料及腐殖质土的混合物。

湿法喷播适用于土质边坡、土夹石边坡、严重风化岩石且坡率缓于 1∶0.5的路堑和路堤边坡及中央分隔带、立交区、服务区与弃土堆绿化防护。

客土喷播适用于风化岩石、土壤较少的软质岩石、养分较少的土壤、硬质土壤、植物立地条件差的高大陡坡面和受侵蚀显著的坡面。当坡率陡于 1∶1 时，宜设置挂网或混凝土框架。

骨架植物防护，浆砌片石或水泥混凝土骨架植草护坡，适用于缓于 1∶0.75的土质和全风化岩石边坡。当坡面受雨水冲刷严重或潮湿时，坡度应缓于 1∶1。应视边坡坡率、土质和当地情况确定骨架形式，并与周围景观相协调。框架内应采用植物或其他辅助措施。当降雨量较大且集中的地区，骨架宜做成截水沟型。截水沟断面尺寸由降雨强度计算确定。

多边形水泥混凝土空心块植物护坡，适用于坡度缓于 1∶0.75 的土质边坡和全风化、强风化的岩石路堑边坡，并视需要设置浆砌片石或混凝土骨架。多边形空心预制块的混凝土强度不应低于 C20，厚度不应小于 150mm。空心预制块内应填充植土，喷播植草。

锚杆混凝土框架植物防护，适用于土质边坡和坡体中无不良结构面、风化破碎的岩石路堑边坡。锚杆采用非预应力的全厂黏结型锚杆，锚杆间距、长度应根据边坡地质情况确定。锚杆保护层厚度不应小于 20mm。框架应采用钢筋混凝土，混凝土强度不应低于 C25，框架集合尺寸应根据边坡高度和地层情况等确定，框架内宜植草。

（二）道路路基的矿料防护措施

当不宜使用植物防护或考虑就地取材时，采用沙石、水泥、石灰等矿质材料进行坡面防护是常用的防护形式，主要有砂浆抹面、勾缝或喷涂以及石砌护坡或坡面墙等。这些形式各自适用于一定条件。

抹面防护，适用于石质挖方坡面，其岩石表面易风化，但比较完整，尚未剥落，如页岩、泥沙岩、千枚岩的新坡面。对此应及时予以封面，以预防风化成害。常用的抹面材料有石灰浆等，其中石灰为胶结料，要求精选。混合料如加纸筋或竹筋，可提高强度，防止开裂；如掺加适量制盐副产品卤水，因含有氯化钙与氯化镁，可使抹面加速硬化和预防开裂。抹面用料的配合比与用量参见有关手册。抹面厚度视材料和坡面状况而定，一般为 2~10cm。操作前，应清理坡面风化层，浮土与松动碎块，填坑补洞，洒水润湿。抹面后，应拍浆、抹平和养生。

喷浆施工简便，效果较好，适用于易风化而坡面不平整的岩石挖方边坡，厚度一般为 5~10cm。喷浆的水泥用量较大，重点工程可选用。比较经济的砂浆是用水泥、石灰、河沙及水，按质量比 1∶1∶6∶3 配合。喷浆前后的处置，与抹面相同。对坡面较陡或易风化的坡面，还可以在喷浆前先铺设加筋材料，加筋材料可以用铁丝网或土工格栅，喷浆坡面应设置排水孔。

喷护适用于坡率缓于 1∶0.5，易风化，但未遭强风化的岩石边坡。喷浆防护厚度不宜小于 50mm，采用的砂浆强度不应低于 M10。喷射混凝土防护厚度不宜小于 80mm，混凝土强度不应低于 C15。喷护坡面应设置泄水孔和伸缩缝。

锚杆挂网喷浆（混凝土），适用于坡面为碎裂结构的硬质岩石或层状结构的不连续地层以及坡面岩石与基岩分开并有可能下滑的挖方边坡。锚杆应嵌入稳固基岩内，锚固深度应根据岩体性质确定。钢筋网喷射混凝土支护厚度不应小于100mm，亦不应大于250mm。钢筋保护层厚度不应小于20mm。

比较坚硬的岩石坡面，为防水渗入缝隙成害，视缝隙深浅与大小，分别予以灌浆、勾缝或嵌补等。

上述防护方法，可以局部处置，综合使用，并与放缓边坡等方法加以比较，力求实用和经济。如果在坡面防护时着色或修饰，还有助于改善路容。

护坡，干砌片石护坡适用于坡度缓于1：1.25的土（石）质路堑边坡。其厚度不宜小于250mm。浆砌片（卵）石护坡适用于坡度缓于1：1的易风化岩石和土质路堑边坡。其的厚度不宜小于250mm，砂浆强度不应低于M15，护坡应设置伸缩缝和泄水孔。水泥混凝土预制块护坡适用于石料缺乏地区的路基边坡防护。预制块的混凝土强度不应低于C15，在严寒地区不应低于C20。铺砌层下应设置碎石或砂粒垫层，厚度不宜小于100mm。

护面墙，适用于防护易风化或风化严重的软质岩石或较碎岩石的挖方边坡以及坡面易受侵蚀的土质边坡，边坡不宜陡于1：0.5。护面墙类型应根据边坡地质条件确定，窗孔式护面墙防护的边坡不应陡于1：0.75；拱式护面墙适用于边坡下部岩层较完整而上部须防护的路段，边坡应缓于1：0.5。单级护面墙的高度不宜超过10m，并应设置伸缩缝和泄水孔。护面墙基础应设置在稳定的地基上，埋置深度应根据地质条件确定；冰冻地区，应埋置在冰冻深度以下，不小于250mm。护面墙前趾应低于边沟铺砌的底面。

护面墙视浆砌片石的坡面厚度可不一，护面石料应符合规格。护面墙除自重外，不承受其他荷重，亦不承受墙背土压力。

护面墙高一般不超过10m，可以分级中间设平台，墙背可设耳墙，纵向每10m设一条伸缩缝，墙身应预留泄水孔，基础要求稳固，顶部应封闭。墙基软硬不均，可设拱跨过软弱地基。墙面常有各种不同地质现象，开挖后形成凹陷，应以石砌圬工填塞平整，称为支补墙。以上构造的具体尺寸，均可参考有关设计手册。

捶面适用于边坡坡率缓于1：0.5，易受冲刷的土质边坡或易风化剥落的岩石边坡，使用年限为10~15年。捶面宜采用等厚截面，其厚度不宜小于100mm。

土钉支护适用于硬塑或坚硬的黏性土、胶结或弱胶结的粉土、沙土、砾石、软岩和风化岩层等挖方边坡的临时支护和永久支护。土钉支护的设计应特别重视水的作用与影响，必须在地表和支护内部设置完善的排水系统以疏导地表径流和地下水。对于永久性土钉支护的设计，应考虑长期使用过程中土体含水率的变化对土体抗剪强度的影响。边坡地下水较发达的挖方边坡不宜设置永久性土钉支护。

土钉支护设计前，应对土钉支护边坡进行综合地质勘查试验，查明边坡地层、构造、岩土物理力学性质、水文地质条件及其潜在腐蚀性。土钉支护工程应进行土钉的基本抗拔性试验，试验数为工作土钉总数的 1%，且不少于 3 根。

土钉支护宜用于高度不大于 18m 的边坡防护，当土钉支护与预应力锚杆联合使用时，边坡高度可增加。边坡较高时宜设多级土钉支护。多级边坡的上下级之间应设置平台，平台高度不宜小于 2.0m，每级坡高不宜大于 10m。当土钉被用于腐蚀性土质、雨水较多地区的边坡支护，或土钉不可避免地要深入地下水水位以下时，应对土钉进行防腐处理，可根据情况选用聚乙烯、聚丙烯塑料波纹套管或环氧涂层钢筋。

抗滑桩设计之前，应对边坡进行详细的工程地质勘查，确定主滑方向、滑面位置、边界条件、岩土性质及水文地质条件。抗滑桩的设置必须保证滑坡体不越过桩顶或从桩间滑动，不产生新的滑坡。抗滑桩宜设置滑坡厚度较薄、推力较小、锚固段地基强度较高的地段，确定桩的平面布置、桩间距、桩长和截面尺寸时，应综合考虑，以达到经济合理，并与周围景观相协调。可采用预应力锚索抗滑桩，或抗滑桩与明洞、排桩等组合使用。

二、软土地基加固

土木工程中，地基加固极为重要，道路工程范围的建筑物也不例外。路基敷设于天然地基上，自身荷载较大，要求地基应具有足够的承载力，以保持地基稳定。另外，应使某些自然因素（如地下水、坑穴、湿陷、胀缩等）不致产生路基的有害变形。

（一）软土地基的特性

软土在我国滨海平原、河口三角洲、湖盆地周围及山谷地均有广泛分布。在软土地基上修筑路基，若不加处理，往往会发生路基失稳或过量沉陷，导致道路破坏或不能正常使用。

所谓软土，从广义上讲就是强度低、压缩性高的软弱土层。根据孔隙比及有机质含量，结合含水率、压缩系数、渗透系数、快剪强度及天然重度等，可将软土划分为软黏性土、淤泥质土、淤泥、泥炭质土及泥炭五种类型。前三种天然重度为 16~19kN/m^3，后两种天然重度为 10~16kN/m^3。习惯上把淤泥、淤泥质土和软黏性土总称为软土，而把有机质含量很高的泥炭、泥炭质土称为泥沼。泥沼比软土具有更大的压缩性，但它的渗透性强，受荷后能够迅速固结，工程处理比较容易。这里主要讨论天然强度低、压缩性高且透水性小的软土上的路基施工问题。

在未经处治的天然软土地基单位面积荷重达到天然地基极限承载力时，能够填筑的路堤高度称为极限高度。路堤超过极限高度后，必然发生大量的沉陷、坍滑，必须采取加固措施，才能保证路堤的稳定与正常施工。

在软土上修筑路堤或建造人工构造物时，会产生较大的沉降及侧向变形，这种沉降及变形必须控制在容许范围之内。

（二）软土地基的加固措施

软土地基上路基的整体稳定性必须等于或大于容许稳定安全系数，而沉降量则要求在路面设计使用年限内的工后沉降必须小于容许工后沉降，否则应进行地基处理。软土地基处理时应遵循以下原则：投资少、效益高、少占农田和安全实用的技术经济政策；密切结合当地工程地质条件、材料供应、施工力量和工期要求，因地制宜，达到技术上先进、经济上合理。软土地基的处理方法多种多样，主要的处理方法有以下三种。

1. 换填土层法

换填土层法，即将基底下一定深度范围内的湿软土层挖去，换成强度较大的沙、碎（砾）石、灰土或素土，以及其他性能稳定、无侵蚀性的土类，并予以压实。换填材料的不同，其应力分布虽有所差异，但其极限承载力比较接近，而且沉降特点也基本相似，因此大致按沙垫层的计算方法，结果相差不大。

沙垫层可提高承载力，减少沉降量，加速软弱土层的排水固结，防止冻胀，消除膨胀上的胀缩作用，也可处理暗穴。沙垫层的作用因工程性质而有所不同，对路基而言，主要是排水固结；素土（或灰土）垫层，可以消除湿陷性黄土3.0m 深度范围内的湿陷性。

沙垫层厚度一般为 0.6~1.0m，太厚施工太难，太薄效果差。沙料以中粗沙为宜，要求级配良好，颗粒的不匀系数不大于 5，含泥量不超过 5%。

软土地基上修筑的路堤底部均宜设置透水性水平垫层，厚度以 0.50m 为宜。对于缺少沙砾的地区，可以将土工合成材料和沙砾垫层配合使用，以减小沙砾垫层的厚度。

轻质路堤可采用粉煤灰、泡沫聚苯乙烯（EPS）块等轻质材料填筑。采用粉煤灰填筑路堤时的技术要求按相关规定执行；采用 EPS 路堤时，应计算路堤的压缩变形和抗浮稳定性。

路堤加筋应采用强度高、变形小、耐老化的土工合成材料作为路堤的加筋材料。

2. 重锤夯实法

饱和软黏土地基中夹有多层粉沙或采用在夯坑中回填块石、碎砾石、卵石等粒料进行强夯置换时，可以采用强夯法处理。强夯施工前，必须在施工现场选择有代表性的路段进行试夯，以指导大面积施工。夯点的夯击数（最佳夯击能）应根据现场试夯确定，应满足下列条件：以夯坑的压缩量最大、夯坑周围地面隆起最小为原则，且最后两击或三击的平均夯沉量不大于 100mm。

夯点可采用正方形或等边三角形布置，间距以 5~7m 为宜。夯击遍数通过试夯确定。

控制最佳含水率，对土基分层压实，提高强度和降低压缩性，符合路基施工的基本要求。如果使用压实功能较大的压实方法，还能处理杂填土和地表土的松散土。

对于非黏性土及松散杂填土而言，振动压实效果好，因土质和振动时间而不同，一般是振动时间越长，效果越好，但时间过长则会无效。对于主要由矿渣、碎砖、瓦块为主的建筑垃圾，振动时间约为 1min；含细矿渣等细颗粒填土，振动时间为 3~5min，有效深度为 1.2~1.5m。

重锤夯实法加固地基，可提高地基上表层土的强度。对湿陷性黄土，可降低地表的湿陷性；对杂填土，可减少表层上的强度不均一性。重锤夯实法适用于地下水水位 0.8m 以下稍湿的一般黏土、沙土、湿陷性黏土、杂填土等。重锤夯实法，一般以钢筋混凝土制成截头圆锥体（底部垫钢板），质量宜为 1.5t 或稍重，锤底的夯击遍数一般以最后两次的平均夯沉量不超过规定值来控制，即一般黏性土和湿陷性黄土为 1~2cm，沙土为 0.5~1.0cm。实践结果表明，一般是 8~12 遍，作用深度约为锤底直径的一倍。

实践证明，强夯过程中，土体中因含可压缩的微气泡而产生几十厘米的沉降，土体产生液化，使土的结构破坏，强度下降至最小值，随后在夯实点周围出现径向裂隙，成为加速孔隙水压力消散的主要通道，继而因黏土的触变性，使土基的强度得到恢复和增强，这一过程无法用传统的固结理论解答，有饱和土可压缩的重要机理。现有研究成果表明，由于土中有机物的分布，第四纪土中多数含有以微气泡形式出现的气泡体，含气泡 1%~4%，强夯过程中气和体积被压缩，加上孔隙水被挤出，两者体积有降低，重复夯击作用，气体被压缩接近于零时，土体变成不可压缩性，相应的孔隙水压力上升到与覆盖压力相等的能量级时，土即产生液化，吸附水变成了自由水，土的强度达到最小值，继续施加外界能量对强度提高无效，需要停止夯击等待强度恢复。与此同时，夯点四周形成有规则垂直裂缝，出现涌水现象。当孔隙水压力消散到小于土粒间的侧向压力时，裂隙即自行闭合，土中水的运动又恢复常态，随着孔隙水压力的消散，土的抗剪强度和变形模量有了大幅度增长，这是由于土粒间紧密接触，以及新吸附水层逐渐固定所致，即土的触变性所致。基于上述基本原理，按弹簧活塞模型，对动力固结（强夯）的机理作用做新的解释，以便与传统的静力固结理论相比较。

强夯法至今还没有一套成熟和完整的理论和设计方法，但实践证明，它具有施工简单、加固效果好、使用经济、运用面较广等优点。国外资料说明，经强夯法处理的地基，其承载力可提高 2~5 倍，压缩性降低至 1/2~1/10 倍，广泛用于填土及泥炭和沼泽土，不仅可在陆地上使用，也可水下夯实。缺点是需要相应的机具设备，操作时噪声和振动较大，不宜在人口密集或附近防震要求高的地点使用。目前，国内在天津、上海等地，不仅成功运用了强夯法，而且在加固饱和软黏土地基方面也取得了新的成果与经验。

3. 挤密法

土基中成孔后，在孔中灌以沙、石、土、灰土或石灰等材料，捣实而成直径较大的桩体，利用横向挤紧作用，使地基土粒彼此靠紧，孔隙减少，而且孔被填满和压紧，形成桩体，桩体具有较强的承载能力，群桩的面积约占松散土加固面积的20%，以使桩和原土组成地基，达到加固的目的。

孔中灌砂形成沙桩，与上述沙井相比，形式相仿，但作用不同。沙井的作用是排水固结，井径较小而间距较大；沙桩的作用是将地基土挤紧，井径较大，而间距较小。沙井适合过湿软土层，而沙桩适用于处理松沙、杂填土和黏粒含量不大的普通黏性土，也可有效防止砂土基地的振动液化。饱和软黏土的渗透性较小，灵敏度较大，夯击过程中土内产生的超孔隙压力不易迅速扩散，沙桩的挤密效果较差，甚至能破坏地基土的天然结构。

孔中填石灰而成灰桩，用于挤密软土地层，这是近年来在国内外广泛应用的一种新方法。石灰桩的主要作用是挤密，而生石灰的吸水、膨胀、发热及离子交换作用，使桩体硬化，改善了原地基土的性质，此外，还可减少因周围土的蠕变所引起的侧向位移。利用石灰桩加固软土地基，关键在于石灰桩在地下水中能否结硬，试验证明，水中含有酸根是石灰桩结硬的基本条件。由于石灰桩在水下结硬的速度比在空气中慢得多，所以将石灰和水就地拌和，增加石灰与外界的接触，结构条件比纯石灰桩好得多，可提高桩的早期强度。石灰桩吸水膨胀和对土体的挤压作用，是石灰桩加固地基的特殊功能。石灰桩施工的基本要求：生石灰必须密封储存，最好选用新鲜块灰；灰块必须粉碎至一定要求。

沙桩和石灰桩的布置尺寸，需通过设计计算而定，一般桩径为20~30cm，桩的间距约为桩径的3.5倍，可在平面上按梅花形布置，桩的长度与加固土层厚度及加固要求有关。桩孔的施工方法有冲击和振动力等。在湿陷性黄土中还可以使用爆扩成孔法，孔径约为10cm，孔内每隔50cm置炸药筒，引爆扩孔挤压，再灌以黄土或灰土，分隔捣实，可以消除黄土的湿陷性。

振冲粒料桩适用于十字板抗剪强度大于15kPa的地基土，沉管粒料桩适用于十字板抗剪强度大于10kPa的地基土。粒料桩的直径及设置深度、间距应经稳定、沉降验算后确定，相邻桩净距不应大于4倍桩径。

加固土桩，采用深层拌和法加固软土地基的十字板抗剪强度不宜小于10kPa。采用粉喷桩法加固软土地基时，深度不应超过15m。加固土桩的直径及设置深度、间距应经稳定验算确定并应满足工后沉降的要求。相邻桩的净距不应大于 4 倍桩径。

振冲法是以起重机吊起振冲器、电动振冲器产生高频振动，水泵喷射高压水流，在振动和高压水的联合作用下，振冲器沉入土中预定深度，经过清孔用循环水带出孔中稠泥浆，向孔中逐段添加填料，予以振动挤密，在地基土中形成振冲桩。振冲器的起重能力为 $10 \sim 15t$，水压力宜大于 $500kPa$，供水量大于 $20m^3/h$，加料量的供应能力不小于 $0.8m^3/min$。

第二节　道路土方路基施工技术

一、道路土方路基施工概述

（一）路基施工的重要性

路基土方工程量大、分布不均匀，不仅与路基工程相关的设施，如路基排水、防护与加固等相互制约，而且同道路工程的其他工程项目，如桥涵、隧道、路面及附属设施相互交错。因此，路基施工在质量标准、技术操作、施工管理等方面具有特殊性，必须予以研究和不断改进，就整个道路工程的施工而言，路基施工往往是施工组织管理的关键。

路基工程的项目很多，如土方、石方及圬工砌体等，在施工方法与技术操作方面各具特点，这里以土质路基施工为主，阐明路基施工的全过程，包括施工准备及施工组织管理等。

土方路基包括路堤与路堑，基本操作是挖、运、填，工序比较简单，但条件比较复杂，因而施工方法多样化，使得简单的工序中常常有极为复杂的技术和管理方面的难题。

为确保工程质量，实现快速、高效、安全施工，必须重视施工技术与管理。就目前情况而言，有一个稳定的专业施工队伍，配有相应的技术骨干和机具设备，建立和健全施工技术操作规程与质量检查验收制度，采用现代化的施工管理方法是实现"精心施工"的必由之路。

（二）路基施工的基本方法

路基施工的基本方法，按其技术特点大致可分为人力施工及简易机械化、综合机械化、水力机械化和爆破方法等。

人力施工是传统方法。它使用手工工具，劳动强度大、工效低、进度慢、工程质量难以保证，但限于具体条件，短期内还必然存在并适用于地方道路和某些辅助性工作。为了加快施工进度，提高劳动生产率，实现高标准高质量施工，对于劳动强度大和技术要求高的工序，应配以数量充足、配套齐全的施工机械。

机械化施工和综合机械化施工是保证高等级道路施工质量和施工进度的重要条件，对于路基石方工程来说，更具有迫切性。实现综合机械化施工，科学地严密组织施工，是路基施工现代化的重要途径。

水力机械化施工，也是机械化施工的方法之一。它是运用水泵、水枪等水力机械，喷射强力水流，冲散土层并流运至指定地点沉积，如采集砂料或地基加固等。水利机械适用于电源和水源充足，挖掘比较松散的土质及地下钻孔等。对于沙砾填筑路堤或基坑回填，还可起到密实作用（称为水夯法）。

爆破法是石方路基开挖的基本方法，如果采用钻岩机钻孔与机械清理，也是岩石路基机械化施工的必备条件。除石质路堑开挖外，爆破法还可用于冻土、泥沼等特殊路基施工，以及清除路面、开石取料与石料加工等。

上述施工方法的选择，应根据工程性质、施工期限、现有条件等因素而定，而且应因地制宜和综合使用各种方法。

（三）施工前的准备工作

路基施工的主要内容，大致可归纳为施工前的准备工作和基本工作两大部分。土质路基的基本工作是路堑挖掘成型、土的移运、路堤填筑压实，以及与路基直接相关的各项附属工程。其工程量大、施工期长，且所需人力、物力资源较大，因而必须集中精力，认真对待。要保证正常施工，施工前的准备工作，极为重要。它是组织施工的第一步，无准备的施工或准备不充分的施工均会使路基施工的基本工作难以顺利进行。

施工的准备工作内容较多，大致可归纳为组织准备、技术准备和物质准备三个方面。

1. 组织准备工作

组织准备工作主要是建立和健全施工队伍和管理机构，明确施工任务，制定必要的规章制度，确立施工所应达到的目标等，它也是做好一切准备工作的前提。

2. 技术准备工作

路基开工前，施工单位应在全面熟悉设计文件和设计交底的基础上进行施工现场勘察，核对与必要时修改设计文件，发现问题应及时根据有关程序提出修改意见并报请变更设计，编制施工组织计划，恢复路线、施工放样与清除施工场地，搞好临时工程的各项改造等。

现场勘察与核对设计文件的目的是熟悉和掌握施工对象特点、要求和内容，其是整个施工的重要步骤，舍此则其他一切工作就失去目标，难以着手。

施工组织计划是具有全局性的大事，其中包括选择施工方案、确定施工方法、布置施工现场（施工总平面布置）、编制施工进度计划、拟定关键工程的技术措施等。它是整个工程施工的指导性文件，也是其他各项工作的依据。在当前强调加强施工管理、实现现代化科学管理的时期，抓住施工组织计划这一环节，更具有现实意义。

临时工程包括施工现场的供电、给水，修建便道、便桥，架设临时通信设施，设置施工用房（生活和生产所必需）等。这些均为开展基本工作的必备条件。

路基恢复定线、清除路基用地范围内的一切障碍物等是施工前的技术准备工作（也是基本工作）的一个组成部分，宜协调进行。

路基开工前应做好施工测量工作，其内容包括导线、中线、水准点复测、横断面检查与补测、增设水准点等。施工人员还应对路基工程范围内的地质、水文情况详细调查，通过取样、试验确定其性质和范围，并了解附近现有建筑物对特殊土的处理方法。

3. 物质准备工作

物质准备工作包括各种材料与机具设备的购置、采集、加工、调运与储存，以及生活后勤供应等。为使供应工作能适应基本工作的需要，物质准备工作必须制订具体计划，其中有的计划内容，如劳动力调配、机具配置及主要材料供应，必须服从于保证上述施工组织计划顺利实施，而且亦常被列为施工组织计划的一个组成部分。

土质路基施工，仅是整个道路工程中的一个工程项目，以上所述的准备工作，主要是对整个工程的施工而言，对于某一单项工程，如土质路基、石质路基、路基排水或防护加固，或路基工程以外的桥涵与路面等，准备工作的具体内容与要求，虽有差别，但基本项目不可缺少。

二、土方路基填挖技术

（一）土方路基填挖的基本要求

土方路基的填挖，首先必须搞好施工排水，包括开挖地面临时排水沟槽及设法降低地下水水位，以便始终保持施工场地的干燥。这不仅因为土在干燥状态下易于操作，还因控制土的湿度是确保路堤填筑质量的关键。从有效控制土的含水率出发，土方路基的施工作业面不宜太大，以有利于组织快速施工，随挖随运，及时填筑压实成型，减少施工过程中的日晒、雨淋，尽量保持土的天然湿度，避免过干或过湿。一般条件下，土的天然含水率，接近最佳值，必要时应考虑人工洒水或晾干措施。雨期施工，尤应按照施工技术细则的有关规定，加强临时排水，确保路基质量。

如果填土的湿度较大，碾压后出现反弹现象，必须挖除重填，必要时可采取其他相应的加固措施。

路基填挖范围内的地表障碍物，事先应予以拆除，其中包括原有房屋的拆迁、树木和丛林茎根的清除，以及表层种植土等的清除。在此前提下，必要时按设计要求对路床进行加固。

路基取土与填筑，必须有条不紊，有计划、有步骤地进行操作，这不仅是文明施工的需要，也是选土和合理利用填土的保证。不同性质的路基用土，除按规定予以废弃和适当处治外，一般不允许混填。

路堑开挖应在全横断面进行，自上而下一次成型，注意按设计要求准确放样，不断检查校正，边坡表面削齐拍平。路堑底面，如土质坚实，应尽量不扰动，予以整平压实；如果土质较差、水文条件不良，应根据路面强度设置要求，采取加深边沟、设置地下盲沟以及挖松表层一定深度原土层，重新分层填筑与压实或必要时予以换土和加固，以确保路堑底层土基的强度与稳定性，达到规定标准，这对于修筑沥青类路面尤为重要。

土方路堤应视路基高度及设计要求，先着手清理或加固地基。潮湿地基尽量疏干预压，如果地下水水位较高，因工期紧或其他原因无法疏干，第一层填土适当加厚或填以砂性土后再填土压实，防止间隔期中雨淋或暴晒。分层厚度视压实工具而定，一般压实厚度为 20~25cm。路堤加宽或新旧土层搭接处，原土层挖成台阶，逐层填新土，不允许将薄层新填土层贴在原路基的表面。

（二）土方路基的填挖基本方案

1. 路堤填筑

稳定斜坡土地基表层的处理，应符合下列要求：地面横坡缓于 1：5 时，在清除地表草皮、腐殖土后，可直接在天然地面上填筑路堤。地面横坡为 1：（5~2.5）时，原地面应挖台阶，台阶宽度不应小于 2m。当基岩面上的覆盖层较薄时，宜先清除覆盖层再挖台阶；当覆盖层较厚且稳定时，可予保留。地面横坡陡于 1：2.5 地段的陡坡路堤，必须验算路堤整体沿基底及基底下软弱层滑动的稳定性，抗滑稳定系数不得小于规定值，否则应采取改善基底条件或设置支挡结构物等防滑措施。

当地下水影响路堤稳定时，应采取拦截引排地下水或在路堤底部填筑渗水性良好的材料等措施。

路基填土高度小于路面和路床总厚度时，应将地基表层土进行超挖并分层回填压实，其处理深度不应小于重型汽车荷载作用的工作区深度。在稻田、湖塘等地段，应视具体情况采取排水、清淤、晾晒、换填、加筋、外掺无机结合料等处理措施。当为软土地基时，其处理措施应符合规定土质路堤（包括石质土），按填土顺序可分为分层平铺和竖向填筑两种方案。分层平铺是基本的方案，如符合分层填平和压实的要求，则效果较好，且质量有保证，有条件时应尽量采用。竖向填筑是特定条件下，局部路堤采用的方案。

分层平铺有利于压实，可以保证不同用土按规定层次填筑。为了不同用土的组合方案，其中正确方案要点是：不同用土水平分层，以保证强度均匀；透水性差的用土（如黏性土等），一般宜填于下层，表面成双向横坡，有利于排除积水，防止水害。

桥涵、挡土墙等结构物的回填土，以砂性土为宜，要防止不均匀沉降，并按有关操作进行堆积回填和夯实。

竖向填筑，指沿路中心线方向逐步向前深挖。路线跨越深谷或池塘时，地面高差大，填土面积小，难以水平分层卸土，以及陡坡地段上半填半挖路基，局部路段横坡较陡或难以分层填筑等，可采用竖向填筑方案。竖向填筑的质量在于密实程度，为此宜采用必要的技术措施。例如，选用振动式或锤式夯击机，选用沉陷量较小及粒径较均匀的沙石填料；路堤全宽一次成型；暂不修建较高级的路面，容许短期内自然沉落。此外，填筑，上层水平分层，必要时可考虑参照地基加固的注入、扩孔或强夯等措施，以保证填土具有足够的密实度。

2. 路堑开挖

路堑开挖，按掘进方向可分为纵向全宽掘进和横向通道掘进两种。同时又可在高度上分单层或双层和纵横掘进混合等（以上掘进方向，依路线纵横方向命名）。

纵向全宽掘进是在路线一端或两端，沿路线纵向向前开挖。单层掘进的高度，即等于路堑设计深度。掘进时逐段成型向前推进，土由相反方向送出。单层纵向掘进的高度，受到人工操作安全及机械操作有效因素的限制，如果施工紧迫，对于较深路堑，可采用双层掘进法，上层在前，下层随后，下层施工面上留有上层操作的出土和排水通道。

横向通道掘进，是先在路堑纵向挖出通道，然后分段同时向横向掘进。此法为扩大施工面、加速施工进度、在开挖长而深的路堑时用。施工时可以分层和分段，层高和段长视施工方法而定。该法工作面多，但运土通道有限制，施工的干扰性增大，必须周密安排，以防在混乱中出现质量或安全事故。个别情况下，为了扩大施工面，加快施工进度，对土路堑的开挖，还可以考虑采用双层式纵横通道的混合掘进方案，同时沿纵横的正反方向，多施工面同时掘进。混合掘进方案的干扰性更大，一般仅限于人工施工，对于深路堑，如果挖方工程数量大及工期受到限制时可考虑采用。

（三）土方路基施工机械化

常用的路基土方机械有松土机、平地机、推土机、铲运机和挖掘机（配以汽车运土），此外还有压实机具及水力机械。各种土方机械可进行单机作业，如平地机、推土机及铲运机等；以挖掘机为代表的主机，需要配以松土、运土、平土及压实等相应机具，相互配套，综合完成路基施工任务。

各种土方机械，按其性能，可以完成路基土方的部分或全部工作。选择机械种类和操作方案，是组织施工的第一步，为能发挥机械的使用效率，必须根据工程性质、施工条件、机械性能及需要与可能，择优选用。

工程实践证明，再多再好的机械设备，如果使用不当、组织管理不善、配合不协调，机械化施工就显示不出其优越性，甚至适得其反，造成浪费。

各种机具设备，均有其独特性能和操作技巧，应配有专职人员使用与保养，严格执行操作规程。从整个施工组织管理，以及指挥调度方面而言，组织机械化施工，应注意以下几点：①建立健全施工管理体制与相应组织机构。一般宜成立专业化的机械施工队伍，以便经营管理，独立经济核算。②对每项路基土方工程，应有严密的施工组织计划，并合理选择施工方案，在服从总的调度安排下，各作业班组或主机，均编制具体计划。在综合机械化施工中，尤其要加强作业计划工作。③在机具设备有限制的条件下，要善于抓重点，兼顾一般。④加强技术培训，坚持技术考核，开展劳动竞赛，鼓励技术革新，实行安全生产、文明施工，把提高劳动生产率、节省能源、减少开支等指标具体化、制度化。

第三节 道路石方路基施工技术

一、爆破作用原理

（一）药包在无限介质内的爆破作用

药包在无限介质内爆炸时，炸药在瞬时间内通过化学反应转化为气体状态的爆炸产物。由于膨胀作用，体积增加数百倍乃至数千倍，而产生静压力，同时产生温度很高、速度高达每秒上千米的冲击波，以动压力的形式作用于药包周围。这种巨大的爆炸能，在爆炸的同时自药包中心向球面等量扩展，传递给周围介质，使介质产生各种不同程度的破坏和振动现象。这种现象随着距药包中心距离的增大而逐渐消失。按破坏程度的不同大致分为几个区间：

1. 压缩圈

表示压缩圈半径，在这个作用圈范围内，介质直接承受药包爆炸，产生巨大的作用力。如果介质是可塑性的土，便会遭到挤压形成空腔；如果是坚硬的脆性岩石，便会被粉碎。所以，把以压为半径的这个球形区叫作压缩圈或破碎圈。

2. 抛掷圈

在压缩圈范围以外至及的区间，所受的爆破作用力虽较压缩圈内小，但介质原有的结构受到破坏，分裂成为不同尺寸和形状的碎块，而且爆破作用力尚有足以使这些碎块获得运动速度的余力。如果在有限介质内，这个区间的某一部分，处在临空的自由条件下，破坏了的介质碎块便会产生抛掷现象，因而叫作抛掷圈。在无限介质内不会产生任何的抛掷现象。

3. 松动圈

在抛掷圈以外至及的区间，爆破的作用力更弱，但能使介质结构受到不同程度的破坏，因而叫作松动圈（破坏）。

4. 振动圈

松动圈范围以外，微弱的爆破作用力不能使介质产生破坏。这时介质只能在应力波的传播下，发生振动现象，至所包括的区间，就叫作振动圈。振动圈以外爆破作用的能量完全消失。

以上现象称为药包的球形爆破作用。

（二）药包的分类

药包按其形状或集结程度的不同，可以分为集中药包、延长药包和分集药包三种。凡药包形状接近球形或立方体，以及高度不超过直径4倍的圆柱体和最长边不超过最短边4倍的直角六面体，均属于集中药包；相反，药包的长度或高度超过上述要求者，属于延长药包；分集药包将一个集中药包分为两个保持一定距离集中的子药包，它是提高炸药有效能量利用率的新型装药方式。

（三） 药包药量的计算原理

1. 多边界条件下爆破作用的特性

多边界条件即地形变化条件。在爆破工程中，一般分为平坦地形（地面坡度角＝0～15°）、倾斜地形（>15°）、凸形多面临空地形（山包地形）和凹形地形（垭口地形）四类。其中，倾斜地形又分为缓坡地形（＝15～30°）、斜坡地形（＝30～50°）和陡坡地形（>50°）。

爆破漏斗的形成过程，根据大量生产性使用的研究和高速摄影的宏观观察得知，药包在多边界条件下的爆破作用特点，可以从倾斜边界条件爆破滑斗的形成过程中得到反映。这一过程可分为五个阶段。

（1）从炸药爆炸瞬间起至压缩波到达临空面时止，介质的运动完全与药包在无限介质中爆炸的运动相似，临空面对药包周围介质运动没有影响，爆炸作用保持球面等量分布，形成空腔。大量爆能消耗在使药包周围介质产生粉碎或塑性变形，形成压缩圈。

（2）爆炸能量主要消耗于使介质在垂直于临空面方向获得加速度；最后爆能的球形分布被破坏，临空面介质沿最小抵抗线方向逐渐隆起形成"鼓包"。鼓包壳的厚度随鼓包上升而拉薄，以致从顶部破坏成碎块；爆炸产物剩余能量将逸散于大气中不做功。

（3）抛掷漏斗内介质，在重力场作用下做弹道飞行。介质的抛掷距离，由破碎介质中所储藏的动、位能，发射角和空气阻力等因素所决定。

（4）抛掷漏斗以上岩体，具有较大位能，在药包的爆震破坏下，因自重而崩塌下来，堕入抛掷漏斗，减小可见漏斗，形成崩塌漏斗，扩大了爆破量。崩塌量由地面坡度、岩性和结构软弱面产状所决定。

（5）介质由整体经药包的破碎作用变为松散体，在其自身所含位能的作用下，为达到新的平衡而坍滑出路基，最后在漏斗内和坡脚堆积成稳定的岩堆，其坡角为岩石碎块的安息角。坍滑量由介质所含位能、岩性和地形所决定。

以上五个阶段，并非在任何条件下均可同时出现，也不能截然分开。在倾斜地形条件下，当<45°时，坍滑阶段将消失；在水平边界条件下，崩塌与坍滑两阶

段都将消失，鼓包和抛掷方向均垂直向上，位能的作用趋于零；多面临空地形，变化比较复杂，但最终还是由上述五个阶段组合而成。

2. 多边界条件下药量计算公式

根据介质本身潜在位能的作用相当于炸药有效爆能的提高和能量守恒原理，即在倾斜边界条件下，抛坍一定量同类介质所需的机械能是常数。可以推导得到多边界条件下药量 Q 的计算公式：

$$Q = e \cdot d \cdot K \cdot W^3 F(E, \alpha)$$

式中：e ——炸药换算系数；

$\quad\quad d$ ——堵塞系数，与施工条件有关，一般等于1；

$\quad\quad K$ ——形成标准抛掷漏斗时，单位耗药量，kg/m^3；

$\quad\quad W$ ——最小抵抗线，m；

$\quad\quad F(E, \alpha)$ ——药包性质指数。

二、爆破作业程序

（一）爆破设计文件的内容

大爆破设计文件包括说明书和设计图表。

设计说明书的内容如下：①概述，包括设计任务、工程情况、对爆破结果提出的要求，以及设计中特殊情况的考虑和估计（如有关地面、地下人工建筑物、道路、农田和果树等）。②地形、地质及水文地质资料的分析。③爆破方案的选择、爆破规模和炮群大小的确定与依据。④药包布置及选择设计参数的依据。⑤药包量的计算和导洞、药室布置的设计。⑥电爆网络选择的依据和计算。⑦安全范围的规定和计算公式。⑧预计爆破效果的分析。

（二）爆破网络

（1）爆破网络的形式一般有：①一条电爆网络；②两条独立电爆网络并联，每条网络具有同样的电阻；③一条电爆网络、一条传爆线网络同时使用等。

（2）电爆网络的连接方式，可分为串联、并联和混合联三种。

①串联的设计和敷设比较简单，所需总电流少，电线消耗量少。但在网络中

有一个电雷管失效，就会使整个网络中断，产生拒爆。为克服这一缺点，在生产中往往采用成对串联的串联线路。

②并联线路中，每个电雷管有两根端线，并分别集中连在两根主导线上，此时各个雷管的作用互不相关，即使有个别雷管失效，也不影响其他雷管的正常起爆。但所需总电流大，丢掉一个电雷管不易发现。

③混合联是串联和并联的混合使用，它可以是成组电雷管之间的并联，而组与组之间采用串联，或者与此相反。混合联可以采用较小的电源，有一定的可靠性。在生产中常采用成对的并、串联线路。该线路接线简单，计算和检查容易，导线消耗较少，电源较少时也适用，因此一般被认为是比较合理的形式。但也应注意并联的两个电雷管中若有一个失效，则通过另一个雷管的电流要比正常电流大一倍，该雷管点燃时间就会减少而提前起爆，这就容易使其他药包发生拒爆。为确保炮群各药包准爆，最好采用两条独立的成对串联的线路并联，或采用电爆网络传爆线网络混合使用。

（三）导洞药室的测量定位

按照设计图纸的要求，准确地将导洞进口位置具体确定在工地的桩位上影响很大，如果偏差大，将达不到预期目的。

在道路爆破中，导洞药室一般成 L 形或 T 形，由导洞、横拐洞和药室三部分组成。导洞有竖直导洞（竖井）和水平导洞（平洞）两种，药室设在横拐洞的端部。

在进行导洞药室定位时，应以路基设计中心线为基准线，以地面现有中心桩为基准桩。

首先应确定导洞进口桩位，并打中心桩。对于水平导洞，除确定进洞桩位外，还必须依设计要求找出导洞方向和基准线的夹角，并在适当的地方打下方向桩。为避免方向桩、中心桩等丢失，应相应地打上护桩。进行定位测量后，应在洞口钉立指示牌，用示意图标明导洞断面、长度、横拐洞长度、药室尺寸及水平标准等。在开挖过程中应及时检查校正，以保证导洞药室的开挖符合设计要求。

（四）导洞药室开挖

1. 炮眼的布置

导洞药室的开挖，一般是用炮眼法掘进。

导洞的断面尺寸，视地质情况和导洞深度而变化，一般为（1.0×1.2）~（1.5×1.8）m²。对于风化严重、岩石较破碎的洞口地段，尺寸还要大些。

导洞开挖时，炮眼的布置数量视石质情况而有增减，坚石一般布置 7~9 个，次坚石一般布置 5~6 个，松石一般布置 3~4 个。炮眼深度为 0.6~0.8m，断面大的可以深到 1m 或者更深，炮眼依其作用和位置分为掏槽眼、边眼。

掏槽眼布置在导洞断面的中央部分，眼口距离一般为 40cm，炮眼与开挖面倾斜角为 75~80°，使炮眼向断面中心汇聚。一般炮眼相距 10cm 左右，掏槽眼的作用是为边坡爆破创造临空面。

边眼布置在导洞断面四周，深度一致，爆破顺序是掏槽眼在先，边眼在后。

2. 炮眼装药与堵塞

炮眼内的装药量，应视炮眼深度和石质情况及炮眼的作用而定。施工中一般是根据炮眼深度确定装药量，当深度为 0.8~1.0m 时，装药长度为眼深的 2/5~1/2；当眼深为 0.6~0.7m 时，装药长度为眼深的 1/2~2/3。由于掏槽眼的作用是创造临空面，故药量应多一些，但装药长度不得过长，而应当留出不少于眼深1/2 的堵塞长度，否则容易发生冲天炮。

装药前应清除炮眼内的石粉和泥浆等物，对于积水，亦应淘干。为防止炸药受潮，还应包上油纸，药卷放入后应用炮棍轻轻挤压，起爆药卷应最后放入，并要特别小心，不能撞击，也不能挤压。

装药的基本要求是药室四周全是基本炸药，内层为起爆炸药，核心为起爆体，而不能将起爆炸药和基本炸药混起来堆放。炸药的密度应各处相同。装药形状应尽可能集中，避免平铺分散。

当药室不规则时，可用石块码放规则后再装药。起爆体多时，应将药按圆形布置在药室中心。

雷管脚线引出后，和外面电路接线要准确，并用竹片或其他材料予以包裹，以免损坏。

堵塞时，应先在离炸药堆外沿 10～20cm 叠一堵石墙，封闭药堆构成药室；然后用土堵塞横拐洞（此时不能用力夯实，直至离洞室 2m 才正式进行夯实）；以后可一层石块一层土分层回填。在回填土和夯实过程中应注意保护电爆线路。应设专人检查电路及量测电阻值，做到随堵塞、随量测、随保护。当堵塞完成后，应量测洞室的总电阻，然后把该洞室各导线接成回路（短路），等待接洞室联线或主导线，以确保安全。

炮眼的堵塞材料，一般为干细沙土、砂、黏土等，最好是以一份黏土、三份砂（粗砂）在最佳用水量下混合而成的堵塞料。堵塞时对紧贴起爆药卷的堵塞物不要捣压，以防振动雷管引起爆炸，其余的堵塞物要轻轻捣实，但要注意防止捣坏导火线或雷管脚线。

在导洞掘进过程中，每次爆破后，首先应检查有无瞎眼炮，并做相应处理。在导洞较深的情况下，应进行人工通风，以迅速排除烟尘和有毒气体，然后处理洞壁危石，出渣后就可继续掘进，直至达到设计要求。

（五）起爆体的制作和爆破

1. 起爆体的制作

为了保证洞室炮中全部炸药能迅速准确地完成爆炸反应，应当用烈性炸药制作起爆体（起爆药包）。起爆体的药量视洞室中总药量而定，一般为 3～20kg。根据经验，若以铵油炸药为基本炸药，则每 500kg 须配置 1～2 个 3kg 的 2 号硝铵炸药的起爆体。在生产中，每个洞室中配制的起爆体，一般不得超过 4 个。

对于药量不大的药室，起爆体可用纸包装制作，而药量较大的洞室炮，则应当用木盒制作起爆体。其制作过程是，在盒内装入松散的起爆药，并在其中央放入经测试符合要求的雷管束。为了防止可能拉动雷管脚线而带动雷管，或损坏雷管脚线，应把脚线绕在一根固定在起爆体外壳上的小木棍上。

2. 爆破

起爆方式如导洞不深于 3m，可用火花起爆；再深时，宜用电力起爆。

所有线路和主导线的连接，必须在最后进行。一切无关人员必须撤离现场，才能接主导线。主导线连接完成后，应测定全线路的总电阻。总电阻应符合设计要求，否则应检查原因并做相应处理。

起爆前，还应检查起爆电源的电压，如果符合要求，即可发出起爆信号，通知警戒人员开始起爆。起爆后15min，进行全面技术检查，无问题时再发出解除警报信号。如有瞎炮，必须小心谨慎，由专人负责指挥处理。洞室炮一般只能沿着导洞小心掏取堵塞物，找出电线重新起爆，否则应取出起爆体。对于硝铵炸药的中、小炮可用灌水使炸药失效等较安全的方法处理。

第四节　沥青路面施工技术

一、沥青路面对原材料的要求

沥青路面使用的各种材料运至现场后必须取样进行质量检验，经评定合格后方可使用，不得以供应商提供的检测报告或商检报告代替现场检测。沥青路面集料的选择必须经过认真的料源调查，确定料源应尽可能就地取材。质量符合使用要求，石料开采必须注意环境保护，防止破坏生态平衡。集料粒径规格以方孔筛为准。不同料源、品种、规格的集料不得混杂堆放。

（一）对沥青材料的要求

沥青路面所用的沥青材料有石油沥青、煤沥青、液体石油沥青、沥青乳液和改性沥青等。各类沥青路面所用沥青材料的标号，应根据路面的类型、施工条件、地区气候条件、施工季节和矿料性质与尺寸等因素而定。

1. 道路石油沥青

沥青路面采用的沥青标号，宜按照道路等级、气候条件、交通条件、路面类型及在结构层中的层位及受力特点、施工方法等，结合当地的使用经验，经技术论证后确定。

对夏季温度高、高温持续时间长、重载交通、山区及丘陵区上坡路段，服务区、停车场等行车速度慢的路段，尤其是汽车荷载剪应力大的层次，宜采用稠度大、60℃黏度大的沥青，也可提高高温气候分区的温度水平选用沥青等级；对冬季寒冷的地区或交通量小的道路、旅游道路宜选用稠度小、低温延度大的沥青；

对温度日温差、年温差大的地区宜注意选用针入度指数大的沥青。当高温要求与低温要求发生矛盾时应优先考虑满足高温性能的要求。当缺乏所需标号的沥青时，可采用不同标号掺配的调和沥青，其掺配比例由试验决定。

沥青路面的气候分区：选择沥青结合料等级、沥青混合料配合比设计和检验应适应道路环境条件的需要，能承受高温、低温、雨（雪）水的考验。沥青路面的气候条件按规范要求的气候分区，以适应地区具体气候条件的需要。

2. 乳化沥青

乳化沥青适用于沥青表面处治路面、沥青贯入式路面、冷拌沥青混合料路面，修补裂缝，喷洒透层、黏层与封层等。

乳化沥青的质量应符合有关的规定。在高温条件下宜采用黏度较大的乳化沥青，寒冷条件下宜使用黏度较小的乳化沥青。

乳化沥青类型根据集料品种及使用条件选择。阳离子乳化沥青可适用于各种集料品种，阴离子乳化沥青适用于碱性石料。乳化沥青的破乳速度、黏度宜根据用途与施工方法选择。

3. 液体石油沥青

液体石油沥青适用于透层、黏层及拌制冷拌沥青混合料。根据使用目的与场所，可选用快凝、中凝、慢凝的液体石油沥青，其质量应符合有关的规定。液体石油沥青宜采用针入度较大的石油沥青，使用前按先加热沥青后加稀释剂的顺序，掺配煤油或轻柴油，经适当的搅拌、稀释制成。掺配比例根据使用要求由试验确定。液体石油沥青在制作、储存、使用的全过程中必须通风良好，并有专人负责，确保安全。基质沥青的加热温度严禁超过140℃，液体沥青的储存温度不得高于50℃。

4. 煤沥青

道路用煤沥青的标号根据气候条件、施工温度、使用目的选用，其质量应符合有关规定。道路用煤沥青适用于下列情况：①各种等级道路的各种基层上的透层，宜采用 T-1 或 T-2 级，其他等级不符合喷洒要求时可适当稀释使用。②三级及三级以下的道路铺筑表面处治或沥青贯入式路面，宜采用 T-5、T-6 或 T-7级。③与道路石油沥青、乳化沥青混合使用，以改善渗透性。

道路用煤沥青严禁用于热拌热铺的沥青混合料，用于其他用途时的储存温度宜为 70~90℃，且不得长时间储存。

5. 改性沥青

改性沥青可单独或复合采用高分子聚合物、天然沥青及其他改性材料制作常见的聚合物改性剂有：SBS（Ⅰ类），适用于北方气候温差较大的地区；SBR（Ⅱ类）适用于南方地区；EVA、PE（Ⅲ类），应用较广泛，当使用其他聚合物及复合改性沥青时，可通过试验研究制定相应的技术要求。

供应商在提供改性沥青的质量报告时应提供基质沥青的质量检验报告或沥青样品。天然沥青可以单独与石油沥青混合使用或与其他改性沥青混熔后使用。天然沥青的质量要求宜根据其品种参照相关标准和成功的经验执行。

用作改性剂的 SBR 胶乳中的固体物含量不宜少于 45%，使用中严禁长时间暴晒或遭冰冻。

改性沥青的剂量以改性剂占改性沥青总量的百分数计算，胶乳改性沥青的剂量应以扣除水以后的固体物含量计算。

改性沥青宜在固定式工厂或在现场设厂集中制作，也可在拌和厂现场边制造边使用，改性沥青的加工温度不宜超过 180℃。胶乳类改性剂和制成颗粒的改性剂可直接投入拌和缸中生产改性沥青混合料。用溶剂法生产改性沥青母体时，挥发性溶剂回收后的残留量不得超过 5%。

现场制造的改性沥青宜随配随用，须做短时间保存，或运送到附近的工地使用前必须搅拌均匀，在不发生离析的状态下使用。改性沥青制作设备必须设有随机采集样品的取样口，采集的试样宜立即在现场灌模。工厂制作的成品改性沥青到达施工现场后存储在改性沥青罐中，改性沥青罐中必须加设搅拌设备并进行搅拌，使用前改性沥青必须搅拌均匀。在施工过程中应定期取样检验产品质量，发现离析等质量不符要求的改性沥青不得使用。

（二）对粗集料的要求

当单一规格集料的质量指标达不到要求，而按照集料配合比计算的质量指标符合要求时，工程上允许使用。对受热易变质的集料，宜采用经拌和机烘干后的集料进行检验。

采石场在生产过程中必须彻底清除覆盖层及泥土夹层。生产碎石用的原石不得含有土块、杂物，集料成品不得堆放在泥土地上。除 SMA、OGFC 路面外，允许在硬质粗集料中掺加部分较小粒径的磨光值达不到要求的粗集料，其最大掺加比例由磨光值试验确定。当使用不符合要求的粗集料时，宜掺加消石灰、水泥或用饱和石灰水处理后使用，必要时可同时在沥青中掺加耐热、耐水、长期性能好的抗剥落剂，也可采用改性沥青，使沥青混合料的水稳定性检验达到要求。掺加外加剂的剂量由沥青混合料的水稳定性检验确定。破碎砾石应采用粒径大于 50mm、含泥量不大于 1% 的砾石轧制，破碎砾石的破碎面应符合有关规定的要求。筛选砾石仅适用于三级及三级以下道路的沥青表面处治路面。经过破碎且存放期六个月以上的钢渣可作为粗集料使用。

（三） 对细集料的要求

沥青路面的细集料包括天然砂、机制砂、石屑。细集料必须由具有生产许可证的采石场、采沙场生产。细集料应洁净、干燥、无风化、无杂质，并有适当的颗粒级配。细集料的洁净程度，天然砂以小于 0.075mm 含量的百分数表示，石屑和机制砂以沙当量（适用于 0~4.75mm）或亚甲蓝值（适用于 0~2.36mm 或 0~0.15mm）表示。

天然砂可采用河沙或海沙，通常宜采用粗、中砂，其规格应符合有关的规定。沙的含泥量超过规定时应水洗后使用，海沙中的贝壳类材料必须筛除。开采天然砂必须取得当地政府主管部门的许可，并符合水利及环境保护的要求。热拌密级配沥青混合料中天然砂的用量通常不宜超过集料总量的 20%，SMA 和 OGFC 混合料不宜使用天然砂。石屑是采石场破碎石料时通过 4.75 或 2.36mm 筛的筛下部分，其规格应符合有关规定的要求。采石场在生产石屑的过程中应具备抽吸设备，机制砂宜采用专用的制砂机制造，并选用优质石料生产，其级配应符合 S16 的要求。

（四） 对填料的要求

沥青混合料的矿粉必须采用石灰岩或岩浆岩中的强基性岩石等憎水性石料经磨细得到的矿粉，原石料中的泥土杂质应除净。矿粉应干燥、洁净，能自由地从矿粉仓流出。

拌和机的粉尘可作为矿粉的一部分回收使用。但每盘用量不得超过填料总量的 25%，掺有粉尘填料的塑性指数不得大于 4%。粉煤灰作为填料使用时，用量不得超过填料总量的 50%，粉煤灰的烧失量应小于 12%，与矿粉混合后的塑性指数应小于 4%，其余质量要求与矿粉相同。

（五）纤维稳定剂的要求

在沥青混合料中掺加的纤维稳定剂宜选用木质素纤维、矿物纤维等。

纤维应在 250℃ 的干拌温度不变质、不发脆，使用纤维必须符合环保要求，不危害身体健康。纤维必须在混合料拌和过程中能充分分散均匀。矿物纤维宜采用玄武岩等矿石制造，易影响环境及造成人体伤害的石棉纤维不宜直接使用。纤维应存放在室内或有棚盖的地方，松散纤维在运输及使用过程中应避免受潮，不结团。纤维稳定剂的掺加比例以沥青混合料总量的质量百分率计算，通常情况下用于 SMA 路面的木质素纤维不宜低于 0.3%，矿物纤维不宜低于 0.4%，必要时可适当增加纤维用量。纤维掺加量的允许误差不宜超过 ±5%。

二、透层、黏层施工

（一）透层施工

透层是为使沥青面层与非沥青材料基层结合良好，在基层上喷洒液体石油沥青、乳化沥青、煤沥青而形成的透入基层表面一定深度的薄层。

沥青路面各类基层都必须喷洒透层油，沥青层必须在透层油完全渗入基层后方可铺筑。基层上设置下封层时，透层油不宜省略。气温低于 10℃ 或大风天气，即将降雨时不得喷洒透层油。根据基层类型选择渗透性好的液体沥青、乳化沥青、煤沥青做透层油，喷洒后通过钻孔或挖掘确认透层油渗入基层的深度不宜小于 5mm（无机结合料稳定集料基层）和 10mm（无结合料基层），并能与基层连接成为一体。透层油的质量应符合规范的要求。

透层用液体沥青的黏度通过调节煤油或轻柴油等稀释剂的品种和掺量经试验确定。

用于半刚性基层的透层油宜紧接在基层碾压成型后表面稍变干燥，但尚未硬化的情况下喷洒。在无结合料粒料基层上洒布透层油时，宜在铺筑沥青层前1~2d洒布。透层油宜采用沥青洒布车一次喷洒均匀，使用的喷嘴宜根据透层油的种类和黏度选择并保证均匀喷洒，沥青洒布车喷洒不均匀时，宜改用手工沥青洒布机喷洒。洒布应符合要求。喷洒透层油前应清扫路面，遮挡防护路缘石及人工构造物以避免污染，透层油必须洒布均匀，有花白遗漏应人工补洒，喷洒过量的立即撒布石屑或砂吸油，必要时做适当碾压。

（二）黏层施工

黏层是为加强路面沥青层与沥青层之间、沥青层与水泥混凝土路面之间的黏结而洒布的沥青材料薄层。

符合下列情况之一时，必须喷洒黏层油：①双层式或三层式热拌热铺沥青混合料路面的沥青层之间。②水泥混凝土路面、沥青稳定碎石基层或旧沥青路面层上加铺沥青层。③路缘石、雨水口、检查井等构造物与新铺沥青混合料接触的侧面。

黏层油宜采用快裂或中裂乳化沥青、改性乳化沥青，也可采用快、中凝液体石油沥青，其规格和质量应符合规范的要求，所使用的基质沥青标号宜与主层沥青混合料相同。黏层油品种和用量，应根据下卧层的类型通过试洒确定。当黏层油上铺筑薄层大空隙排水路面时，黏层油的用量宜增加到 $0.6~1.0L/m^2$。在沥青层之间兼做封层而喷洒的黏层油宜采用改性沥青或改性乳化沥青，其用量宜不少于 $1.0L/m^2$。

黏层油宜采用沥青洒布车喷洒，并选择适宜的喷嘴，洒布速度和喷洒量保持稳定。当采用机动或手摇的手工沥青洒布机喷洒时，必须由熟练的技术工人操作，均匀洒布。气温低于10℃时不得喷洒黏层油，寒冷季节施工不得不喷洒时可以分两次喷洒。路面潮湿时不得喷洒黏层油，用水洗刷后须待表面干燥后喷洒。喷洒的黏层油必须成均匀雾状，在路面全宽度内均匀分布成一薄层，不得有洒花漏空或呈条状，也不得有堆积。喷洒不足的要补洒，喷洒过量处应予刮除。喷洒黏层油后，严禁运料车外的其他车辆和行人通过。黏层油宜在当天洒布，待乳化沥青破乳、水分蒸发完成，或稀释沥青中的稀释剂基本挥发完成后，紧接着铺筑沥青层，确保黏层不受污染。

三、热拌沥青混合料路面（厂拌法）施工

（一）热拌沥青混合料路面的类型

热拌沥青混合料（HMA）适用于各种等级道路的沥青路面。其种类按集料公称最大粒径、矿料级配、孔隙率划分。

各层沥青混合料应满足所在层位的功能性要求，便于施工，不容易离析。各层应连续施工并连成一个整体。当发现混合料结构组合及级配类型的设计不合理时，应进行修改、调整，以确保沥青路面的使用性能。沥青面层集料的最大粒径宜从上至下逐渐增大，并应与压实层厚度相匹配。对热拌热铺密级配沥青混合料，沥青层一层的压实厚度不宜小于集料公称最大粒径的 $2.5 \sim 3$ 倍，对 SMA 和 OGFC 等嵌挤型混合料不宜小于公称最大粒径的 $2 \sim 2.5$ 倍，以减少离析，便于压实。

（二）施工准备

铺筑沥青层前，应检查基层或下卧沥青层的质量，不符合要求的不得铺筑沥青面层。旧沥青路面或下卧层已被污染时，必须清洗或经铁刨处理后方可铺筑沥青混合料。石油沥青加工及沥青混合料施工温度应根据沥青标号及黏度、气候条件、铺装层的厚度确定。

（三）沥青混合料的拌制

沥青混合料必须在沥青拌和厂（场、站）采用拌和机械拌制。拌和厂的设置必须符合国家有关环境保护、消防、安全等规定。拌和厂与工地现场距离应充分考虑交通堵塞的可能，确保混合料的温度下降不超过要求，且不致因颠簸造成混合料离析。拌和厂应具有完备的排水设施。各种集料必须分隔储存，细集料场应设防雨顶棚，料场及场内道路应做硬化处理，严禁泥土污染集料。

沥青混合料可采用间歇式拌和机或连续式拌和机拌制。连续式拌和机使用的集料必须稳定不变。

集料与沥青混合料取样应符合现行试验规程的要求。从沥青混合料运料车上

取样时，必须在设置取样台分几处采集一定深度下的样品。集料进场宜在料堆顶部平台卸料，经推土机推平后，铲运机从底部按顺序竖直装料，减小集料离析。

拌和机的矿粉仓应配备振动装置以防止矿粉起拱。添加消石灰、水泥等外掺剂时，宜增加粉料仓，也可由专用管线和螺旋升送器直接加入拌和锅，若与矿粉混合使用时应注意二者因密度不同发生离析。拌和机必须有二级除尘装置，经一级除尘部分可直接回收使用，二级除尘部分可进入回收粉仓使用（或废弃）。对因除尘造成的粉料损失应补充等量的新矿粉。

沥青混合料拌和时间应根据具体情况经试拌确定，以沥青均匀裹覆集料为度，间歇式拌和机每盘的生产周期不宜少于45s（其中干拌时间不少于5s）。

生产添加纤维的沥青混合料时，纤维必须在混合料中充分分散，拌和均匀。拌和机应配备同步添加投料装置，松散的絮状纤维可在喷入沥青的同时或稍后采用风送设备喷入拌和锅，拌和时间宜延长5s以上。颗粒纤维可在粗集料投入的同时自动加入，经5~10s的干拌后，再投入矿粉，工程量很小时，也可分装成塑料小包或由人工量取直接投入拌和锅。使用改性沥青时应随时检查沥青泵、管道、计量器是否被堵，堵塞时应及时清洗。

沥青混合料出厂时应逐车检测沥青混合料的质量和温度，记录出厂时间，签发运料单。

（四）沥青混合料的运输

热拌沥青混合料宜采用较大吨位的运料车运输，但不得超载运输或急刹车、急弯掉头，使透层、封层造成损伤。运料车的运力应稍有富余，施工过程中摊铺机前方应有运料车等候。

运料车每次使用前后必须清扫干净，在车厢板上涂一薄层防止沥青黏结的隔离剂或防黏剂，但不得有余液积聚在车厢底部。从拌和机向运料车上装料时，应多次挪动汽车位置，平衡装料，以减少混合料离析。运料车运输混合料宜用苫布覆盖保温、防雨、防污染；运料车进入摊铺现场时，轮胎上不得沾有泥土等可能污染路面的脏物，否则宜设水池洗净轮胎后进入工程现场。沥青混合料在摊铺地点凭运料单接收，若混合料不符合施工温度要求，或已经结成团块、已遭雨淋的不得铺筑。

摊铺过程中运料车应在摊铺机前 100~300mm 处停住，空挡等候，由摊铺机推动前进开始缓缓卸料，避免撞击摊铺机。在有条件时，运料车可将混合料卸入转运车经二次拌和后向摊铺机连续均匀地供料。运料车每次卸料必须倒净，尤其是对改性沥青或 SMA 混合料，如有剩余，应及时清除，防止硬结。SMA 及 OGFC 混合料在运输、等候过程中，如发现有沥青结合料沿车厢板滴漏，应采取措施予以避免。

（五）沥青混合料的摊铺

热拌沥青混合料应采用沥青摊铺机摊铺，在喷洒有黏层油的路面上铺筑改性沥青混合料或 SMA 时，宜使用履带式摊铺机。摊铺机的受料斗应涂刷薄层隔离剂或防黏结剂。

摊铺机开工前应提前 0.5~1h 预热熨平板不低于 100℃。铺筑过程中应选择熨平板的振捣或夯锤压实装置，具有适宜的振动频率和振幅，以提高路面的初始压实度，熨平板加宽连接应仔细调节至摊铺的混合料没有明显的离析痕迹。摊铺机必须缓慢、均匀、连续不间断地摊铺，不得随意变换速度或中途停顿，以提高平整度，减少混合料的离析。摊铺速度宜控制在 2~6m/min 范围内，对改性沥青混合料及 SMA 混合料宜放慢至 1~3m/min。当发现混合料出现明显的离析、波浪、裂缝、拖痕时，应分析原因予以消除。

沥青混合料的松铺系数应根据混合料类型由试铺试压确定。摊铺过程中应随时检查摊铺层厚度及路拱、横坡，并按规定的方法由使用的混合料总量与面积校验平均厚度。摊铺机的螺旋布料器应相应于摊铺速度调整到保持一个稳定的速度均衡地转动，两侧应保持有不少于送料器 2/3 高度的混合料，以减少在摊铺过程中混合料的离析。

用机械摊铺的混合料，不宜用人工反复修整。当不得不由人工做局部找补或更换混合料时，须仔细进行，特别严重的缺陷应整层铲除。在路面狭窄部分、平曲线半径过小的匝道或加宽部分，以及小规模工程不能采用摊铺机铺筑时可用人工摊铺混合料。人工摊铺沥青混合料应符合下列要求：①半幅施工时，路中一侧宜事先设置挡板。②沥青混合料宜卸在铁板上，摊铺时应扣锹布料，不得扬锹远甩。铁锹等工具宜沾防黏结剂或加热使用。③边摊铺边用刮板整平，刮平时应轻重一致，控制次数，严防集料离析。④摊铺不得中途停顿，并加快碾压。如因故不能及时碾压时，应立即停止摊铺，并对已卸下的沥青混合料覆盖苫布保温。⑤低温施工时，每次卸下的混合料应覆盖苫布保温。

在雨期铺筑沥青路面时，应加强与气象台（站）的联系，已摊铺的沥青层因遇雨未行压实的应予铲除。

（六）沥青路面的压实及成型

压实成型的沥青路面应符合压实度及平整度的要求。

沥青混凝土的压实层最大厚度不宜大于100mm，沥青稳定碎石混合料的压实层厚度不宜大于120mm，但当采用大功率压路机且经试验证明能达到压实度时，允许增大到150mm。沥青路面施工应配备足够数量的压路机，选择合理的压路机组合方式及初压、复压、终压（包括成型）的碾压步骤，以达到最佳碾压效果。压路机的碾压路线及碾压方向不应突然改变而导致混合料推移。碾压区的长度应大体稳定，两端的折返位置应随摊铺机前进而推进，横向不得在相同的断面上。

（七）接缝施工

沥青路面的施工必须接缝紧密、连接平顺，不得产生明显的接缝离析。上、下层的纵缝应错开150mm（热接缝）或300mm（冷接缝）以上。相邻两幅及上、下层的横向接缝均应错位1m以上。接缝施工应用3m直尺检查，确保平整度符合要求。

纵向接缝部位的施工应符合下列要求：①摊铺时采用梯队作业的纵缝应采用热接缝，将已铺部分留下100~200mm宽暂不碾压，作为后续部分的基准面，然后进行跨缝碾压以消除缝迹。②当半幅施工或因特殊原因而产生纵向冷接缝时，宜加设挡板或加设切刀切齐，也可在混合料尚未完全冷却前用镐刨除边缘留下毛楂的方式，但不宜在冷却后采用切割机做纵向切缝。加铺另半幅前应涂洒少量沥青，重叠在已铺层上50~100mm，再铲走铺在前半幅上面的混合料，碾压时由边向中碾压留下100~150mm，再跨缝挤紧压实。或者先在已压实路面上行走碾压新铺层150mm左右，然后压实新铺部分。

四、沥青表面处治与封层（层铺法）施工

（一）沥青表面处治

沥青表面处治面层是用沥青和矿料按层铺法修筑的厚度不大于 3cm 的一种薄层。

各种封层适用于加铺薄层罩面、磨耗层、水泥混凝土路面上的应力缓冲层、各种防水和密水层、预防性养护罩面层。沥青表面处治与封层宜选择在干燥和较热的季节施工，并在最高温度低于 15℃之前半个月及雨季前结束。

在清扫干净的碎（砾）石路面上铺筑沥青表面处治时，应喷洒透层油。在旧沥青路面、水泥混凝土路面、块石路面上铺筑沥青表面处治路面时，可在第一层沥青用量中增加 10%～20%，不再另洒透层油或黏层油。

层铺法沥青表面处治路面宜采用沥青洒布车及集料撒布机联合作业。沥青洒布车喷洒沥青时应保持稳定速度和喷洒量，并保持整个洒布宽度喷洒均匀。小规模工程可采用机动或手摇的手工沥青洒布机洒布沥青。沥青表面处治施工应确保各工序紧密衔接，每个作业段长度应根据施工能力确定，并在当天完成。人工撒布集料时应等距离划分段落备料。

三层式沥青表面处治的施工工艺应按下列步骤进行。

（1）清扫基层，洒布第一层沥青。沥青的洒布温度根据气温及沥青标号选择，石油沥青宜为 130～170℃，煤沥青宜为 80～120℃，乳化沥青在常温下洒布，加温洒布的乳液温度不得超过 60℃，前后两车喷洒的接槎处用铁板或建筑纸铺 1～1.5m，使搭接良好。分几幅浇洒时，纵向搭接宽度宜为 100～150mm。洒布第二、三层沥青的搭接缝应错开。

（2）洒布主层沥青后应立即用集料撒布机或人工撒布第一层主集料。撒布集料后应及时扫匀，达到全面覆盖、厚度一致、集料不重叠，也不露出沥青的要求。局部有缺料时适当找补，积料过多的将多余集料扫出。两幅搭接处，第一幅洒布沥青应暂留 100～150mm 宽度不撒布石料，待第二幅一起撒布。

（3）撒布主集料后，不必等全段撒布完，立即用 6～8t 钢筒双轮压路机从路边向路中心碾压 3～4 遍，每次轮迹重叠约 300mm。碾压速度开始不宜超过 2km/

h，以后可适当增大。

（4）第二、三层的施工方法和要求应与第一层相同，但可以采用 8t 以上的压路机碾压。

双层式或单层式沥青表面处治浇洒沥青及撒布集料的次数相应减少，其施工程序和要求参照进行。

除乳化沥青表面处治应待破乳、水分蒸发并基本成型后方可通车外，沥青表面处治在碾压结束后即可开放交通，并通过开放交通补充压实，成型稳定。在通车初期应设专人指挥交通或设置障碍物控制行车，限制行车速度不超过 20km/h，严禁畜力车及铁轮车行驶，使路面全部宽度均匀压实。

沥青表面处治应注意初期养护。当发现有泛油时，应在泛油处补撒与最后一层石料规格相同的嵌缝料并扫匀，过多的浮料应扫出路外。

（二）封层施工

封层是为封闭表面空隙、防止水分侵入而在沥青面层或基层上铺筑的有一定厚度的沥青混合料薄层。铺筑在沥青面层表面的称为上封层，铺筑在沥青面层下面、基层表面的称为下封层。

1. 上封层

根据情况可选择乳化沥青稀浆封层、微表处、改性沥青集料封层、薄层磨耗层或其他适宜的材料。铺设上封层的下卧层必须彻底清扫干净，对车辙、坑槽、裂缝进行处理或挖补。上封层的类型根据使用目的、路面的破损程度选用。

2. 下封层

多雨潮湿地区的道路沥青面层孔隙率较大，有严重渗水可能，或铺筑基层不能及时铺筑沥青面层而需通行车辆时，宜在喷洒透层油后铺筑下封层。下封层宜采用层铺法表面处治或稀浆封层法施工。稀浆封层可采用乳化沥青或改性乳化沥青做结合料。下封层的厚度不宜小于 6mm，且做到完全密水。以层铺法沥青表面处治铺筑下封层时，通常采用单层式，矿料用量宜为 $5 \sim 8 m^3/1000m^2$，沥青用量可采用要求范围的中高限。

3. 稀浆封层与微表处

稀浆封层是用适当级配的石屑或砂、填料（水泥、石灰、粉煤灰、石粉等）

与乳化沥青、外掺剂和水，按一定比例拌和而成的流动状态的沥青混合料，将其均匀摊铺在路面上形成的沥青封层。

微表处是采用适当级配的石屑或砂、填料（水泥、石灰、粉煤灰、石粉等）与聚合物改性乳化沥青、外掺剂和水，按一定比例拌和而成的流动状态的沥青混合料，将其均匀摊铺在路面上形成的沥青封层。

稀浆封层和微表处必须使用专用的摊铺机进行摊铺。单层微表处适用于旧路面车辙深度不大于 15mm 的情况；超过 15mm 的必须分两层铺筑，或先用 V 形车辙摊铺箱摊铺；深度大于 40mm 时，不适宜做微表处处理。

微表处必须采用改性乳化沥青，稀浆封层可采用普通乳化沥青或改性乳化沥青，其品种和质量应分别符合要求。稀浆封层和微表处应选择坚硬、粗糙、耐磨、洁净的集料。各项性能应符合要求。其中，微表处用通过 4.75mm 筛的合成矿料的砂当量不得低于 65%，稀浆封层用通过 4.75mm 筛的合成矿料的砂当量不得低于 50%。当用于抗滑表层时，还应符合有关磨光值的要求。细集料宜采用碱性石料生产的机制砂或洁净的石屑。对集料中的超粒径颗粒必须筛除。

稀浆封层和微表处施工前，应彻底清除原路面的泥土、杂物，修补坑槽、凹陷较宽的裂缝宜清理灌缝。在水泥混凝土路面上铺筑微表处时宜洒布黏层油，过于光滑的表面须做拉毛处理。稀浆封层和微表处的最低施工温度不得低于 10℃，严禁在雨天施工，摊铺后尚未成型的混合料遇雨时应予铲除。稀浆封层和微表处两幅纵缝搭接的宽度不宜超过 80mm，横向接缝宜做成对接缝，分两层摊铺时，第一层摊铺后至少应开放交通 24h 后方可进行第二层摊铺。

稀浆封层和微表处铺筑后的表面不得有超粒径料拖拉的严重划痕，横向接缝和纵向接缝处不得出现余料堆积或缺料现象，用 3m 直尺测量接缝处的不平整度不得大于 6mm。对微表处不得有横向波浪和深度超过 6mm 的纵向条纹。经养生和初期交通碾压稳定的稀浆封层和微表处，在行车作用下应不飞散且完全密水。

第五节　水泥混凝土路面施工技术

一、水泥混凝土路面的施工准备

应对施工现场及其附近的原材料、燃油、水资源储存及供应情况进行充分调研，收集当地气候特征、中长期天气预报、无线通信条件等与施工相关的资料。应根据标段施工条件、场地位置、沿线建筑物等情况，对现场施工便道、拌和站、钢筋加工场、生活与办公区等进行合理的总体布局。

应根据路面的设计与施工质量控制水平要求、工程规模、进度工期等条件选择适宜施工工艺、机械设备及其数量，制订施工方案和施工组织计划。基层、封层或夹层应验收合格，并应测量校核平面和高程控制桩，恢复路面中心、边缘等全部基本标桩，测量精度应满足相应规范的规定。

（一）选择摊铺成型施工机械

常见的水泥混凝土路面的摊铺机械有滑模摊铺机、三辊轴机组、小型机具、碾压混凝土摊铺机等。

1. 滑模摊铺机

滑模摊铺机铺筑是指采用滑模摊铺机铺筑水泥混凝土路面的施工工艺。其特征是不架设边缘固定模板，能够一次完成布料摊铺、振捣密实、挤压成型、抹面修饰等混凝土路面摊铺功能。

2. 三辊轴机组

三辊轴机组铺筑是指采用振捣机、三辊轴整平机等机组铺筑混凝土路面的施工工艺。

三辊轴摊铺整平机以轴的直径划分型号，以轴的长度划分规格，应根据摊铺宽度确定规格。从摊平拌和物考虑，轴的直径大比较有利；从有效密实深度考虑，轴的直径较小比较有利。目前市场上的三辊轴摊铺整平机，轴的直径有168、219和240mm三种。采用较大的轴径施工效率较高，平整度较好，但表面浆体比较容易离析，浆较薄；采用较小的轴径，提浆效果较好，但轴易变形，应注意校正。板厚 200mm 以上宜采用直径 168mm 的辊轴，桥面铺装或厚度较小的路面可采用直径 219mm 的辊轴。轴长宜比路面宽度长出 600~1200mm。

振动轴的转速有 300 和 380r/min 两种，宜采用较小的转速，以保证有效振实和提浆。振动轴的转速不宜大于 380r/min。振动功率宜大于 7.5kW；驱动轴的最大行驶速度不大于 13.5m/min，驱动功率不小于 6kW 以保证振轴和驱动轴有足够大的功率，以克服混合料和模板的阻力，实现摊铺、振动密实及整平功能。

三辊轴机组铺筑混凝土面板时，必须同时配备一台安装插入式振捣棒组的排式振捣机，尽量使用同时安装有辅助摊铺的螺旋布料器和松方控制刮板形式，并具有自动行走功能。

3. 小型机具

小型机具铺筑是指采用固定模板人工布料，手持振捣棒、振动板或振捣梁振实，棍杠、修整尺、抹平刀整平的混凝土路面施工工艺。

中、轻交通等级水泥混凝土路面施工时可使用小型机具。它技术简单成熟，施工便捷，不需要大型设备，主要靠人工，但劳动强度最大，使用的劳动力数量最多，是劳动密集型的水泥混凝土路面施工方式。

4. 碾压混凝土摊铺机

碾压混凝土路面铺筑是指采用特干硬性水泥混凝土拌和物，使用沥青摊铺机摊铺、压路机械碾压密实成型的混凝土路面施工工艺。

碾压混凝土路面施工最好选择带自动找平系统和高密实度烫平板的大型沥青摊铺机，最大摊铺厚度可达到 30cm，摊铺预压密实度可达到 85% 以上。根据路面摊铺宽度可选用 1~2 台。压实机械采用质量为 10~12t 的振动压路机 1~2 台；15~25t 的轮胎压路机 1 台，用于路面碾压；1~2t 的小型振动压路机 1 台，用于边缘压实。

（二）施工组织

施工单位应根据设计图纸、合同文件、摊铺方式、施工条件等，确定混凝土路面施工工艺流程、施工方案，编制详细的切实可行的施工组织设计；对平面和高程进行复测和恢复性测量；建立具备资质要求的现场实验室；铺设必要的施工便道及对相关的技术人员进行培训。

施工组织设计应包括下列内容：①施工机械设备种类与数量组合、进场计划、操作人员与设备调配方案。②路面的施工工艺流程、质量检验计划、关键工序质量控制要求。③配合比的试验、检验与控制程序，计划和质检人员安排。④工程计划进度网络图及直方图。⑤原材料进场计划，水资源、油料与电力获取方式、供应计划与备用方案。⑥劳动力进场计划。⑦拌和站、钢筋加工场、项目部与生活区建设方案。⑧施工便道及临时导改方案、原材料与混凝土运输道路的建设计划与施工交通管制。⑨安全生产计划等。

施工过程中，应结合工程的进展速度及变化情况，及时调整施工组织设计，使工程质量及进度始终处于可控状态。

（三） 选择混凝土拌和场地和拌和机械

根据施工路线的长短和所采用的运输工具，混凝土可以集中在一个场地拌制，也可以在沿线选择几个场地，随工程进展情况迁移，拌和场地的选择首先要考虑使运送混合料的运距最短，同时还要接近水源和电源。此外，拌和场地应有足够的面积，以供堆放沙石材料和搭建水泥库房。

根据技术设计要求与当地材料供应情况，做好混凝土各组成材料的试验，进行混凝土各组成材料的配合比设计。

拌和设备按拌和过程的生产方式可以分为间歇式搅拌楼和连续式搅拌楼。间歇式搅拌楼是每锅单独称料的，因此，搅拌精确度高于连续楼，弃料少，宜优先选配间歇式搅拌楼。连续式搅拌楼应配备两个搅拌锅或一个长度足以搅拌均匀的搅拌锅，并应在搅拌锅上配备电视监控设备。前者是为了保证拌和物匀质性和熟化程度，后者是为了保障安全。

（四） 基层的检查与整修

施工前应对桥头、软基、高填方、填挖方交界等处的路基段进行连续沉降观测，当发现局部路基段沉降尚未稳定时，不得进行该段面层施工。

面层施工前，应提供足够连续施工 7d 以上的合格基层，并应严格控制表面高程和横坡。基层的宽度、路拱与标高、表面平整度和压实度，均应检查其是否符合要求。如有不符合之处，应予整修。

局部破损的基层应按下列规定进行整修：①存在挤碎、隆起、空鼓等病害的基层，应清除病害部位，并使用相同的基层料重新铺筑；②当基层产生非扩展性温缩、干缩裂缝时，可先采用灌沥青密封防水后，再采用土工合成材料进行防裂处理；③局部开裂、破碎的部位，应局部全厚度挖除，并采用贫混凝土修复。

（五）夹层与封层施工

薄膜封层的铺设施工应符合下列规定：施工前，应清除基层表面的浮土、碎石等杂物，再铺设薄膜。封层铺设应完全覆盖基层表面，不得漏铺，并应做到平整、顺直，避免褶皱。一布一膜型复合土工膜，或单面复合塑料编织布封层铺设应使膜面朝上，布面紧贴基层。封层搭接时，纵向搭接长度不应小于500mm，横向搭接宽度不应小于300mm。采用黏结方式连接时，纵向黏结长度不应小于200mm，横向黏结宽度不应小于150mm。重叠部分，沿纵坡或横坡下降方向高程较大一侧，封层应在上方。纵坡大于5.0%路段和设计超高的弯道封层宜采用二布一膜型复合土工膜，平曲线上宜采用折线形式铺设。薄膜封层宜与基层表面粘贴固定，应对铺设好的封层进行保护，损坏的封层应及时进行修补。封层铺设应在面层施工模板或基准线安装前完成。

薄膜封层铺设质量检验应符合下列规定：薄膜封层铺设搭接偏差、宽度偏差不得超过规定值的20%，因施工产生最大破口长度不得超过60mm，每10m² 范围内长度超过20mm的破口数量不得超过3个，所有破口均应贴补修复或更换新封层。

（六）试验路段铺筑

道路水泥混凝土面层施工前，应制订试验路段的施工方案和质量检测计划，并应铺筑试验路段。

试验路段铺筑应达到下述目的：①确定拌和楼的拌和参数、实际生产能力和配料精度。②检验混凝土的施工性能、技术参数和实测强度。③检验铺筑机械、工艺参数及与拌和能力匹配情况。④检验施工组织方式、质量控制水平和人员配备。

拌和楼应通过动、静态标定检验合格后方可试拌。试拌应确定下列内容：

①每座拌和楼的生产能力、施工配合比的配料精度，以及全部拌和楼（机）的总产量。②计算机拌和程序及粗细集料含水率的反馈控制系统满足要求。③合理投料顺序和时间、纯拌和与总拌和时间。④拌和物坍落度、VC、含气量等工艺参数。⑤检验混凝土试件弯拉强度是否满足要求。用于试验段的拌和楼（机）试拌合格后，方可进行试验路段铺筑。

试验路段铺筑内容包括：①主要铺筑设备的工艺性能、质量指标和生产能力满足要求，辅助设备的配备合理、适用，模板架设固定方式或基准线设置方式能够保证高程和厚度控制要求。②实测试验路段的松铺系数、摊铺速度、振捣时间与频率、滚压遍数、碾压遍数、压实度、拉杆与传力杆置入精度、抗滑构造深度、摩擦系数、接缝、垂直度等。③验证施工各工艺环节操作要领，确定各关键岗位的作业指导书。④检验施工组织形式和人员编制。⑤通信联络、生产调度指挥及应急管理系统满足施工组织要求。

试验路段铺筑后，按面层质量检验项目要求和检查方法进行全面质量评定，并应符合下列规定：①应提交试验路段的检查结果总结报告，报告中应包括试铺路段所采用的工艺参数、检验结果、存在的问题及改进措施，对正式施工时拟采用的施工参数提供明确的指导书。②水泥混凝土路面试验路段应经过建设单位组织的对各项施工质量指标的复检和验收，合格后，经批准，方可投入正式铺筑施工。③符合各项质量技术要求的施工工艺、流程和参数应固化为标准化施工工艺模式，并贯穿施工全过程。④试验路段质量检验评定不合格，或未能达到预期目标时，应重新铺筑试验路段。

二、水泥混凝土拌和物搅拌与运输

应根据工程规模、施工工艺和日进度要求合理配备拌和设备：混凝土拌和物应在初凝时间之内运输到铺筑现场。拌和楼（机）出口混凝土拌和物的坍落度，应根据铺筑最适宜的坍落度值加上运输过程中坍落度的经时损失值确定，并应根据运距长短、气温高低随时进行微调。当原材料、混凝土种类、混凝土强度等级等有变化时，应重新进行配合比设计及试拌，必要时应重新铺筑试验路段，合格后方可搅拌生产。

（一）水泥混凝土的拌和

1. 组成材料计量与进料顺序

进行拌和时，掌握好混凝土施工配合比，严格控制加水量，应根据沙、石料的实测含水率，调整拌和时的实际用水量。

2. 拌和时间

拌和时间依赖于叶片总行程从控制拌和物的黏聚性、匀质性及强度稳定性的角度出发，规定不同搅拌楼的总拌和时间及纯拌和时间。搅拌均匀的核心问题并非取决于时间，而是依赖于叶片总行程。由于负载大小不同，叶片行程也不同，因此，时间控制只有在额定容量时才正确，所以也可控制叶片总行程，即叶片搅拌总周长。

拌和时间确定应同时考虑质量和产量拌和时间，确定是要在提高拌和物质量要求延长时间与提高拌和物产量和拌和效率这对矛盾中取得最佳的平衡。以质量控制为主，总拌和时间与纯拌和时间均比规范规定的时间要长，纯拌和时间一般不小于 45s；施工正常时，在确保质量的前提下，提高产量，再调整到 35~40s。规范给出的总拌和时间 60s 与纯拌和时间 35s 是最短时间，不得突破。

（二）水泥混凝土的运输

混合料宜采用翻斗车或自卸车运输，当运距较远时，宜采用水泥混凝土搅拌运输车运输。运送混凝土的车辆装料前，应清理厢罐，洒水润壁，排干积水。装料时，自卸车应挪动车位，防止离析。搅拌楼卸料落差不应大于 2m。混凝土运输过程中应防止漏浆、漏料和污染路面，途中不得随意耽搁。自卸车运输应减小颠簸，防止拌和物离析。车辆起步和停车应平稳。

运输到现场的拌和物必须具有适宜摊铺的工作性。不同摊铺工艺的混凝土拌和物从搅拌机出料到运输、铺筑完毕的允许最长时间可根据水泥初凝时间及施工气温确定。不满足时应通过试验、加大缓凝剂或保塑剂的剂量。超过规定摊铺允许最长时间的混凝土不得用于路面摊铺。混凝土一旦在车内停留超过初凝时间，应采取紧急措施处置，严禁混凝土硬化在车厢（罐）内。使用自卸车运输混凝土最远运输半径不宜超过 20km。

烈日、大风、雨天和低温天，远距离运输时，自卸车应遮盖混凝土，罐车宜加保温隔热套。运输车辆在模板或导线区掉头或错车时，严禁碰撞模板或基准线，一旦碰撞，应告知测工重新测量纠偏。车辆倒车及卸料时，应有专人指挥。卸料应到位，严禁碰撞摊铺机和前场施工设备及测量仪器，卸料完毕，车辆应迅速离开。

三、三辊轴机组与小型机具施工

三辊轴机组与小型机具两种铺筑工艺的混凝土应采用集中搅拌。铺筑长度不足 10m 时，可使用小型搅拌机现场搅拌，严禁人工拌和。三辊轴机组与小型机具铺筑时，应加强各工序之间的衔接，振捣密实与成型饰面所需时间不得超过拌和物初凝时间。

（一）水泥混凝土面层的安装模板

定模摊铺，使用量最大、最多的是边缘侧向模板。首先要求模板为钢模板，道路混凝土路面板、桥面板和加铺层的施工模板应采用刚度足够的槽钢、钢制边侧模板，不应使用木模板、塑料模板等其他易变形的模板。这是因为木模板的刚度偏小，其平整度的表面基准（3m 直尺 5mm）不能满足高等级道路平整度要求（3m 直尺不大于 3mm）。另外，木模板吸水易于变形，周转率低。而塑料模板虽然轻便但在强度和耐久性上通常不如钢材，且在重复使用次数上也有限制，增加了维护成本。

模板的高度为面板设计厚度。模板顶面用水准仪检查标高，不符合要求时予以调整。施工时，要经常检查模板平面和高程，并严加控制。模板长度以人工便于架设为准，一般为 3~5m，且不宜短于 3m。在小半径弯道，为了渐变弯道，可使用较短的模板。横向连接摊铺需设置拉杆时应按设计要求的拉杆距离，在模板上预留拉杆插入孔。为了提高模板的架设稳固性，要求每米模板应设置一处支撑固定装置进行水平固定。固定的作用主要是防止振捣机、三辊轴、振捣梁、滚杠振动和重力作用下向外水平位移，模板垂直度用垫木楔方法调整。模板底部的空隙，宜使用砂浆垫实或铺垫塑料薄膜，以防止振捣漏浆。立好的模板在浇筑混凝土之前，其表面应涂刷肥皂液、废机油等防黏剂，以便拆模。

横向施工缝端模板应为焊接钢制或槽钢模板，并按设计规定的传力杆直径和间距设置传力杆插入孔和定位套管。横向施工缝端头模板上的传力杆设置精确度要求较高，施工定位精确度不足时，传力杆将顶坏水泥路面。两边缘传力杆到自由边距离不宜小于150mm。每米设置1个垂直固定孔套。

模板数量应根据施工进度和施工气温确定，并应满足拆模周期内周转需要。一般情况下，模板总量不宜少于两次周转的需要。

模板安装前在基层上应进行模板安装及摊铺位置的测量放样，每20m应设中心桩，每100m宜布设临时水准点；核对路面标高、面板分块、胀缝和构造物位置。测量放样的质量要求和允许偏差应符合相应测量规范的规定。纵横曲线路段应采用短模板，每块模板中点应安装在曲线切点上，以便较圆滑顺畅过渡曲线，并使混凝土用量最省。

模板应安装稳固、顺直、平整，无扭曲，相邻模板连接应紧密平顺，底部不得有漏浆、前后错槎、高低错台等现象。模板应能承受摊铺、振实、整平设备的负载行进、冲击和振动时不发生位移。严禁在基层上挖槽，嵌入安装模板。模板架设最主要的要求是稳固，在上部机械和机具的摊铺、振捣、整平及饰面作业下不位移且不妨碍各项作业。规定每米一个固定栓杆，小型机具作业时，稳固要求低些，三辊轴机组支模稳固性要求高些。

模板安装检验合格后，与混凝土拌和物接触的表面应涂脱模剂、隔离剂或粘贴塑料薄膜，接头应粘贴胶带或塑料薄膜等密封。这样做的目的是便于拆模，且防止漏浆、跑料。

拆模不得损坏板边、板角和传力杆、拉杆周围的混凝土，也不得造成传力杆和拉杆松动或变形。模板拆卸宜使用专用拔楔工具，严禁使用大锤强击拆卸模板。这样做的主要目的是在拆模时，不得损伤或撬坏路面，同时不得敲打和损坏模板。

（二）水泥混凝土面层三辊轴机组铺筑

三辊轴机组铺筑水泥混凝土面层时，应按照支模、安装钢筋、布料、振捣、三辊轴整平、精平、养生、刻槽（拉毛）、切缝、填缝的工艺流程进行。三辊轴整平机应由振动辊、驱动辊和甩浆辊组成，它的材质应为三根等长度同直径无缝钢管，并具有足够的刚度和耐磨性。三辊轴整平机的技术参数应根据面层厚度、拌和物工作性和施工进度等合理选用。

三辊轴整平机使用功能应符合下列规定：三辊轴整平机辊轴长度应比实际铺筑的面层宽度至少长出 0.6m，两端应搭在两侧模板顶面；三辊轴整平机振动辊应有偏心振捣装置，偏心距应由密实成型所需振幅决定，宜为 3mm。振动辊应安装在整平机前侧，由单独的动力驱动。甩浆辊的转动方向应与铺筑前进方向相反，不振动时可提离模板顶面。

纵坡路段宜向上坡方向铺筑，应全断面布料，松铺高度符合要求后，再使用振捣机开始振捣。振捣机应匀速缓慢、连续地振捣行进作业。振捣后的混凝土面层应成为连续均匀的整体，并达到所要求的密实度。振捣机振实后，料位应高于模板顶面 5~15mm，局部坑洼不得低于模板顶面。过高时应铲除，过低应及时补料。

三辊轴整平机作业应符合下列规定：三辊轴整平机应按作业单元分段整平，作业单元长度宜为 10~30m，施工开始或施工温度较高时，可缩短作业单元长度，最短不宜短于 10m。振捣机振实与三辊轴整平两道工序之间的间隔时间不宜超过 15min；在作业单元长度内，三辊轴整平机应采用前进振动、后退静滚方式作业；三辊轴整平机整平水泥混凝土面层不同料位高差的滚压遍数，可按拌和物坍落度初步设置，并根据试铺效果最终确定；三辊轴整平作业时，应处理整平轴前料位的高低情况，过高时应铲除，轴下的间隙应采用混凝土补平；振动滚压完成后，应升起振动辊，用甩浆辊抛浆整平一遍，再用整平轴前、后静滚整平，直到平整度符合要求、表面砂浆厚度均匀为止。路面表层砂浆的厚度宜控制为 4±1mm。过厚的稀砂浆应及时刮除丢弃，不得用于路面补平。三辊轴整平机整平后，应采用 3~5m 刮尺，纵、横两个方向精平饰面，纵向不少于 3 遍，横向不少于两遍。也可采用旋转抹面机密实精平饰面两遍，直到平整度符合要求；饰面完成后，应立即开始保湿养生。

（三）水泥混凝土面层小型机具铺筑

小型机具铺筑宽度不大于 4.5m 时，铺筑能力不宜小于 20km/h。混凝土拌和物摊铺前，应对模板的位置及支撑稳固情况，传力杆、拉杆的安设等进行全面检查，修复破损基层，并洒水润湿，用厚度标尺板全面检测板厚与设计值相符，方可开始摊铺。卸料时须专人指挥自卸车，尽量准确卸料。人工布料应用铁锹反扣，严禁抛掷和搂耙。人工摊铺混凝土拌和物的坍落度应控制为 5~20mm，拌和松铺系数宜控制在 $k = 1.10~1.25$，料偏干，取较高值；反之，取较低值。松铺系数控制的实际目的是估计布料高度超出边缘模板多少是合适的，小型机具施工与其他定模摊铺的方式一样，均要求布料高出边模一定高度，以便振捣梁和辊杠能够起到挤压、振动及密实饰面的作用。

（四）碾压混凝土路面施工

采用沥青混凝土摊铺机摊铺时，松铺系数宜控制为 1.05~1.15。采用基层摊铺机摊铺时，松铺系数宜控制为 1.15~1.25，应通过试铺确定松铺系数。

摊铺前应洒水湿润基层。摊铺作业应均匀、连续，摊铺过程中不得随意变换速度或停顿。弯道及超高路段铺筑时，应及时调整左右两侧分料器的转速，保证两侧供料均衡、充足。两台摊铺机前后紧随摊铺时，两幅摊铺间隔时间应控制在1h 之内。拉杆设置应与摊铺同步进行。采用打入法时，应根据设计间距设醒目的定位标记，准确打入拉杆。摊铺后，应立即对所摊铺混凝土表面进行检查，局部缺料部位，应及时补料。局部粗集料聚集部位，应在碾压前挖除并用新混凝土填补。

碾压应紧随摊铺机碾压。碾压宜分初压、复压和终压三个阶段进行，并应符合下列规定：压路机应匀速稳定、连续行进，中间不应停顿、等候和拖延，也不得相互干扰；压路机起步、倒车和转向均应缓慢柔顺，碾压过程中不得中途急停、急拐、紧急起步及快速倒车；初压宜采用钢轮压路机或振动压路机静碾压，重叠量宜为 1/4~1/3 钢轮宽度；复压宜采用 10~15t 振动压路机振动碾压，重叠量宜为 1/3~1/2 振动碾宽度。复压遍数应以实测满足规定压实度值为停止复压标准；终压应采用 15~25t 轮胎压路机静碾压，以弥合表面微裂纹和消除轮迹为停压标准。

碾压密实后的表面应及时喷雾、洒水，并尽早覆盖养生。施工过程中应采取措施控制碾压混凝土表面裂纹的产生。碾压完成后的面层表面不应有可见微裂纹。

碾压混凝土面层横向施工缝施工应符合下列规定：在施工段终点处应设压路机可上、下面层的纵向斜坡；第二天摊铺开始前，应检测前一施工段终点厚度及平整度不合格段落；应全厚度切除不合格段落的混凝土；纵向连接摊铺新路面时，施工缝侧壁应涂刷水泥浆；受设备限制，切缝深度不能达到混凝土面层全厚时，切缝深度不应小于800mm，并应将施工缝下部凿顺直。

碾压混凝土面层胀缝应与下面层或基层中的胀缝对齐。纵、横向缩缝应采用硬切缝，硬切缝及填缝要求与水泥混凝土面层相同。碾压混凝土面层抗滑构造采用表面露石构造时，粗集料的磨光值 PSV 不应小于 35，洛杉矶磨耗损失不宜大于 35%。在混凝土终凝之前，应扫除表面的砂浆。露石面积不宜少于 70%。

四、面层接缝与抗滑构造施工

各级道路行车道与超车道面层表面应制作细观抗滑纹理和宏观抗滑构造，不得遗留光滑的表面。纹理和构造深度应均匀一致。

(一) 接缝施工

当一次铺筑宽度小于面层加硬路肩总宽度时，应按设计设置纵向施工缝。纵向施工缝宜采用平缝加拉杆型。

水泥混凝土面层纵向缩缝施工应符合下列规定：采用滑模摊铺机施工时，纵向施工缝的拉杆宜采用支架法安设，也可采用侧向拉杆液压装置一次推入；采用固定模板施工时，应从侧模预留孔中插入拉杆并振实；插入的侧向拉杆应牢固，避免松动和漏插。拉杆握裹强度应实测，不满足规定要求时应重新设置拉杆。

增强钢纤维混凝土面层切割纵、横缝中可不设拉杆与传力杆，断开的纵、横施工缝中应设拉杆与传力杆。抗裂纤维混凝土面层各种接缝中的拉杆与传力杆设置应与水泥混凝土面层相同。

纵向缩缝的切缝要求应与横向缩缝相同。对已插入拉杆的纵向假缩缝切缝深度不应小于1/4~1/3板厚，最浅切缝深度不应小于70mm，纵、横向缩缝宜同时切缝。已插入拉杆的假纵缝必须加深切缝，以防传力杆端部混凝土路面断裂。

切缝宽度应控制在 4~6mm，锯片厚度不宜小于 4mm，切缝时锯片晃度不应大于 2mm。

当切缝宽度小于 6mm，可采用 6～8mm 厚锯片二次扩填缝槽或台阶锯片切缝，这有利于将填缝料形状系数控制在 2 左右，接缝断开后适宜的填缝槽宽度宜为 7～10mm，最宽不宜大于 10mm，填缝槽深度宜为 25～30mm。这样，既保证了接缝不因嵌入较大粒径的坚硬石子而崩碎边角，又兼顾了填缝材料不致因拉应变过大而过早拉裂失去密封防水效果。

1. 变宽路段切缝

在变宽度路面上，宜先切缝划分板宽。匝道上的纵缝宜避开轮迹位置，横缝应垂直于每块面板的中心线。变宽度路面缩缝，允许切割成小转角的折线，相邻板的横向缩缝切口必须对齐，允许偏差不得大于 5mm。在弯道加宽段、渐变段、平面交叉口和匝道进出口横向加宽或变宽路面上，横向缩缝切缝必须缝对缝，无法对齐时，可采用小转角折线缩缝。其原因是纵缝有拉杆传递拉开变形，将未对缝的面板拉断。若不对缝，又不允许拉断，变宽路面纵缝两侧应采用钢筋混凝土或配边缘补强钢筋。

在极重、特重和重交通道路、收费广场、邻近胀缝或路面自由端的三条缩缝应采用假缝加传力杆型。传力杆设置方式有两种：一是用滑模摊铺机配备的传力杆自动插入装置在摊铺时置入；二是使用前置钢筋支架法施工。后者传力杆设置精确度有保证，但在设有布料机的情况下，影响摊铺速度，且投资增大。使用传力杆自动插入装置时，传力杆插入造成的上部破损缺陷应由振动搓平梁进行彻底修复。支架法构造中的双 U 形钢筋支架与梯形钢筋支架有所不同。双 U 形钢筋支架是两侧可独立位移的脱离体，而梯形钢筋支架有跨越接缝的连接钢筋，使用中几条缩缝仅拉开一条较宽的缩缝，开口位移量较大的宽缝难以防水密封，但其节省钢筋，并便于加工安装。

钢筋支架应具有足够的刚度，传力杆应准确定位，摊铺之前应在基层表面放样，并用钢钎锚固，宜使用手持振捣棒振实传力杆高度以下的混凝土，然后机械摊铺。传力杆无防粘涂层一侧应焊接，有涂料一侧应绑扎。置入传力杆时，应在路侧缩缝切割位置做标记，保证切缝位于传力杆中部。

2. 横向缩缝切缝

目前，水泥混凝土路面切缝技术有很大进展，设备有软切缝机、普通切缝机、支架切缝机等；切缝方式有全部硬切缝、软硬结合切缝和全部软切缝三种；

切缝方式的选用，应由施工期间该地区路面摊铺完毕到切缝时的昼夜温差确定。根据我国南北方各地的施工经验观察，给出了在当地日温差条件下适宜的切缝方法和深度。

对分幅摊铺的路面应在先摊铺的混凝土板横缩缝已断开的部位做标记，在后摊铺的路面上应对齐已断开的横缩缝提前软切缝。分幅横向连接摊铺纵缝有拉杆的水泥混凝土路面，对先铺路面已经断开的缩缝，由于拉杆会传递拉应变，导致后铺路面在硬切缝之前就断板了，应特别注意提前软切缝防止断板。

纵向带拉杆假缩缝及横向带传力杆缩缝的切缝应高度重视。近年来，采用滑模摊铺机和三辊轴机组一次摊铺两个车道不小于 7.5m 的路面，由于假纵缝和传力杆缩缝切缝深度过浅和切缝时间太迟，引起了一些拉杆和传力杆端部的纵向开裂现象，因此规定已设置拉杆的假纵缝和设有传力杆的缩缝，切缝深度不应小于 1/4 板厚，最浅不小于 70mm；无传力杆缩缝的切缝深度应为 1/5～1/4 板厚，最浅不得小于 60mm。最迟切缝时间不宜超过 24h。

胀缝应采用前置钢筋支架法施工，也可采用预留一块面板，高温时再铺封。前置法施工应预先加工、安装和固定胀缝钢筋支架，并在使用手持振捣棒振实胀缝板两侧的混凝土后再摊铺。胀缝板应连续贯通整个路面板宽度。胀缝施工的关键技术有两条：一是保证钢筋支架和胀缝板准确定位，使机械或人工摊铺时不产生推移、支架不弯曲、胀缝板不倾斜，要求支架和胀缝板较有力地固定；二是胀缝板上部软嵌入临时木条，胀缝板顶部会提前开裂，来不及硬切（双）缝，已经弯曲断开，缝宽不一致，很难处理。解决办法是临时软嵌（20～25mm）×20mm 木条，保持均匀缝宽和边角完好性，直到填缝，剔除木条（施工车辆通行期间不剔除），再粘胀缝多孔橡胶条或填缝。

3. 胀缝填缝

路面胀缝和桥台隔离缝等应在填缝前凿去接缝板顶部嵌入的木条，涂胶黏剂后，嵌入胀缝专用多孔橡胶条或灌进适宜的填缝料，当胀缝的宽度不一致或有啃边、掉角等现象时，必须灌缝，不得嵌缝，因为只要有一侧边角破损时，是无法进行嵌缝的。

从胀缝很大的变形量来看，胀缝中的填缝料不宜使用各种密实型填缝材料，因为填料在热天容易被挤出、带走或磨掉，而冬季则会收缩成槽，所以推荐上表面较厚的儿童防护用的多孔橡胶条。

桥面伸缩缝应按伸缩缝厂商提供的配套填缝材料（一般为特种橡胶带）和要求填缝。

每天摊铺结束或摊铺中断时间超过 30min 时，混凝土已经初凝、中断或结束摊铺应使用端头钢模板设横向施工缝。横向施工缝位置宜与胀缝或缩缝重合，横向施工缝与胀缝重合时，应按胀缝施工，胀缝两侧补强钢筋笼宜分两次安装。角隅部位的传力杆与拉杆交叉时，应取消交叉部位的拉杆，保留传力杆。这样做的目的是在横向施工缝中不仅保证优良的荷载传递，而且拉成整体板。这种板中施工缝也会由于面板混凝土干缩形成微细裂缝，所以也需要切缝和灌缝。横向施工缝应与路中心线垂直。

（二）抗滑构造施工

人工修整表面时，宜使用木抹子。用钢抹子修整过的光面，必须再拉毛处理，以恢复细观抗滑构造。

细观纹理的施工应符合下列规定：细观纹理宜在精平后的湿软表面，使用钢支架拖挂 1~3 层叠合麻布、帆布等布片拖出。布片接触路面的长度宜为 0.7 ~ 1.5m，细度模数较大的粗沙，接触长度宜取小值；细度模数较小的细沙，接触长度宜取大值；用抹面机修整过较干硬的光面，可采用较硬的竹扫帚扫出细观纹理；已经硬化后的光滑表面可采用钢刷刷毛、喷砂打毛、喷钢丸打毛、稀盐酸腐蚀、高压水射流等方式制作细观纹理。

极重、特重和重交通荷载等级道路水泥混凝土面层应采用刻槽法制作宏观抗滑构造，中、轻交通荷载等级道路水泥混凝土面层可使用拉槽法制作宏观抗滑构造，在水平弯道路段、桥面、隧道路面宜使用纵向槽。当组合坡度小于 3% 时，要求减噪的路段可使用纵向槽；组合坡度大于或等于 3% 的纵坡路段，应使用横向槽。

采用刻槽法制作宏观抗滑构造时，刻槽机最小刻槽宽度不应小于 500mm。衔接距离与槽间距相同。刻槽过程中应避免槽口边角损坏，不得中途抬起刻槽机或改变刻槽方向。刻槽不得刻穿纵、横缩缝。刻槽后表面应随即冲洗干净，并恢复路面的养生。

当工程量较小时，可使用人工拉槽施工；当工程量较大、施工速度较快时，宜采用拉毛机施工。当日施工进度超过 500m 时，抗滑沟槽制作宜选用拉毛机械施工。没有拉毛机时，可采用人工拉槽方式。在混凝土表面泌水完毕 20~30min 内应及时进行拉槽。拉槽深度为 3~4mm，槽宽为 3~5mm，每耙之间距离与槽间距为 12~25mm。槽深基本均匀。

极重、特重和重交通混凝土路面宜采用硬刻槽，凡使用圆盘、叶片式抹面机整平后的混凝土路面、钢纤维混凝土路面必须采用硬刻槽方式制作抗滑沟槽。可采用等间距刻槽，其几何尺寸同上，为降低噪声宜采用非等间距刻槽，尺寸宜为：槽深 3~5mm，槽宽 3mm，槽间距 12~24mm，随机调整。对路面结冰地区，硬刻槽的形状宜使用上宽 6mm、下宽 3mm 的梯形槽；硬刻槽机质量宜大不宜小，一次刻槽最小宽度不应小于 500mm，硬刻槽时不应掉边角，也不得中途抬起或改变方向，并保证硬刻槽刻到面板边缘。抗压强度达到 40% 后可开始硬刻槽，并宜在两周内完成。硬刻槽后应随即冲洗干净路面，并恢复路面的养护。

第五章 道路附属工程施工技术

第一节 路缘石与人行道施工技术

一、路缘石施工技术

路缘石是设在路面边缘的界石，也称道牙或缘石。它在路面上是区分车行道、人行道、绿地、隔离带和道路其他部分的界线，起到保障行人、车辆交通安全和保证路面边缘齐整的作用，有助于路面排水，延长道路的使用寿命。

（一）路缘石的种类

路缘石主要有立缘石（侧石）、平缘石（平石）、专用路缘石（包括弯道路缘石、隔离带路缘石、反光路缘石、减速路缘石）等。路缘石宜用石材或混凝土制作。

路缘石可根据使用要求和条件选用水泥混凝土预制块、条石、砖等材料制作，最常用的是工厂化生产的水泥混凝土预制块。

水泥混凝土预制块平石截面呈矩形，长 30~100cm，宽 7~15cm；侧石截面大多呈矩形，长 30~100cm，高 30~35cm，厚 8~13cm；只有小半径曲线用特制弧形块。城市道路路缘石采用立缘石，路缘石宜高出路面边缘 10~20cm。隧道内、重要桥梁、道路线形弯曲路段或陡峭路段等处的路缘石可高出路面边缘 25~40cm，并应有足够的埋深，以保证稳定和行车安全。斜式路缘石便于儿童车、轮椅及残疾人通行，而在分隔带端头或交叉口的小半径处，路缘石宜做成曲线式。另外，考虑无障碍设计，道路上人行道出入口多采用牛腿式出入口，平石沿人行道边向前延伸，侧石向下降至 1~2cm，或侧石向出入口转弯。总之，应使人行道的路面连续无障碍、无高低，便于老、幼行走和童车滚动。

（二）路缘石施工

1. 测量放线

柔性路面路缘石应在路面基层完成后，未铺筑沥青面层前施工；水泥混凝土路面路缘石，应在路面完成后施工。

路缘石可以在铺筑路面基层后，沿路面边线刨槽、打基础安装；也可在修建路面基层时，在基础部位加宽路面基层作为基础；还可利用路面基层施工中基层两侧自然宽出的多余部分作为基础，基础厚度及标高应符合设计要求。

校核路面中线后，在路面边缘与路缘石交界处放出侧石线，直线部位每 10m 设一个桩；曲线部位每 5~10m 设一个桩；路口、分隔带、安全岛等圆弧处每 1~5m 设一个桩，也可用皮尺画圆并在桩上标明侧石顶面标高。

2. 刨槽与处理

人工刨槽：按桩的位置拉线或用白灰画线，以线为准，按要求的宽度向外刨槽，一般为 30cm。靠近路面一侧，比线位宽出少许（水泥混凝土路面刨至路面边缘），一般不大于 5cm，不要太宽，以免影响回填夯实，造成路边塌陷。刨槽深度可比设计深度大 1~2cm，以保证基础厚度，槽底要修理平整。

机械刨槽：使用路缘石刨槽机，刀具宽度应较路缘石宽出 1~2cm，按线准确开槽，深度可比设计深度大 1~2cm，以保证基础厚度，槽底应修理平整。

如在路面基层加宽部分安装路缘石，则将基层平整即可，免去刨槽工序。如铺筑石灰土基层，路缘石下石灰土基础通常在修建路面基层加宽部分时一起完成，如不能一起完成而须另外刨槽修筑石灰土基础，必须用 3：7（体积比）的石灰土铺筑夯实，厚度至少为 15cm，压实度要求不大于 95%（轻型击实）。

3. 路缘石的选用和施工

在直线段中采用长 80~100cm 的路缘石；曲线半径大于 15m 时采用长度为 100 或 60cm 的路缘石；曲线半径小于 15m 或圆角部分，可视曲线半径大小采用长度为 60 或 30cm 的路缘石。路缘石施工应根据施工图确定的平面位置和顶面标高测量所放出的样线执行。

4. 安装路缘石

安装路缘石前应按路缘石顶面宽度误差的分类分段铺砌，以获得美观的效果。安装时先拌制 1：3（体积比）石灰砂浆铺底，砂浆厚度为 1~2cm，路缘石可不用石灰砂浆铺底，可用过筛的松散石灰土代替找平基础。

按桩橛线及路缘石顶面测量标高拉线绷紧（水泥混凝土路面路缘石，可靠板边安装，必要处适当调整），按线码砌路缘石。须事先算好路口间的路缘石块数，切忌中间用断路缘石加楔。

安装曲线处路缘石时应注意，外形圆滑的相邻路缘石间缝隙用 0.8cm 厚木条或塑料条控制宽度。路缘石安装尽量不留缝，路缘石铺砌长度不是路缘石长度的整数倍时，剩余部分可用调整缝宽的办法解决，但缝宽应不大于 1cm。不得已必须断开路缘石时，应将断处磨平。

路缘石要安正，切忌前倾后仰，路缘石顶线应顺直圆滑，无凹进凸出、前高后低、错牙现象。缘石线要求顺直圆滑、顶面平整，符合标高要求。

5. 回填石灰土

（1）侧石。在侧石安装前要按照侧石宽度的误差分类分段砌筑，使顶面宽度统一，效果美观。安装后，按线调整至顺直圆滑。侧石外侧后背用体积比为 2：8 的石灰土，也可以利用修建路面基层时剩余的石灰土回填夯实，里侧缝隙用体积比为 2：8 的石灰土夯填。侧石两侧同时分层回填，在回填夯实过程中，要不断调整侧石线，使之达到顺直圆滑和平整的要求。夯实灰土，外侧宽度不小于30cm。里侧与路面基层接上。夯实工具可采用小型夯实机具，每层夯实厚度不大于 15cm。若侧石里侧缝隙太小，可用铺底砂浆填实。如果侧石埋入路面基层太浅，夯填后背时易使侧石倾斜，此时靠路一侧可用体积比为 1：3 的石灰炉渣加水拌和、拍实，呈三角形，使侧石临时稳固。设计采用混凝土时，要按照设计要求的强度等级，现场浇筑捣实，要求表面平整。

（2）平石。在平石安装后，人工刨槽的槽外一侧沟槽用体积比为 2：8 的石灰土分层填实，宽度不小于 30cm，层厚不大于 15cm，也可利用修建路面基层时剩余的路拌石灰土填实。外侧经夯实后与路缘石顶面齐平，内侧也用上述材料分层夯实，夯实后要比路缘石顶面低一个路面层厚度，待路面铺筑后与缘石顶面齐平，可以使用洋镐头、铁扁夯等工具进行夯实作业。灰土含水量不足时，要加水夯实。在夯实两侧石灰土过程中，要不断调整路缘石线形，保证顺直圆滑。机械刨槽时，两侧用过筛体积比为 2：8 的石灰土夯实或石灰土灌浆填塞密实。

6. 勾缝

路面完工后，安排路缘石勾缝。勾缝前必须进行挂线，调整路缘石至顺直、圆滑、平整，方可进行勾缝。先把路缘石缝内的土及杂物清除干净，并用水润湿，然后用体积比为 1∶2.5 的水泥砂浆灌缝、填实、勾平，用弯面压子压成凹形，并不得在路面上拌制砂浆。砂浆初凝后，用软扫帚扫除多余灰浆，并应适当洒水养护，养护时间不少于 3d，最后达到整齐美观的效果。

二、人行道施工技术

人行道为道路两侧、公园等地供人行走的设施，机动车横过地段或机动车停放地段的人行道，应做加固处理。道路两侧人行道为道路的组成部分，人行道与绿化带或土路肩相邻时，应按设计要求埋设路缘石、水泥步砖或大理石砖等。

人行道按材料分为沥青混凝土人行道、水泥混凝土人行道和各类预制步砖人行道等。其中，水泥混凝土人行道又可分为一般预制块人行道、连锁砌块人行道和现场浇筑人行道三种。工业废渣压制的锚口步砖、地砖现已基本上取代了混凝土预制块。建筑材料贴面有大理石贴面、瓷砖面、陶土地面砖贴面（古代所谓的"金砖铺地"，用的就是陶土地砖）等。

（一）人行道施工准备

1. 材料要求

沥青混凝土人行道应采用细粒或微粒式沥青混凝土。沥青混凝土铺装层厚度不应小于 3cm，沥青石屑、沥青砂铺装层厚度不应小于 2cm。压实度不应小于 95%。表面应平整，无明显轮迹。

现浇混凝土人行道，混凝土的抗折强度应不低于设计要求，如设计未规定，不宜低于 3.5MPa。同时，抗压强度不应低于规范规定；如设计未规定，不宜低于 30MPa。粗集料尺寸不得大于人行道厚度的 1/2。表面制花纹分格，以利排水和防滑，其规格、尺寸按设计要求确定。步砖要求大小均匀、颜色一致，无蜂窝、露石、脱皮、裂缝等现象，无缺边掉角，顶面均匀细密，其尺寸允许偏差要符合检验规范的要求。现在的水泥步砖，多用细粒干硬混凝土压制，表面为有色水泥砂浆。

水泥混凝土预制砌块必须整齐统一，抗压强度应符合设计规定；设计未规定时，不宜低于30MPa，要求各面平整，无缺边掉角，表面光泽一致，无蜂窝、麻面；若利用多种异形砖，在铺砌时应满足相互连锁的要求，以保证稳定性。

建筑材料贴面，尺寸、形状按设计要求确定，做到表面平整、色泽一致，无缺边掉角。料石、预制砌块宜由预制厂生产，并提供强度、耐磨性能试验报告及产品合格证。进场后应检验合格后方可使用。料石应表面平整、粗糙，色泽、规格、尺寸应符合设计要求，抗压强度不宜小于80MPa。

2. 作业条件

（1）地面下的暗管、沟槽和附属构筑物等工程已验收合格，场地已平整；原材料经见证取样并检验合格；方案已获监理工程师批准；根据现场与周边环境条件、交通状况，与道路交通管理部门研究制订交通疏导或导行方案，并实施完毕。

（2）施工时影响或阻断既有人行交通时，在施工前应采取措施，保障人行交通畅通、安全。

（3）设置排水沟、集水坑，及时将路基里的积水或地下水排走，确保路基上无积水。

（4）施工用水、用电已经接通。根据工程规模、环境条件，修筑临时施工道路。临时施工道路应满足施工机械调运和车辆安全通行的要求，且不得妨碍施工。

（5）对作业队伍进行全面技术、安全、质量、环境保护内容的交底。

（6）在非雨雪天气施工：采用干铺时，环境温度不应低于0℃；采用掺有水泥的砂浆铺设时，环境温度不应低于5℃。

3. 人行道施工准备注意事项

（1）地下管线的保护

在基槽开挖之前，应全面掌握人行道下的管线种类、结构、水平位置、埋深等情况。在地下管线埋深较浅处，采用人工开挖基槽，人工或小型机具夯实，以免损伤地下管线。

（2）与相邻构筑物的协调

人行道上常有树穴、绿化带、各种检查井、电线杆等构筑物，因此，在人行道施工时，必须与有关部门互相协作配合，避免在工序上发生冲突，并应保护好测量标志，保证人行道的标高和横坡。

（3）环境保护

在喷洒乳化沥青或涂沥青漆和摊铺沥青混凝土时，路缘石及相邻构筑物应用旧报纸、牛皮纸等加以覆盖，以防止污染。

（4）盲道设置

按设计及规范规定确定施工步骤与施工工艺，行进盲道砌块与提示盲道砌块不得混用，盲道应避开树池、检查井、电线杆等障碍物，路口处盲道应进行无障碍设计。

面层铺砌完成后，必须封闭交通，并应洒水湿润、养护。当水泥砂浆强度达到设计强度后，方可开放交通。

（二）人行道施工

1. 基槽施工

按设计图样实地测高程桩与放线，人行道直线段，一般每 10m 设一个桩，曲线段适当加密，并在桩上标出面层设计标高，或在建筑物上画线表明设计标高。若人行道外侧已按标高安装路缘石，则以路缘石顶面标高为准，按设计横坡放样。

新建道路，可将土路床施工至人行道基槽标高，不必反开挖；路堑开挖接近基槽标高时，适当停留，待找平、碾压达到设计压实度后再进行检查、平整。草地软土应换填或用石灰稳定处理。开挖基槽前要对地下管网进行全面检查，并采取相应的保护措施。雨期、冬期施工，必须做好相应的排水、防冻措施。

2. 基层施工

人行道基层有石灰土基层、石灰水泥稳定石屑基层、水泥稳定碎石基层、素混凝土基层等。

沥青混凝土人行道一般采用石灰水泥稳定石屑、水泥稳定碎石等半刚性基层材料，以减少反射裂缝；水泥混凝土人行道多采用石灰土、石灰水泥稳定石屑、水泥稳定碎石等基层材料；建筑材料贴面的人行道一般采用素混凝土基层。

3. 面层施工

（1）沥青混凝土面层施工

①铺筑面层。检查送至工地的沥青混凝土种类、温度及拌和质量等，冬季运输沥青混凝土必须注意保温。人工摊铺时要计算用量，分段卸料，卸料要卸在钢板上，松铺系数为1.2~1.3，摊铺时不要踩在新铺混合料上，注意轻拉慢推，搂平时注意粗细均匀，避免大料集中。

②碾压。用平碾纵向错半轴碾压，随时用3m直尺检查平整度，不平处及粗麻处要及时修整或筛补，趁热压实。碾压不到处要用热夯或热烙铁拍平，或用振动夯板夯实。

③接槎。采用立槎涂油、热料温边方法。低温施工应适当采取喷油、铺热砂措施，以保护人行道面层，防止掉渣。要求表面坚实，无松散、裂纹、掉渣、积水、粗细料集中等，接槎紧密平顺。

（2）现浇水泥混凝土面层施工

①摊铺面层。现浇水泥混凝土面层铺筑厚度应不小于10cm。水泥混凝土拌和物应摊铺均匀。布料的松铺系数取1.10~1.25。摊铺后表面应大致平整，不得有明显的凹陷。一块混凝土板应一次连续摊铺完毕。

②振捣。当混凝土摊铺长度大于10m时，可以使用平板振捣器进行振捣作业，振捣时间不宜少于30s，振捣应重叠10~20cm，振捣器行进速度应均匀一致。振捣速度宜匀速、缓慢，振捣应连续不间断地进行，其作业速度以水泥混凝土拌和物表面不露粗集料，泛出水泥浆为准。

③收面。透水水泥混凝土振捣后，宜使用抹平机对水泥混凝土面层进行收面，收面时必须保持模板顶面整洁，接缝处板面平整。抹面不宜少于4次，先找平、抹平，待混凝土表面不泌水时再抹面，并依据水泥品种与气温来控制抹面间隔时间。

④切缝。根据环境温度，在水泥混凝土面层成活后，按设计要求的间距采用切缝法施工横向缩缝。缩缝应垂直于板面，宽度宜为4~6mm。设传力杆时，切缝深度不应小于面层厚度的1/3。切缝完成后，应立即用高压水枪将残余砂浆冲洗干净。待缩缝干燥后，按设计要求进行填缝处理。

（3）路面砖铺砌面层施工

①复测标高。按照设计图纸复核放线，用测量仪器打方格，并以对角线检验方正，然后在桩橛上标注该点所在面层的设计标高。

②水泥砖装卸。预制块方砖的规格为200×200×18mm，装运花砖时要注意强度和外观质量，要求颜色一致、无裂缝、不缺棱掉角。要轻装、轻卸，以免损坏。卸车前应先确定卸车地点和数量，尽量减少搬运。砖间缝隙为2mm，用经纬仪和钢尺测量放线，打方格时要把缝宽计算在内。

③拌制砂浆。采用1：3石灰砂浆或1：3水泥砂浆，石灰、粗砂要过筛，配合比要准确，砂浆的和易性要好。

④修整基层。挂线或用测量仪器检查基层竣工高程，对面积小于或等于2m²的凹凸不平处，当低处高差小于等于1cm时，可填实，可填1：3石灰砂浆或1：3水泥砂浆；当低处高差大于1cm时，将基层刨除5cm，用与基层相同的混合料填平拍实，填补前应把坑槽修理平整、清理干净，表面适当湿润，高处应铲平，但若铲后厚度低于设计厚度的90%，应进行返修。

⑤铺筑砂浆。在清理干净的基层上洒一遍水使之湿润，然后铺筑砂浆，厚度为2cm，用刮板找平。铺筑砂浆应随砌砖同时进行。

⑥铺砌水泥砖。铺砖时，按控制桩高程在方格内由第一行砖纵横挂线，根据标线按标准缝宽铺筑第一行样砖，然后纵线不动，横线平移，依次依据样砖铺砌。铺步砖缝的直线要通，曲线要顺。在扇形平面上铺步砖，要用电锯切割异形步砖，以便与平面相配，也可按直线顺延铺筑，然后用与预制步砖颜色相同的水泥砂浆补齐并刻缝。砌筑时，步砖要轻拿轻放，用木槌或橡胶锤轻捶击实砌稳，如砌不平，应将步砖拿起，用砂浆调整后重新铺筑，不准在砖底塞灰或用硬料支垫，必须使步砖平铺在密实的砂浆上并稳定，无动摇、无空隙。

⑦灌缝。灌缝一般采用1：3水泥细砂干浆，首先在步砖表面均匀撒铺一层砂浆，然后用扫帚或板刷将砂浆扫入缝中，最后可用小型振动碾压机振实或浇水灌实。灌缝要反复进行几次，直到缝隙饱满为止。施工完毕后，面上的砂浆要清扫干净，用扫帚清扫，直至露出步砖本色。灌缝完毕后应及时洒水养护，在铺砌过程中，质检员应跟踪检查，发现不符合检验规范要求的部位，及时督促修整。

（4）其他形式的人行道面层施工

①彩色板（砖）和触感板（砖）人行道的施工。彩色人行道方砖要采用刚性或半刚性基层及干拌水泥砂浆黏结层。基层和黏结层的材料、厚度、强度应符合设计要求。基层的施工可按照有关规程的规定执行。彩色道板（砖）在铺砌之前要浇水湿润。将彩色道板（砖）按照定位线逐块坐实于黏结层上，使其连接成整体。相邻板块贴紧，表面平整，线形顺直，铺砌后应浇水湿润、养护。艺术花样和触感板的导向、停步块材铺砌时，要按照设计图形进行施工。

②水泥混凝土连锁砌块铺装。由于连锁砌块条块狭小，因而对平整度的要求更高，块与块的连接必须紧密、齐平，不得有错落现象。铺砌不留缝，垫层用粗砂，使用专用的振平板振实，灌缝用细砂，其余操作均同铺水泥砖。完工后需要表面平整光洁、图案排列整齐、颜色一致，无麻面或者掉面、缺边现象，纵、横坡要符合设计要求。

③曲线段人行道板（砖）的施工。曲线段人行道的道面铺砌，可采用直铺法或扇形铺法进行铺砌，其中彩色人行道板（砖）应采用直铺法进行施工。铺板（砖）后所形成的楔形空缺和边、角空缺可采用同标号水泥混合料就地浇筑。彩色人行道板（砖）应按所需形状切割后拼砌，与预制道板（砖）面齐平，并进行养护。

4. 特殊部位的施工

（1）各种井的周边施工

按设计标高、纵坡、横坡，调整井圈高程；对已破坏或跳动的井盖、井圈进行更换；检查井周围，不得使用锯割的步砖嵌砌，步砖与井周之间的空缺应及时用细石混凝土填补好；建筑材料贴面可使用切割后的材料与检查井平顺相接。

（2）树穴施工

按设计要求的间隔和尺寸留出树穴；树穴与路缘石等要方正衔接；树穴边缘按设计要求用水泥混凝土预制件、水泥混凝土路缘石或大理石等围砌，尺寸、高程按设计要求确定；人行横道线、公共汽车站处不设树穴。

（3）无路缘石部位施工

对于人行道、广场等无路缘石的人行道边缘，应采用混凝土止挡法或步砖砂浆黏结法固定。

（4）与建筑物衔接处施工

当人行道面层高于建筑物地面时，应调整人行道横坡，使二者接平，或将建筑通行范围降低，使二者接顺；当建筑物地面与人行道高差较大时，应设置踏步或挡土墙。

第二节　交通安全设施施工技术

交通安全设施工程是现代交通运输中不可缺少的安全保障设施。交通安全设施工程主要包括护栏工程、标志工程、标线工程、中间带工程等。

一、护栏工程施工

（一）护栏的种类

1. 按护栏构造形式划分

根据造型不同，护栏可以分为半刚性护栏、刚性护栏和柔性护栏。

（1）半刚性护栏。半刚性护栏是一种连续的梁柱结构。它是通过车辆与护栏间的摩擦、车辆与地面间的摩擦，以及车辆、土基和护栏本身产生一定量的弹塑性变形（以护栏系统的变形为主）来吸收碰撞能量，延长碰撞过程的作用时间来降低车辆速度，并迫使失控车辆改变行驶方向，恢复正常的行驶方向，从而确保乘员安全，减少车辆损坏。半刚性护栏主要设置在需要着重保护乘员安全的路段。

（2）刚性护栏。刚性护栏是一种基本不变形的护栏结构。刚性护栏通过车轮转动角的改变，车体变位、变形和车辆与护栏、车辆与地面的摩擦来吸收碰撞能量。在碰撞过程中，车辆变形程度取决于自身的刚度、碰撞能量和碰撞作用时间。当车辆的碰撞角度较大时，往往造成比较严重的后果。刚性护栏主要设置在须严格阻止车辆越出路外，以免引起二次事故的路段。

（3）柔性护栏。柔性护栏是一种具有较强缓冲能力的韧性护栏结构。缆索护栏是柔性护栏的主要代表形式，它是以数根具有初张力的缆索固定于立柱上所形成的结构，完全依靠缆索的拉应力来抵抗车辆碰撞的冲击力，吸收能量。

2. 按护栏设置的位置划分

根据设置位置的不同，护栏可以分为路侧护栏、中央分隔带护栏、桥梁护栏、过渡段护栏、端部护栏及防撞垫等。

（1）路侧护栏。其主要用于防止失控车辆越出路外或碰撞路侧构造物和其他设施。决定路侧护栏设置的关键因素是路堤高度和边坡坡度。路侧护栏防撞等级的选取则须综合考虑车辆驶出路外可能造成的交通事故等级、路侧安全等级、路堤高度、道路线形、交通量、车辆构成等因素。

（2）中央分隔带护栏。其是指设置于道路中间带内的护栏，作用是防止失控车辆穿越分隔带闯入对向车道，并保护分隔带内的构造物和其他设施。当整体式断面中间带宽度小于 12m 时，必须设置中央分隔带护栏；当整体式断面中间带宽度大于 12m 时，应分路段确定是否设置中央分隔带护栏。

（3）桥梁护栏。为了避免机动车辆碰撞行人和机动车辆严重碰撞事故的发生，对于特大桥、大桥、中桥，必须根据其防撞等级在人行道与行车道间设置桥梁护栏。一般道路的特大桥、大桥、中桥在条件许可的情况下也应设置桥梁护栏。在有人行道的桥梁上，应按实际需要在人行道和行车道分界处设置汽车、行人分隔护栏。选择桥梁护栏的形式，先要根据防撞等级要求，避免在相应设计条件下失控车辆跃出。同时，还应综合考虑道路等级、桥梁护栏外侧危险物的特征、美观性、经济性及养护维修便利性等因素。例如，在有美观性要求的情况下或积雪严重的地区，宜采用梁柱式护栏组合结构。钢桥为了减轻恒载，宜采用金属制成的护栏。组合式护栏兼有钢筋混凝土墙式护栏的坚固和金属制梁柱式护栏的美观。它的优点是当汽车车轮与之相撞且碰撞角小于 10° 时，能校正汽车运行轨迹，不会出现较大的损伤。

（4）其他护栏。除以上三种护栏之外，还有过渡段护栏、端部护栏及防撞垫等。过渡段护栏是指在不同护栏断面结构形式之间平滑连接并进行刚度过渡的结构段；端部护栏是指在护栏开始端或结束端所设置的专门结构；防撞垫是通过吸能系统使正面、侧面碰撞的车辆平稳地停住或改变行驶方向的设施，一般设置在互通立交出口三角区、未保护的桥墩、结构支撑柱和护栏端头等处。

（二）安全护栏的功能

道路上的安全护栏，需要进行正确的设计才有可能实现以下功能：

1. 绊阻车辆，防止车辆越出路外，保护路外建筑物的安全，确保行人不致受到重大伤害，确保相交道路、铁路的安全，阻止失控车辆穿越中央分隔带闯入对向车道。

2. 能使车辆恢复正常行驶方向。车辆碰撞护栏的运动轨迹应能圆滑过渡，以较小的驶离角和较小的回弹量停留在不影响车辆正常行驶的地方，不致发生二次事故。

3. 一旦失控车辆与护栏发生碰撞，为了使驾驶人和乘客的损伤降到最小，要求护栏具有良好的吸收碰撞能量的功能。

4. 能诱导驾驶人的视线。安全护栏应使驾驶人清晰地看到道路的轮廓及前方道路的线形。这样既能增加行车的安全性同时也能使道路更加美观。

（三）护栏的施工工艺

1. 立柱位置放样

立柱位置放样应以道路固定设施（如桥梁、通道、涵洞、隧道、中央分隔带开口、紧急电话开门、路线交叉等）为主要控制点（即控制立柱的位置）。应在两控制点之间量距，如出现零头数，可通过调整段适当调整。立柱间距可能有不大于25cm的零头数，可通过分配法将其调整至多根立柱的间距。为准确放样和保证护栏的线形，在条件允许时可使用全站仪、经纬仪、水准仪等测量仪器。放样后，应确认立柱施工不会对地下设施造成损坏，否则应调整立柱的位置。

2. 立柱安装

立柱安装应与设计文件相符，并与道路线形相协调。位于土基中的立柱，可采用打入法、挖埋法或钻孔法施工。立柱标高应符合设计要求，不得损坏立柱端部。采用打入法打入过深时，不得将立柱部分拔出加以矫正，必须将其全部拔出，将基础压实后再重新打入。采用挖埋法施工时，回填土应采用良好的材料并分层夯实，回填土的压实度不应小于设计规定值。填石路基中的柱坑，应用粒料回填并夯实。采用钻孔法施工时，立柱定位后应用与路基相同的材料回填，并分层夯填密实。

在铺有路面的路段设置立柱时，柱坑从路基至面层以下 5cm 处应采用与路基相同的材料回填并分层夯实，余下部分应采用与路面相同的材料回填并压实；位于石方区的立柱，应根据设计要求设置混凝土基础；位于小桥、通道、明涵等混凝土基础中的立柱，可设置在预埋的套筒内，通过灌注砂浆或混凝土固定，或通过地脚螺栓与桥梁护轮带基础相连。

立柱安装就位后，其水平方向和竖直方向应形成平顺的线形。护栏渐变段及端部的立柱，应按设计规定进行安装。

3. 波形梁安装

波形梁通过拼接螺栓相互拼接，并由连接螺栓固定于立柱或横梁上。波形梁的搭接方向是安装的关键，搭接方向应与行车方向一致。如果搭接方向与行车方向相反，即使是轻微的擦碰，也会造成较大的损失。波形梁在安装过程中要不断进行调整，不应过早拧紧其连接螺栓和拼接螺栓，否则将无法发挥板上长圆孔的调节作用。

4. 防阻块及端头的安装

防阻块能防止立柱阻绊车轮，避免护栏局部受力、减小碰撞时车辆的冲击。托架适用于路肩较窄或护栏设置防阻块受限的情况。在安装时，应保证准确就位。在调整好立柱后，即可安装防阻块，最后安装波形梁板并进行统一调整。防撞等级为 SA、SAm 和 SS 的波形梁护栏在安装防阻块时，应根据设计文件要求，同时安装上层立柱。

设有横隔梁的护栏，把梁与横隔梁连为一体形成组合型护栏。横隔梁应平行于路面（即垂直于立柱）安装。在安装波形梁板之前不应拧紧横隔梁与立柱的连接螺栓，否则不易进行总体调节。

中央分隔带护栏的端头梁与两侧梁相连，端头附近的立柱应按设计文件的要求进行加强处理。路侧护栏的端部结构由端柱、端头梁、混凝土基础等组成。在端部基础混凝土强度达到设计强度的 70% 后，方可安装端部结构。如因土基压实度不足等原因需要对端部结构进行进一步加强，经论证，可根据设计文件的要求在端头梁附近设置钢丝绳锚固件。

（四）施工质量要求

护栏立柱的埋深、基础规格、土基压实度、端部和过渡段处理应符合规范和设计文件的规定，立柱位置、立柱中距、垂直度、横梁中心高度（从路面到波形梁横梁中心点的垂直距离）应符合设计要求；所有构件不应因运输、施工造成防腐层的损伤；直线段护栏不得有明显的凹凸、起伏现象；曲线段护栏应圆滑顺畅，与线形协调一致；中央分隔带开口端头护栏的线形应与设计文件相符；波形梁板搭接应方向正确、搭接平顺、垫圈齐备、螺栓紧固；防阻块、托架、横隔梁、端头的安装应与设计文件相符，安装到位，不得有明显变形、扭转、倾斜；波形梁板和立柱不得现场焊割和钻孔；立柱及柱帽安装牢固，其顶部应无明显塌边、变形、开裂等缺陷。

（五）施工验收

护栏立柱的埋深、基础规格、土基压实度、端部和过渡段处理应符合设计规范和设计文件的规定；立柱的位置、中距、垂直度和横梁中心高度均应符合设计要求，这是护栏发挥功能的基本保证。

二、交通标志、标线施工

（一）交通标志

交通标志是用图形符号、颜色和文字向交通参与者传递特定信息，用于交通运行管理的设施。交通标志一般设在路旁或悬挂在道路上方，使交通参与者获得确切的道路交通信息，从而达到保障运行安全和高效的目的。交通标志应使交通参与者在很短的时间内就能看到、认识并完全明白它的含义，从而采取正确的措施。因此，交通标志必须具有较高的显示性、良好的易读性和广泛的公认性。

1. 交通标志三要素

不同的颜色具有不同的光学特性，会引起不同的心理感受和不同的联想。

研究表明，交通标志的视认性、显示性与标志形状有重要关系，面积相同时，不同形状的标志按易识别程度从大到小排序，依次为：三角形、菱形、正方形、正五边形、圆形等。交通标志的具体含义应简单明了，易为公众所理解，力求易认直观。

2. 交通标志的分类

（1）按功能分。①主标志，包含警告车辆、行人注意危险地点的标志；禁止或限制车辆、行人交通行为的标志；指示标志，即指示车辆、行人行进的标志；指路标志，即传递道路方向、地点、距离信息的标志；旅游区标志，即提供旅游景点方向、距离的标志；道路施工安全标志，即通告道路施工区通行的标志。②辅助标志，即附设在主标志下，起辅助说明作用的标志。

（2）按支撑方式分。①柱式标志，以立柱支撑立在路侧、交通岛或中央分隔带等处。②单柱式标志，安装在一根立柱上；双柱式标志，安装在两根立柱上。③悬臂式标志，安装在悬臂支架结构上方。④门架式标志，安装在门式支架结构上方。⑤附着式标志，安装在上跨桥和附近构造物上。

（3）按反光方式分。①不反光标志，即无定向反射功能的一般油漆标志、搪瓷标志等。②反光标志，即标志面采用反光材料制作的标志。③照明标志，即利用照明设备使标志面发亮的标志。④内部照明标志，即标志板内装照明装置的标志，一般采用半透明材料制作标志面板，有单面显示和两面显示两种。⑤外部照明标志，即采用外部光源照明标志板面的标志。⑥自发光标志，即白天吸收太阳光、晚上发亮的标志。

（二）交通标线

交通标线是标画于路面上的各种线条、箭头、文字、立面标记、突起路标和路边轮廓标等交通安全设施。它的作用是确保车流分道行驶，导流交通行驶方向，加强车辆行驶纪律和秩序，增强道路通行能力，有助于组织交通、引导用路者视线，是管制用路者驾驶行为的重要手段，可以有效地指引车辆在汇合或分流前进入合适的车道。

交通标线按设置方式可分为以下三类：纵向标线，即沿道路行车方向设置的标线；横向标线，即与道路行车方向成一定角度设置的标线；其他标线，即字符标记或其他形式的标线。

交通标线按功能可分为以下三类：指示标线，即指示车行道、行车方向、路面边缘、人行道等设施的标线；禁止标线，即告示道路交通的遵行、禁止、限制等特殊规定，车辆驾驶人及行人须严格遵守的标线；警告标线，即促使车辆驾驶人及行人了解道路上的特殊情况，提高警觉，准备防范应变措施的标线。

交通标线按形式可分为以下四类：线条，即标画于路面、路缘石或立面上的实线或虚线；字符标记，即标画于路面上的文字、数字及各种图形符号；突起路标，即安装于路面上用于标示车道分界、边缘、分合流、弯道、危险路段、路宽变化、路面障碍物的反光或不反光体；路边线轮廓标，即安装于道路两侧，用以指示道路的方向、车行道边界轮廓的反光柱（或片）。

（三）交通标志、标线的施工

1. 交通标志的施工

交通标志在厂内加工，现场安装。标志板材料采用挤压成型异型铝材制作，标志板与滑动槽钢采用铝合金铆钉连接，板面上的铆钉头应打磨平整。标志板边缘应用角钢做加固处理。立柱、抱箍、底衬、柱帽等均应进行热镀锌处理。所有金属构件除特殊说明外均采用 Q235 钢制作。为防止雨水渗入，立柱顶部应加柱帽。标志板与横梁采用抱箍连接。

标志板的反光膜均采用超强级反光膜，安装采用汽车吊配合人工进行。标志板施工需要注意：施工的全过程应顺序作业，标志外观顺直、流线、平滑、垂直；标志朝向、角度与设计一致；标志的防锈层不得破坏；电缆线接头牢固可靠，防水绝缘，不易暴露；标志平面位置准确；吊装时注意交通行人、行车的安全；标志在吊装时，一定要系溜绳，控制起重物的姿态，保持稳定；吊装时要设置警示标志。

在施工过程中，所有标志基础应严格按照设计图纸所示位置施工，若遇树木、路灯等地上或地下构筑物与设计标志基础相矛盾，经与现场监理协商可依据现场实际情况将标志基础沿道路中心线纵向平移 0~2m；所有标志基础长边均应平行于相应道路中心线，标志板面长边垂直于相应道路中心线；施工中须与使用方加强联系，紧密配合，必要时应通知使用方人员到场。

2. 交通标线的施工

（1）路面标线施工。路面应清洁干燥，不得存在松散颗粒、灰尘、沥青渣、油污或其他有碍施工的材料。车行道边缘线的宽度应为 15~20cm，车行道分界线的宽度应为 10~15cm，路面中心线的宽度应为 10~15cm。位于中央分隔带或路侧安全净区内未加护栏防护的桥墩、隧道洞口、交通标志立柱等构造物应设置立面标记，颜色为黄黑相间，线宽及间距均为 15cm。立面标记应向车行道方向以 45°角倾斜。立面标记宜设置成 120cm 高。在二级及二级以下等级的道路上设置减速丘设施时，应在距其两侧各 30m 的范围内设置减速丘预告标线。正式施画前应进行试画，以检验画线车的行驶速度、线宽、标线厚度、玻璃珠撒布量等能否满足要求。调试合格后才能开始正式施工。施工时，应按设计文件要求留出排水孔，位于禁止超车线处的突起路标应空出安装位置。新铺沥青混凝土路面的交通标线施工，可在路面施工完成一周后开始；新铺水泥混凝土路面的交通标线施工，应在混凝土养护膜老化起皮并清除后开始。对施工中存在的缺陷，应及时修整。成型标线带和防滑彩色路面标线的施工应符合产品使用说明书的规定。

（2）突起路标施工。隧道的车行道分界线上宜设置突起路标，突起路标可单独设置成车行道边缘线和车行道分界线。根据设计文件的要求确定突起路标的设置位置，反射体应面向行车方向。路面和突起路标底部应清洁、干燥并涂黏结剂。突起路标就位后，应在其顶部施加压力，排除空气，调整就位。

3. 交通标志、标线施工质量控制要点

（1）交通标志施工质量控制要点。标志板安装后应平整，夜间在车灯照射下，标志板底色和字符应清晰明亮，颜色均匀，不应出现明暗不均的现象，不能影响标志的认读。在粘贴底膜时，横向不宜有拼接。竖向拼接时，上膜须压下膜，压接宽度不应小于 5mm。

（2）交通标线施工质量控制要点。标线线形应流畅，与道路线形相协调，曲线圆滑，不允许出现折线。

三、中间带施工

（一）中间带概述

1. 中间带的作用

道路中的双幅路和四幅路均应设置中间带。中间带由两条左侧路缘带和中央分隔带组成，其作用如下：

（1）将上、下行机动车流分开，既可防止因车辆驶入对向行车道造成车祸，又能减少道路中心线附近的交通阻力，提高通行能力。

（2）作为设置交通标志牌及其他交通管理设施的场地。

（3）种植花草灌木进行绿化或设置防眩网，可防止对向车辆眩光，还可起到美化环境的作用。

（4）设于分隔带两侧的路缘带，由于有一定宽度且颜色醒目，既可引导驾驶员视线，又增加了行车所必需的侧向余宽，从而可以提高行车的安全性和舒适性。

2. 中间带的组成

中间带由中央分隔带和路缘带组成。中央分隔带以路缘石线等设施分界，在构造上起到分隔往返交通的作用。在分隔带的两侧设置路缘带，既能引导驾驶员的视线，保障行车安全，又能提供行车所必需的余宽，提高车行道的使用效率。

3. 中间带的宽度

中间带宽度有一般值和最小值。正常情况下采用一般值，当遇特殊情况时可采用最小值。中间带的宽度一般情况下应保持等宽，并不得频繁变更宽度。当中间带宽度因受地形条件或其他特殊情况限制而需要减窄或增宽时，应设置过渡段。过渡段以设在回旋线范围内为宜，其长度与回旋线长度相等。宽度大于规定或大于 4.5m 的中间带的过渡段，以设置在半径较大的平曲线路段为宜。在整体式断面分离为分离式断面后和分离式断面汇合为整体式断面前的一段距离内，当分离式断面两相邻路基边缘之间的距离小于中间带宽度时，应设置不同宽度的中间带。

4. 中间带开口

为了便于养护作业和某些车辆在必要时驶向对向车道，中间带应按一定距离设置开口。

道路上的开口一般情况下按照 2km 以上的间距设置，太密将会造成交通混乱。城市道路开口（断口）最小间距大于 400m，通常要考虑横向交通（车辆和行人）的需要。中间带的开口应设置在通视条件良好的路段，若在曲线段上开口，其曲线半径宜大于 700m。在互通式立体交叉、隧道、特大桥、服务区等设施的前后必须设置开口。

开口端部的形状，常用的有两种：半圆形和弹头形。对于窄的分隔带（宽度小于 3.0m）可用半圆形，宽的（宽度不小于 3.0m）可用弹头形。

（二）中间带的施工

1. 埋设横向塑料排水管

路基施工完成后即可开始埋设横向塑料排水管；沟槽开挖的位置、深度、宽度应符合设计要求，沟槽线形应保持直线并与道路中心线垂直，沟槽底部坡度与路面横坡一致；可采用开沟机或人工开挖；铺设垫层时采用粒径小的石料铺设，厚度保持均匀，并具有与路面相同的横坡；埋设塑料排水管时一端插入中央分隔带纵向盲沟范围内，另一端伸出路基边坡，进出口用土工布包裹，防止被碎石堵塞；塑料排水管采用套接时，管口要对齐并靠紧，用短套管套紧两根管并在套管两端用不透水材料扎紧。

2. 中央分隔带开挖

路面基层施工完成后即可进行中央分隔带开挖；先挖集水槽，再挖纵向盲沟；一般采用人工开挖；挖出的土不得堆在施工完成的基层上，防止污染基层；沟槽的深度、宽度及沟底纵坡应符合设计要求；沟底必须平整密实，不得有杂物。

3. 防水层施工

喷涂双层防渗沥青时，要求喷涂厚度均匀，无漏喷，喷涂范围为中央分隔带范围内的路基和路面结构层；采用 PVC 防水板时，防水板的两端应拉紧、无褶皱，防水板纵横向搭接，并用铁钉固定。

4. 纵向碎石盲沟施工

碎石盲沟要填充密实、表面平整，并在顶面设置反滤层。反滤层可以采用砂石材料或土工合成材料，目前，高等级道路中多采用土工布。土工布的铺设应平整、无褶皱、无重叠并且要避免因过量拉伸而发生破坏。施工现场若发现土工布破损，应进行修补，并且必须在达到原性能时方可使用。土工布采用平行搭接，搭接长度不小于 30cm。

5. 路缘石安装

路缘石安装应在路面面层铺设前完成，可以现场浇筑或预制安装；采用预制安装时应铺设在厚度不小于2cm的砂垫层上，砌筑用砂浆的水泥与砂的体积比应为1：2；路缘石的安装要稳固、线条直顺、曲线圆滑、顶面平整、缝宽均匀、勾缝密实；基底和后背填料必须夯打密实。

第三节　其他附属工程施工技术

在道路附属工程之中，除路缘石、人行道及交通安全设施工程之外，还有路肩、雨水口、检查井、雨水支管工程等。这些都是道路工程的重要组成部分，对道路的正常使用起着不可或缺的作用。

一、路肩施工

（一）路肩的作用及宽度

各级道路都要设置路肩。路肩的作用主要有以下几个方面：由于路肩紧靠路面的两侧设置，具有保护及支撑路面结构的作用；供发生故障的车辆临时停放之用，有利于防止交通事故和避免交通混乱；作为道路侧向余宽的一部分，能提高驾驶的安全性和舒适性，对保证设计车速是必要的，尤其是在挖方路段，还可以增加弯道视距，减少行车事故；提供道路养护作业、埋设地下管线的场地，对未设人行道的道路，可供行人及非机动车等使用；精心养护的路肩，能增加道路整体的美观性。

路肩根据上述功能，从构造上又可分为硬路肩、土路肩。硬路肩是指进行了铺装的路肩。它可以承受汽车荷载的作用力，在混合交通的道路上便于非机动车、行人通行。在填方路段，为使路肩能汇集路面积水，在路肩边缘应设置路缘石。土路肩是指不加铺装的土质路肩，它起保护硬路肩、路面和路基的作用，并提供侧向余宽。

城市道路采取边沟排水时，与道路一样，应在路面外侧设置路肩，同样分硬路肩和保护性路肩。城市道路的设计行车速度大于或等于 40km/h 时，应设置硬路肩。保护性路肩一般为土质路肩或简易铺装路肩，其作用是为城市道路的某些交通设施，如护栏、杆栏、电线杆、交通标志牌等的设置提供场地，最小宽度为 0.5m。双幅路或四幅路中间具有排水沟的断面，还应设置左侧路肩。城市道路的路肩宽度根据条件可设置为 0.75~4m，最窄不得小于 0.5m。

（二）路肩施工技术

路肩石可以在铺筑路面基层后，沿路面边线刨槽、打基础安装；也可以在修建路面基层时，在基础部位加宽路面基层作为基础。

刨槽施工时，按要求的宽度向外刨槽，一般为 30cm，靠近路面一侧比线位宽出少许，一般不大于 5cm，太宽不便回填夯实，引发路边塌陷。为保证基础厚度，刨槽深度可比设计深度多 1~2cm，槽底应修理平整。

二、雨水口施工

（一）雨水口施工工艺

雨水口主要施工步骤如下：根据设计图样，放出雨水口井位，打定位桩，并标定高程；按照定位线开挖基槽，井周每侧留出 30cm 的余量，控制设计标高，清理槽底，进行夯实；浇筑底板，底板按设计图纸施工，养护达到规定强度时再砌筑井体；砌筑井体前要按墙身位置挂线，先在底板上铺上一层砂浆后，再开始砌筑墙身，要保证墙身垂直，井底应采用水泥砂浆抹出雨水口泛水坡。

墙身砌筑到一定高度时，将内墙用砂浆抹面，随砌随抹，抹面要光滑平整、不起鼓、不开裂；井外用水泥砂浆搓缝，使外墙严密；墙身每砌起 30cm 应及时回填外槽，一般采用碎砖灌水泥砂浆回填，也可用 C10 水泥混凝土回填，回填必须密实，防止井周路面产生局部沉陷。

砌至支管顶时，应使井内管头与井壁口齐平，将管口与井壁用水泥砂浆勾抹严密，雨水管端面应露出井壁，其露出长度不应大于 2cm。雨水管穿井墙处，管顶应砌砖券；墙身砌至设计标高时，用水泥砂浆坐底，然后安装井框、井箅，安装必须平稳、牢固；立式雨水口在墙身设计标高时，安装立式井箅，并将井身上口加盖盖板；雨水口井身砌筑完毕后，应及时将井内碎砖、砂浆等杂物清理干净，井口临时覆盖。

（二）施工注意事项

施工位置应符合设计要求，不得歪扭；井箅与井墙应吻合；井箅与道路边线相邻边的距离应相等；内壁抹面必须平整，不得起壳、裂缝；井箅必须完整无损、安装平稳；井内严禁有垃圾等杂物，井周回填土必须夯填密实；雨水口与检查井的连接应顺直、无错口；坡度应符合设计规定。

三、检查井施工

（一）检查井的构造

检查井主要有圆形、矩形和扇形三种类型。从构造上看，三种类型的检查井基本相似，主要由井基、井身、井盖、盖座、爬梯等几部分组成。

1. 井基

井基包括基础和流槽。按照土壤及水文地质条件，采用灰土、碎砖、碎石或卵石做垫层，上铺混凝土或砌砖基础。基础上部按上下游管道管径大小砌成流槽。

2. 井身

检查井井身的材料应采用砖、石、混凝土或钢筋混凝土。我国目前多采用砖砌，以水泥砂浆抹面。井身在构造上分为工作室、渐缩部分和井筒三部分。工作室的平面形状有圆形、矩形和扇形。

3. 井盖、盖座

井盖盖在井筒上面，井盖置于盖座上，井盖和路面、人行道应安装平整，防止行人、车辆掉入井内和其他物品落入井内。井盖一般用铸铁制作，也有用混凝土制作的。

4. 爬梯

爬梯供工作人员上下井用，用铸铁制作，也有用砖砌的脚窝，交错地安装在井壁上。

（二）检查井的施工要点

施工前先熟悉图样，确定检查井的尺寸、样式；砌筑检查井，应在管道安装后立即进行；砌井前检查基础尺寸和高程；基础清理干净后，先铺一层砂浆，再进行墙体砌筑，砌砖时每砌完一层，要灌一次砂浆，使缝隙内砂浆饱满，上下两层砖间竖向要错缝，所用砂浆与砖的强度要求由设计确定；井壁与混凝土管相接部分，必须用砂浆坐满，在混凝土管上砌砖，以防漏水，管外壁接头处要提前洗刷干净；井身上部收口按设计标准图集所要求的坡度砌筑，砌井也应边砌边完成井内砂浆抹面。

支管或预埋管按设计要求的标高、位置、坡度安装好，做法同主管；护底、流槽、爬梯应与井壁同时砌筑；一般污水检查井要求内外抹面，雨水检查井只要求内部抹面，外壁要用砂浆搓缝。应边砌边进行内部抹面。

检查井完成后要将井内杂物清理干净，如还不能立即安装盖座、井盖，应设防护或警示标志，防止杂物落入和发生安全事故。

四、雨水支管施工

（一）挖槽

测量人员按设计图纸所示的雨水支管位置、管底高度定出中心线橛并标记高程。

根据开槽宽度，撒开槽灰线，槽底宽一般为管径外皮之外每边各加宽3.0cm；根据道路结构厚度和支管覆土要求，确定在路槽或一步灰土完成后反开槽，开槽原则是能在路槽开槽就不在一步灰土上反开槽，以免影响结构层整体强度；挖至槽底基础表面设计高程后挂中心线，检查宽度和高程是否平顺，修理合格后再按基础宽度与深度要求，立槎挖土直至槽底，做成基础土模，清底至合格高程即可打混凝土基础。

（二）四合一法施工

四合一法施工即基础、铺管、八字混凝土、抹箍同时施工。

1. 基础

浇筑强度为 C10 的水泥混凝土基础，将混凝土表面做成弧形并进行捣固，混凝土表面要高出弧形槽 1~2cm，靠管口部位应铺适量 1：2（体积比）的水泥砂浆，以便稳管时挤浆，使管口之间黏结严密，防止接口漏水。

2. 铺管

在管子外皮一侧挂边线，以控制下管高程、顺直度与坡度，要洗刷管子并保持湿润。

将管子稳在混凝土基础表面，轻轻揉动至设计高程，注意保持对口和中心位置的准确。

雨水支管必须顺直，不得错口，管子间留缝宽度不得超过 1cm。灰浆挤入管内用弧形刷刮除，如出现基础铺灰过低或揉管时下沉过多，应将管子一头撬起或起出管子，铺垫混凝土及砂浆，且重新揉至设计高程。

支管接入检查井一端，如果预埋支管位置不准确，按正确位置、高程在检查井上凿好孔洞，拆除预埋管，堵密应合格、无空洞。支管接入检查井后，支管口应与检查井内壁齐平，不得有探头和缩口现象，用砂浆堵严管周缝隙，并用砂浆将管口与检查井内壁抹严、抹平、压光，检查井外壁与管子周围的衔接处，如果存在缝隙应用水泥砂浆抹严。

靠近收水井一端，在尚未安装收水井时，应用干砖暂时将管口堵塞，以免灌进泥土。

3. 八字混凝土

当管子稳定并完成捣固工作之后，按照要求的角度抹出八字形。

4. 抹箍

管座八字混凝土灌好后，立即用 1：2 水泥砂浆抹箍。

抹箍的材料规格：水泥用强度等级在 32.5 级以上的水泥，砂用中砂，含泥量不大于 5%。接口工序是保证质量的关键，不能有丝毫马虎。抹箍前先将管口洗刷干净，保持湿润，砂浆应随拌随用。

抹箍时先用砂浆填管缝、压实至略低于管外皮，如砂浆挤入管内，用弧形刷随时刷净，然后刷水泥素浆一层，宽 8~10cm，再抹管箍、压实，并用管箍弧形抹子赶光、压实；为确保管箍和管基座八字连接为一体，在接口管座八字顶部预留小坑。抹完八字混凝土立即抹箍，管箍灰浆要挤入坑内，使砂浆与管壁黏结牢固；管箍抹完初凝后，要盖草袋、洒水养护，注意勿损坏管箍。

（三）包管加固

凡支管上覆土厚度不足 40cm，需上大碾碾压者，应做 360°包管加固。在前天浇筑基础下管，用砂浆填管缝并压实至略低于管外皮，做好平管箍后，于次日按设计要求做水泥混凝土包管，水泥混凝土必须插捣振实，注意养护期内的养护，完工后支管内要清理干净。

（四）支管沟槽回填

支管沟槽回填应在管座混凝土强度达到设计强度的 50% 以上后进行；应在管子两侧用 8% 灰土同时进行雨水支管回填，管顶 40cm 范围内用人工夯实，夯实度要与道路结构层相同。

（五）升降检查井

城市道路上有雨水检查井、污水检查井等各种检查井。在道路施工中，为了保护原有检查井井身强度，一般不准采用砍掉井筒的施工方法。

开槽前在井位插上明显标记（用竹竿等物），堆土时要离开检查井 0.6～1.0m，不准推土机正对井筒直推，以免将井筒挤坏。井周土方采取人工挖除，井周填石灰土基层时，要采用火力夯分层夯实。

凡升降检查井取下井圈后，应按要求的高程升降井筒，如升降量较大，要考虑重新收口，使检查井结构符合设计要求。

按设计高程挂线：在顺路方向井两侧各 2m，垂直于路线方向井每侧各 1m，挂十字线稳定井圈、井盖。

检查井升降完毕后，立即将井内用砂浆抹面，在井内与管头相接部位用 1∶2.5 砂浆抹平、压光，最后把井内泥土、杂物清除干净。

井周除按原路面设计分层夯实外，在基层部位距检查井外墙皮 30cm 之间，浇筑一圈厚 20～22cm 的 C30 混凝土加固。顶面在路面之下以便铺筑沥青混凝土面层。在井圈外仍用基层材料回填，注意夯实。

第六章　市政道路养护技术

第一节　市政道路路基的养护加固技术

一、路基挡土墙的养护与加固

(一) 挡土墙养护的基本要求

挡土墙养护的基本要求如下。

1. 挡土墙应坚固、耐用、整齐和美观。

2. 挡墙应经常性检查，发现问题及时处理是挡土墙养护工作的主要内容。此外，每年的春秋两季应进行一次定期检查。冰冻严重地区，主要检查在冰冻融化后挡土墙的墙身及基础的变化情况，以及冰冻前采取防护措施的效果。另外，若遇反常的气候、地震或重型车辆通过等异常情况，应随时进行检查。

3. 墙体及坡面出现裂缝或断缝，应先做稳定处理，再进行补缝。

4. 挡土墙出现风化剥落时，应处理。

5. 挡土墙的泄水孔，应保持畅通。挡土墙出现严重渗水，应增设泄水孔或墙后排水设施。

6. 挡土墙发生倾斜、凹凸、滑动及下沉时，应先消除侧压因素，再选择锚固法、套墙加固法或增建支撑墙等加固措施。

7. 严重损坏的挡土墙，应将损坏部分拆除重建。

(二) 挡土墙的养护措施

挡土墙的养护措施如下。

1. 当出现挡土墙病害时，应先查明原因，并观察其发展情况，再根据结构种类，针对损坏情况，采取合理的修理加固措施。对检查和维修加固情况，应做好记录，归入技术档案备查。

2. 挡土墙的泄水孔如无法疏通，应另行选择适当位置增设泄水孔，或在墙背后沿挡土墙增做墙后排水设施，一般可增设盲沟将水引出路基以外，以防止墙后积水，引起土压力增加或冻胀。

3. 挡土墙若发生失稳或显示失稳征兆时，应调查其地形、地质和水文条件，结合现状确定合理的加固方案。

（1）锚固法。采用高强钢筋做锚杆，穿入预先钻好的孔内，用水泥砂浆灌满锚杆插入岩体部位，固定锚杆，待砂浆达到一定强度后，对锚杆进行张拉，然后用锚头固紧。

（2）套墙加固法。在原墙外侧加宽基础，加厚墙身。施工时，应先挖除一部分墙后填土，减小土压力，同时应注意新旧基础和墙身的结合。其方法是凿毛旧基础和旧墙身，必要时设置钢筋锚栓或石榫，以增强连接。墙后填土必须分层填筑并夯实。原挡土墙损坏严重，须拆除损坏部分重建时，为防止不均匀沉降，新旧墙之间应设置沉降缝。

（3）增建支撑墙加固法。在挡墙外侧，每隔一定的间距，增建支撑墙。支撑墙的基础埋置深度、尺寸和间距应通过计算确定。

二、路基排水设施的养护与加固

（一）路基排水设施的分类

路基排水设施分为地面排水设施和地下排水设施。

1. 地面排水设施

地面排水设施一般包括边沟、截水沟、排水沟、跌水、急流槽、倒虹吸管及渡槽等。

边沟是设在路基边缘的水沟，主要用以汇集和排除路基范围内和流向路基的少量地面水。它是矮路堤和路堑不可缺少的排水设施。

截水沟，又称天沟，当路基上侧山坡汇水面积较大时，应在挖方坡顶以外或填方路基上侧适当距离设置截水沟，用于拦截山坡流向路基的水流。

排水沟的作用是将边沟、截水沟、取土坑或路基附近的积水通过排水沟排至桥涵处或路基以外的洼地或天然河沟，以防水流停积于路基附近，危害路基。

当地形险峻、水流湍急、排水沟渠的纵坡较陡时，为降低流速、消减能量、防止冲刷，可设置跌水或急流槽，以防止水流对路基与桥涵结构物的危害。

2. 地下排水设施

地下排水设施有暗沟、渗沟和渗井。

暗沟是设在地面以下引导水流的沟渠。它本身不起渗水和汇水作用，而是把路基范围内的泉水或渗沟汇集的水流排到路基范围以外，不致在土中扩散，危害路基。

渗沟可分为盲沟、管式渗沟和洞式渗沟三种，用来吸收、降低、汇集和排除地下水，或用以拦截流向路基的地下水，并把它排出路基范围以外。

当路线经过地区地形平坦且地面水无法排除时，可建筑像竖井或吸水井形式一样的渗水井，将地面水通过渗井渗入地下予以排除。

路基排水系统具有拦截、汇集、排除地面和地下水，降低地下水位的功能，能使路基免受水的侵害，保证路基的强度和稳定性。路基排水系统能否正常工作，直接影响路基的稳定性。

因此，加强对各排水设施的日常养护与维修、加固，是确保路基稳定的关键环节。

（二）路基排水设施养护的要求

路基排水设施养护的要求如下。

1. 土质边沟的纵坡度应大于 0.5%，平原地区排水困难地段宜不小于 0.2%。当土质为细砂质土及粉砂土且纵坡在 1%～2%时，或粉砂质黏土且纵坡为 3%～4%，或流量大时，必须加固边沟。

2. 边沟、排水沟和截水沟的淤积物应及时消除，沟内流水应畅通，断面完好。对沟断面破坏，应及时整修恢复。

3. 对有可能被冲刷的土质边沟、排水沟、截水沟，其加固类型应结合地形、地质、纵坡等实际情况，可按表 6-1 和表 6-2 选用。

表 6-1　排水沟渠加固类型

形式	加固类型	加固厚度/mm
简易	夯实沟底沟壁黏土碎（砾）	100~150
	石加固石灰三合土碎（砾）石加固	100~150
干砌	干砌片石	150~250
	干砌片石，水泥砂浆抹平	150~250
浆砌	浆砌片	150~250
	石浆砌混凝土预制块	100~150
	砖砌	60~120

表 6-2　边沟加固类型与纵坡的关系

纵坡/%	<1	1~3	3~5	5~7	>7
加固类型	不加固	土质好不加固；土质不好简易加固	干砌	干砌或浆砌	浆砌

三、路基翻浆的治理

潮湿地段的路基在冰冻过程中，土中的水分不断地向上移动聚集，引起路基冻胀。春融时，路基湿软，强度急剧降低，加上行车的作用，路面发生弹簧、鼓包、冒浆、车辙等现象，称为翻浆。

路基翻浆主要发生在季节性冰冻地区的春融季节，以及盐渍、沼泽、水网等地区。因地下水位高、排水不畅、路基土质不良、含水过多，经行车反复作用，路基会出现弹簧（弹软）、裂缝、冒泥浆等翻浆现象。

（一）造成土基冻胀与翻浆的条件

1. 土质

采用粉性土制作路基，便构成了冻胀与翻浆的内因，粉性土毛细上升速度快、作用强，为水分向上聚集创造了条件。

2. 水文

地面排水困难，路基填土高度不足，边沟积水或利用边沟进行农田灌溉，路基靠近坑塘或地下水位较高的路段，为水分积聚提供了充足的水源。

3. 气候

多雨的秋天、暖和的冬天、骤热的晚春，以及春融期降雨等都是加剧湿度积聚和翻浆现象的不利气候。

4. 行车

通行过大的交通量或过重的汽车，能加速翻浆发生。

5. 养护

不及时排除积水、弥补裂缝，会促成或加剧翻浆的出现。

（二）路基翻浆的预防

对易发生翻浆的路段应加强预防性养护工作。雨季前，应检查整修路肩、边沟，补修路面碎裂和坑槽；雨季后，应疏淘排水设施，修理边沟水毁。冬季应及时清除路面积雪，填灌修补裂缝。

在日常养护中，应经常使路基表面平整坚实，无坑槽、辙、沟，路拱及路肩横坡度符合规定标准，路肩上无坑洼、无堆积物及边沟通畅不存水。及时扫除积雪，使路基顶面不存雪，防止雪水渗入路基。

路面出现潮湿斑点，发生龟裂、鼓包、车辙等现象，表明路基已发软，翻浆已开始。此时，应对其长度、起讫时间及气温变化、表面特征等进行详细的调查与分析，并进行记录，确定其治理方案。通常采用以下养护措施防止翻浆加重。

1. 在路肩上开挖横沟，及时排除表面积水。横沟间距一般为 3～5m，沟宽 30～40cm，沟深至路面基层以下，高于边沟沟底。横沟底面要做向外倾斜的坡，其坡度为 4%～5%。两边路肩的横沟要错开挖。

当开始出现翻浆的路段不太长时，也可在路面的边缘挖出两道纵沟，宽 25cm，深度随路面厚度而定。然后再每隔 300～400m 挖一道横沟。

2. 及时修补路面坑槽和路肩坑洼，保持路面和路肩平整，以利尽快排除表面积水。

3. 如条件许可，应控制重型车辆通过或令车辆绕道行驶。

4. 在交通量较小、重车通过不多的道路上，可用木料、树枝等做成柴排，铺丁翻浆路段，再铺上碎石、沙土，维持通车。当翻浆停止且路基渐趋稳定时，应及时拆除临时设施，恢复路基原状。

5. 砂桩防治。当路基出现翻浆迹象时，可在行车带部位开挖渗水井，随时将渗水井内的水淘出，边淘水、边加深，直至冰冻层以下；当渗水基本停止，即可填入粗砂或碎（砾）石，形成砂桩。砂桩可做成圆形或矩形，其大小以施工方便和施工时维持行车为度。一般其直径（或边长）为 30~50cm，桩距和根数可根据翻浆的严重程度而定，一般一个砂桩的影响面积为 5~10m²。

（三）路基翻浆的处治

翻浆路段必须查明原因，对病害的范围、一般发生时间、气候变化、病害表面特征、路面结构、平时的养护情况等进行详细调查分析，并作记录。对路基翻浆的处理，应根据导致翻浆的水分来源和翻浆高峰时期路面变形破坏程度，确定处理措施。主要可采取下列措施。

1. 交通量小的路段或支路，可采取换土回填的措施。

2. 钻孔灌注生石灰桩或干拌碎石等。石灰桩即将生石灰块填充到路基中，产生吸水膨胀、发热及离子交换作用，使桩体硬化，从而形成复合路基，达到加固路基的效果。

3. 设置砂桩，桩距和根数可根据翻浆的严重程度确定。当路基出现翻浆迹象时，可在行车部位开挖渗水井，随时将渗入井内的水淘出，边淘水、边加深，直至冰冻层以下；当渗水基本停止，即可填入粗砂或碎（砾）石，形成砂桩。砂桩可做成圆形或矩形，一般直径（或边长）为 300~500mm。

4. 有翻浆迹象的路段，应采取以下措施。

（1）在路肩上开挖横沟，及时排除表面积水，横沟间距宜为 3~5m，沟宽宜为 300~400mm，沟深应至路面基层以下，且应高于边沟沟底。

（2）路面坑洼严重路段，应设横纵向相连的盲沟，并与边沟相通。当受边沟高程等条件所限而不能利用边沟排水时，可设置渗水井。

（3）挖补翻浆土基，可换填水稳定性良好的材料，压实后重铺路面。

第二节　市政道路路面的养护修复技术

一、掘路修复

城市建设需要在现有道路下埋设各种管线，往往对现有路面进行纵向或横向的开挖。在管线埋设后，要对被挖掘的道路进行修复，恢复道路的正常使用功能。

（一）一般要求

掘路修复的一般要求如下。

1. 掘路前，应查明地下管线状况。挖槽时，不得损坏原有的地下管线。

2. 掘路的宽度应满足压实机械宽度要求。当宽度不适宜压实机械作业时，其结构修复必须按原标准提高一个等级进行，或对土基进行加固处理。

3. 掘路的槽底最小宽度宜为所埋设施的外侧宽度加两侧夯实机具的工作宽度。

4. 当顺向掘路宽度达到原路1/2时，面层宜为全幅修复。当顺向掘路宽度超过原路1/2时，应进行专项掘路修复设计。

5. 掘路埋设各种管线的管顶埋深，应大于路床下300mm，否则应采取加固措施。

6. 掘路修复的技术资料应归入该条道路的技术档案。

7. 城镇道路的管线敷设宜采用非开挖施工技术。

（二）基层修复

路面基层在使用过程中，因交通量的急剧增长和自然因素的作用，或原先施工中遗留缺陷，或因自然条件的变化，造成路基失稳、干湿类型变化、强度降低、破坏严重，或路面的几何尺寸不能适应交通量增长的需要时，必须改善基层的技术状况，以提高其适应能力。

路面基层的改善包括基层的加宽、补强加厚以及翻修与重铺。在进行路面基层改善时，必须按就地取材的原则，结合原有路面基层材料的利用，合理地应用旧结构，进行设计。

1. 基层的加宽与补强

（1）设计要求

在进行基层加宽与补强设计前，应对原有路面进行详细调查和检测。其内容如下。

①调查该路段不利季节的交通量、交通组成和年平均增长率。

②调查原有道路的路况，如路基宽度、纵坡、平曲线半径，路面宽度、厚度、结构和材料，路面横坡、平整度、摩擦系数，路表面排水（积水）状况、积雪（沙）状况等，路面坑槽、搓板、翻浆等破损程度以及路肩采取的加固措施等。

③调查原有路面设计、施工、养护技术资料以及使用开始至改建的年限、使用效果等。

④测定路基的干湿类型，规定每 500m 取断面，每个断面如路基宽度大于等于 7m 选两个测点，不足 7m 取一个测点。

⑤测定加宽部分的土基湿度和压实度。

⑥测定原有路面的整体强度。

基层加宽一般应采用两侧加宽，如原有路基宽度不足，则应先加宽路基后再铺筑加宽的基层。必要时，可设护肩石（带）。加宽部分的基层应按新土基新建路面设计其厚度，采用的结构与材料宜与原路面的基层相同；基层加厚按旧路补强公式进行设计，基层结构的选择应根据路面等级、交通量、地带类型、现有路况以及材料供应与施工条件等确定。必要时，应增设排水设施，并事先处理好涵洞接长、倒虹吸的防漏以及沿溪路段的护岸挡土墙等工程。

在基层需要同时加宽加厚时，应首先将加宽部分按新土基设计后，再做全幅补强设计。然后将原路面分段实测的计算弯沉值作为加宽部分的设计弯沉值，并由实际调查检测的路基土质、干湿类型及其平均稠度确定土基回弹模量，并根据不同材料的模量按新路设计方法设计加宽部分的基层厚度，使之与原有路面强度保持一致。最后根据原路面确定的计算弯沉值和补强要求的允许弯沉值。按旧路补强厚度计算方法，进行全幅的基层补强设计。

在季节性冰冻区，基层的补强还应验算防冻层厚度的要求。

（2）施工要点

加宽基层时，应做好新旧基层的衔接。对半刚性基层，一般宜用平头搭接；对粒料基层，一般宜用斜接法；当基层厚度超过25cm，也可在原有基层半厚处挖成宽约30cm的台阶做成错台搭接。加宽沥青路面基层时，应将紧挨加宽部位15cm宽的原有沥青面层切凿除去，清扫干净原基层上的松散粒料、浮土后再铺筑加宽基层。如原基层已损坏，则应将其材料重新翻修利用，根据试验掺配新的材料后与加宽混合料一并拌和、铺装、碾压。

基层加宽后，须调正路拱而涉及原有路面的部分，应将旧面层铲掉，按路拱要求一次调正铺装。为使调拱部分的新旧基层结合良好，可把原基层拉毛或使调拱铺装的最小厚度大于8cm。不足时，可开挖原基层。

原基层有局部坑槽、搓板、松散的路段，在补强前应先进行修补找平。平整度超过规定的，应加铺整平层。对发生过翻浆、弹簧、变形等病害的路段，应根据其产生的原因，采取有效的处治措施，严重者可采取综合处治后再加铺基层。

原有砂石路面，尤其是泥结碎石及级配砾石路面，因含泥量过多或土的塑性指数过大，一般不宜用作沥青路面的基层，应将其过量的土筛除或用其他方法改善，并铲除其上的磨耗层和稳定保护层后再做补强层处理。

基层加宽或补强应符合施工压实度的规定要求。

2. 基层的翻修与重铺

（1）当路面具有下列情况时，则基层需要进行翻修。

①原有路面整体强度不足。

②根据路面使用质量的评定，已达到翻修条件。

③原有路面的材料已不能满足结构强度要求，造成全面损坏，须彻底更换路面结构。

（2）基层具有下列情况时，则须进行基层重铺。

①原有路面基层材料没有利用价值，翻修在经济上不合理。

②当地盛产路面基层材料，原基层材料虽然可以利用，但因机械施工困难，技术上暂时难以解决。

③原有路面因路基干湿类型发生变化，须改善其水稳性。

翻修基层时，对原有基层的材料，应尽可能地充分利用。因此，应对原基层取样检测其材料性质，一般每500m检测一处，如路基干湿类型有变化应增加测点。检测项目包括干密度、级配组成以及小于0.5mm细料的含量与塑性指数等，以确定其可利用的骨料含量和需要掺配的材料用量。对无机结合料稳定基层，还应测定其水泥、石灰剂量及其剩余活性，以确定再生利用时需要掺添的水泥或石灰剂量。

基层翻修应结合原材料的利用价值与加铺方案进行技术经济比较后，确定最后要采用的方案。

在中湿、潮湿地带的粒料基层，翻修时宜掺加适量的石灰，以提高其水稳性，有条件时也可掺加水泥予以稳定。

（三）路面修复

1. 沥青混凝土面层修复应符合下列规定。

（1）面层的修复宽度应大于基层宽度，每侧宜大于200mm。

（2）接茬黏层油应涂刷在切割立面，溅洒在路表面的黏层油应清除干净。

（3）接茬宜采用直茬热接方法，应平顺、密实。

（4）宜采用振动压路机或振动夯实机具，分层碾压。

2. 应急抢修或冬季修补掘路面层，可采用混凝土预制砌块，或冷拌沥青混凝土修补平整，可在气温转暖后再做第二次修复。

3. 当水泥混凝土路面掘路宽度超过1/3板宽时，应按整板恢复；当不足1/3板宽时，应做加固处理，并符合规范的规定。

4. 砌块类面层的修复，应将掘路施工期间被扰动的砌块全部拆除重新铺砌。

（四）人行道挖掘与修复

1. 人行道挖掘修复工序：翻挖沟槽部分土方及修整沟槽两侧各一定宽度（当开挖深度大于1m时，为50cm；当开挖深度小于1m时，为25cm）的人行道。土基夯实、平整及铺筑垫层或素混凝土基础。放样，铺筑人行道板或拌制、浇捣水泥混凝土。扫缝、拍夯、补缺、填缝、养生。旧料及时外运，清理场地。

2. 铺筑预制人行道一般采用"放样定位法"铺筑，板底应紧贴垫层，不得有"虚空"现象。靠近侧石处的人行道板，应高出侧石顶面5mm，以利排水。

3. 铺筑预制人行道板时，板底应完全坐实，上下结成整体；板面应恢复原有图案，保证路面平整，纵横缝顺直，特别注意各类井周边，要求平整顺直，按原标准找好坡度。调整后，根据铺砌材料一律采用撒细砂灌缝或水泥灌（勾）缝。

4. 铺筑预制彩色人行道板时，应恢复原有图案，板底应完全坐实，上下层结成整体。

5. 现浇水泥混凝土人行道板，应与原有人行道接顺。水泥混凝土面层收水抹面后，应及时分块滚花压线。成型后应遮盖湿润养生。

6. 市道路人行道挖掘修复涉及城市道路其他附属设施，应按下列规定执行。

（1）凡路灯、广告、灯箱等各类构筑物基础部分，必须将原碎砖、水泥清除，重新调整补齐，基础根部缝隙用水泥抹平。

（2）施工范围内人行步道彩色方砖或其他材料，要求按原样恢复，因管线埋设导致盲道调整，必须按国家有关标准实施。

（3）缘石修复，要求缘石缺少、破损的，用与原材料一致的缘石调整补齐，交叉路口和转弯拐角处破损的一律更换新缘石，做深埋处理。凡新调整、更换的缘石必须勾缝，填缝充实，砌筑坐浆。修复缘石时，应与原缘石衔接和顺，调整好雨水口处标高。

（4）凡施工范围内各类道路附属设施须按原规格、形状进行修复。已破损的，应及时更换新设施。

（5）施工后的余土、废渣，应及时全部清运。

（6）现浇混凝土人行道，对原人行道接边处应凿毛、清洗，铺筑时应与原人行道接顺。水泥混凝土面层收水抹面后，应及时分块滚花压线，并同原人行道图案一致。成型后，应遮盖湿润养生。

（五）掘路快速修复施工

1. 掘路快速修复适用于要求道路快速恢复畅通的过街路或突发爆管修复，要求"当日作业，当日恢复交通"的掘路工程。

2. 应急掘路快速修复应注意道路的技术等级、交通量以及在城市路网中的重要程度，沟槽或土基回填深度内的湿度状况，现场施工的压实条件与施工连续性，掘路修复区域的开挖深度和面积大小。

3. 应急快速修复特殊的材料要求易于存储、运输，施工简便。

4. 填料依据结构层次可分为路基快速回填料、基层快速修复材料和面层快速修复材料。路基快速回填料包括中粗砂、碎砾石、石屑、热焖钢渣、高钙灰稳定土、路面铣刨料等。基层快速修复材料包括快硬硫铝盐酸水泥处置碎石、粗粒式沥青混凝土、沥青稳定碎石、级配碎石等。

5. 因时间紧张，沥青混凝土路面的应急快速修复路面无法及时进行专项设计，可参考周边路段已有的设计方案实施。

6. 回填路基、基层、沥青混凝土面层或水泥混凝土面层的质量控制与检测内容应符合《城镇道路养护技术规范》（CJJ 36—2016）的有关规定。

二、乳化沥青稀浆封层技术

（一）乳化沥青稀浆封层技术的特点及应用

1. 概述

乳化沥青稀浆封层是用适当级配的石屑或砂为骨料，以乳化沥青为结合料，加粉料（水泥、石灰、粉煤灰、矿粉）、添加剂和水按一定比例配成流动状态的沥青混合料，均匀摊铺在路面上而成的沥青表面处治薄层。在水分蒸发干燥硬化成形后，其外观与细粒式沥青混凝土相似，具有耐磨、抗滑、防水、平整等技术性能，施工快、造价低、用途广、能耗省，是一种沥青路面的新材料、新工艺、新结构。实践证明，在许多沥青路面预防性养护措施中，乳化沥青稀浆封层是使用功能最多、最经济的一种技术措施。

实践证明，乳化沥青稀浆封层技术无论是对旧沥青还是新建沥青路面，无论是对低等级道路还是高等级道路，还是对城市道路还是干线道路，都可适用，并能产生显著的经济效益和社会效益。因此，稀浆封层施工技术在道路工程养护作业中有着广阔的应用前景。

2. 稀浆封层技术的作用

在道路的维修养护作业中，应用乳化沥青封层技术，主要有以下作用。

（1）防水作用

稀浆混合料的集料粒径较细，并具有一定的级配，在铺筑成形后，能与原路面牢固地黏附在一起，形成一层密实的表层，从而防止雨水或雪水通过裂缝渗入路面基层，保持了基层和土层的稳定。从透水系数测定结果看，铺筑稀浆封层后的路面基本不得透水。

（2）防滑作用

稀浆混合料摊铺厚度薄，沥青在粗、细集料中分布均匀，沥青用量适当，没有多余的沥青，从而使铺筑稀浆封层后的路面不会产生光滑、泛油等病害，具有良好的粗糙面，路面的摩擦系数明显增加，抗滑性能显著提高。

（3）填充作用

稀浆混合料中有较多的水分，拌和后成稀浆状态，具有良好的流动性，可封闭路面上的细微裂缝，填补原路面因松散脱粒或机械性破坏等造成的不平，改善路面的平整度。

（4）耐磨作用

乳化沥青对酸性矿料和碱性矿料都有着较好的黏结力，故稀浆混合料可选用坚硬的优质抗磨材料，以铺筑有强耐磨性能的沥青路面面层，延长路面的使用寿命。

（5）路面外观形象恢复

对使用年久，表面磨损发白、老化干涩，或经养护修补，表面状态很不一致的旧沥青路面，可用稀浆混合料进行罩面，遮盖破损与补修部位，使旧沥青路面外观形象焕然一新，形成一个新的沥青面层。

但是，稀浆封层技术也有其局限性。由于其单层厚度仅为 0.5~0.15cm，在整个沥青路面结构体系中，只能作为表面保护层和磨耗层使用，而不起承重性的结构作用，不具备结构抗应变能力，不具备结构补强能力。因此，对强度和刚度不足、路表沉陷、稳定性差的路面，应通过中修或大修解决，靠稀浆封层是解决不了这类病害的。

3. 稀浆封层技术的特点

乳化沥青稀浆封层技术是乳化沥青在路面工程中应用的新发展。拌和稀浆时，加入了较多水分，使稀浆混合料具有较好的流动性和黏附性，从而更充分地发挥了乳化沥青的优点。

与热拌沥青混合料相比，稀浆封层混合料具有以下特点：

（1）沥青与矿料的黏结力提高

用阳离子乳化沥青拌制稀浆混合料时，沥青乳液中的沥青微粒表面带有正电荷，湿矿料表面带负电荷，由于异性电荷相吸的原因，沥青微粒可透过矿料水膜，牢固地吸附在矿料表面。若采用阴离子乳化沥青，在拌和稀浆混合料时，在矿料中若加入水泥或石灰粉，使矿料表面附有钙、镁离子，带有正电荷，沥青与矿料的黏结力同样得到提高。

（2）与路面结合牢固

摊铺稀浆封层混合料时，只要原路面扫净润湿，稀浆中沥青微粒能与原路面上露出的矿料很好地黏结，稀浆能渗透到路面缝隙中去，加强与原路面的结合。

（3）沥青能完全裹覆矿料

在拌和稀浆混合料时，加入的水对沥青乳液起到了稀释作用，降低了沥青乳液的黏度，使之有着更好的流动分散性，使沥青微粒完全地均匀裹覆在所有矿料的表面上，形成一定厚度的沥青薄膜，既有足够的结构沥青黏附矿料，又无过多的自由沥青降低混合料的热稳性和强度。

（4）强度高、耐久性好

稀浆封层混合料所有矿料级配较细，接近于热拌细粒式沥青混凝土。它是在常温下拌和摊铺，不存在沥青在加热中可能发生的老化问题，待稀浆混合料破乳固化成形后，其强度和耐久性高于一般热拌沥青混合料。

4. 稀浆封层技术的应用范围

（1）旧沥青路面的维护养护

沥青路面长期暴露在自然环境下，受到日晒、风吹、雨淋及冻融的影响，同时还要承受车辆的重复荷载作用，经过一段时间的使用后，会出现疲劳开裂、松散、老化及磨损等病害。如不及时维修处理，破损路面受地表水的侵入，将使基层软弹，路面的整体承载能力下降，导致路面迅速破坏。稀浆封层技术因使用乳化沥青，与有乳化沥青施工一样，可节约能源、节约沥青，减少环境污染，改善施工条件，延长施工时间，减少气温对养护作业的影响；可实现沥青路面的预防性养护、周期性养护，使路面始终保持良好的行车条件。此外，用这项技术养护沥青路面，生产效率比较高。

（2）新建沥青路面的封层

稀浆封层技术还可用于新建沥青路面的封层。如铺筑双层表处路面时，在第二层嵌缝料摊铺碾压完毕后，最后一层封层料可用稀浆封层代替。稀浆混合料流动性好，可很快地渗入嵌缝料的空隙中，与嵌缝料牢固地结合，使双层表处路面及早形成强度，避免由于泛油不及时造成路面早期破坏。在新铺筑的沥青贯入式路面或沥青碎石路面上，也可加铺一层稀浆封层，使路面更加密实，防水性能良好。

（3）在砂石路面上铺磨耗层

在压实整平后的砂石路面上铺筑稀浆封层，可使砂石路面的外观具有沥青路面的特征，提高砂石路面的抗磨耗性能，防止扬尘，改善行车条件，降低砂石路面的养护费用，改善砂石路面养路工人的工作条件。

（4）水泥混凝土路面和桥面的维修养护

稀浆封层混合料对水泥混凝土也具有良好的附着性。水泥混凝土路面经多年行车后，路面容易产生裂缝、麻面或轻微的不平整。若在旧水泥混凝土上铺设稀浆封层混合料，可改善水泥路面因磨损而出现的光滑现象，改善因接缝而引起的跳车现象，提高路面的平整度，延长水泥路面的使用寿命。此外，在桥梁的行车道上采用稀浆封层表面处治，桥面自重增加很少，可代替热拌混凝土罩面。

（二）乳化沥青稀浆封层技术的施工工艺

乳化沥青稀浆封层施工工艺如图 6-1 所示。

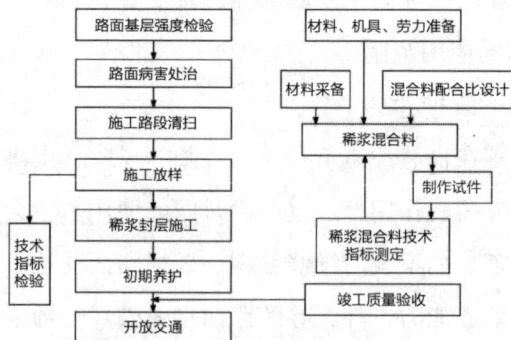

图 6-1　稀浆封层施工工艺过程图

（三）成形养护

乳化沥青的任何一种施工方法，施工后都有一个破乳成形过程，稀浆封层也不例外。养护的时间视稀浆混合料中水的驱除及黏结力的大小而变化。通常认为，当黏结力达到 12N·m 时，稀浆混合料已初凝，当黏结力达到 20N·m 时，稀浆混合料已凝固到可开放交通的状态。影响稀浆混合料成形的因素很多，包括气候、材料、机械设备、配比等，排除气候、矿料、机械设备等非人为因素，乳化沥青的性能及配比就成为影响成形的最关键因素。

1. 影响养护成形的因素

（1）集料

在稀浆混合料中，集料占 3/4，集料的性质在很大程度上影响混合料的拌和性能及养护成形时间，尤其是慢裂快凝型稀浆封层。一般来说，混合料的可拌和时间越长，其养护成形时间也越长。

集料包括碎石、沙砾和矿渣等，其颗粒尺寸分布状态、外形、密度以及自身性质是影响稀浆混合料稳定性的几大因素。颗粒越细、矿粉含量越高，其混合料的可拌和时间越短，能更多地吸收水和乳化沥青；如果含有塑性粉料，则会因吸收水分而膨胀，同样需要增加水和乳化沥青的用量，结果会导致路面的过度收缩和耐磨性降低等缺陷。集料若全部为碎石，将会有更高的吸水能力，其混合料的可拌和时间较短，成形养护时间也可以缩短。多孔性表面或孔隙率较高的矿料吸收特性较明显，矿料越干，吸湿性越强，开放交通就越快；若矿料开始是湿的，则开放交通时间会受影响。

表面活性较强的集料，在其潮湿的表面上存在着较强的电荷。当与乳化沥青接触后，由于带电粒子的相互作用，很可能在没有拌制出稀浆之前，就过快地破乳析出。因此，对这些集料，一般应采取措施，或改变乳化沥青的性能，使其破乳速度减慢，或对集料的表面进行化学处理，降低其电荷性。例如，在预湿水中加入表面活性剂，可中和集料表面的大量电荷，从而获得足够的拌和时间。

（2）乳化沥青

影响乳化沥青破乳速度的主要因素是乳化剂的性能、乳化剂的用量、乳液的 pH 值及乳化沥青含量。

众所周知，乳化沥青可分为慢裂、中裂和快裂三种类型，而用于稀浆封层的必须是慢裂的乳化沥青。稀浆封层的成形可看成混合料中的水被驱除并蒸发干后，沥青由半液态变为半固态，并取代集料表面水而黏附在集料表面上，石料通过沥青的黏结而固化。若水的驱除完全靠自然蒸发，其养护时间可能需要 4~5h。因此，这种封层受现场气候条件影响最大；高温低湿并有大风，将有助于水的蒸发，能加速混合料的养护成形，这就是慢裂慢凝稀浆封层的成形特性。若水的驱除是靠化学的作用，则乳化沥青与集料拌和后，沥青颗粒迅速与集料表面靠近，将集料表面的水挤出去，而很快形成初始黏结力，并在化学和自然蒸发的双重作用下，混合料迅速固化，这就是慢裂快凝稀浆封层成形的基本原理。因此，对慢裂慢凝的稀浆封层，影响其成形的主要原因是气候条件。而慢裂快凝稀浆封层的成形除气候条件外，还在于乳化剂的性能。

在慢裂快凝稀浆封层方面，乳化剂用量的大小是决定乳化沥青破乳的主要因素。一般而言，乳化剂用量越大，其乳液的稳定时间越长，成形开放交通的时间也越长；反之，乳化剂用量越小，混合料的可拌和时间越短，也可能拌不出合格的稀浆混合料。

乳化沥青的 pH 值对拌和的稳定性也有影响，因慢裂快凝稀浆封层的成形主要靠化学作用力，其中就包括集料表面电荷与沥青表面电荷的作用力，而 pH 值大小对矿料表面性能有影响。例如石英石本身并不带电，但当 pH 值低于 3.7 时，其表面带负电。在慢裂快凝稀浆合料中，乳化沥青用量越大，其可拌和时间越长，开放交通时间也相应延长，但乳化沥青的用量，须通过 WTAT 和 LWT 试验确定。

与集料一样，乳化沥青颗粒越细小，表面积就越大，化学性质就越活跃，其破乳成型时间可能会缩短。乳化沥青中的原沥青性能也对成形开放交通有影响。一般认为，原沥青针入度越低，其开放时间越短，凝固速度越快。

（3）填料

填料可分为具有化学活性的填料和不具有化学活性的填料。对不具有化学活性的填料，在稀浆混合料中，其掺量越大，混合料的破乳成形时间均有所缩短，这是因比表面积迅速增加的缘故。而对具有化学活性的填料，其在稀浆混合料中的作用就较复杂，不同的填料其作用也不一样。现以最常用的水泥填料为例，当加入水泥后，因水泥中的离子可中和集料表面的负电荷，使集料与阳离子乳化沥青的化学反应速度减缓、可拌和时间增长；但当水泥添加到一定量后，由于混合料的比表面积增大，可拌和时间将迅速缩短，相应地开放交通时间也将提前。

（4）添加剂

添加剂可分为速凝剂和缓凝剂两种。顾名思义，速凝剂是加快破乳和成形的添加剂，而缓凝剂是减缓破乳和成形的添加剂。在稀浆封层系统中，缓凝和速凝均是以保证最低限度的可拌和时间来确定其添加量的。

（5）温度（能量）

在稀浆封层系统中，广义的温度概念包括空气及太阳的热能、化学反应的热能、原路面的热能、风能及机械拌和和摊铺产生的能量等之和。应该说，系统的总能量越高，混合料的脱水速度越快，封层的成形开放交通的时间越短，在慢裂快凝稀浆封层方面表现得尤为突出。摊铺后，气温越高，破乳成型时间越短；但当气温过高时，刚摊铺的稀浆封层表面可能产生局部过早破乳，形成一层油膜，反而影响层内的水分蒸发，对成形不利。

如果系统中的总热能过高，很可能造成可拌和时间过短。例如刚生产的沥青乳液其温度可能为 $70 \sim 80^\circ\text{C}$，如果立即用于施工，就可能拌不出合格的稀浆。但当乳化沥青降至自然温度后，就可能铺出非常好的稀浆封层。

摊铺后风越大，成形时间越短，开放交通时间越早。最不利的天气是低温、高湿，低温的影响没有湿度明显。放热的反应有利于混合料的破乳和成形，而吸热的反应则相反，需要从系统中吸收热量，影响破乳成形。

水在蒸发的同时会吸收大量热量，使混合料的总体温度降低，当有热量补充时（如日照），成形会加快进行。但当无热量补充时（如日落后），其破乳成形的速度将迅速降低，延迟开放交通时间。因此，在夜间施工时，应充分注意这一点，应有较高的环境温度来对混合料进行热量交换，以保证足够的养护时间。

原路面温度若高于稀浆混合料的温度，将有利于两层的黏结及稀浆混合料的破乳成形；反之，因热量交换的结果，混合料的温度将逐渐下降，影响其破乳成形。这也就是有时早上第一车摊铺的稀浆封层比之后摊铺的稀浆封层成形慢的原因之一。

2. 碾压

稀浆混合料在破乳成形后，都会有若干空隙。这些空隙在自然交通的反复作用下，可提供足够的压实，使空隙自动弥合。因此，也就无须压实机械碾压。但交通量不足的地方，如停车场、机场、游乐场、广场及不开放交通的下封层，则必须碾压。碾压的时机非常重要。一般认为，刚破乳的沥青微粒，其成膜后的性质接近于液态而非固态。因此，在此时实施碾压，其压实效果最好。

压实机具可用轮胎压路机或钢轮压路机，但不可用振动压路机。

（1）轮胎压路机

轮重 4.5t，轮胎压力约 3 个大气压，碾压时做 5 个往返，并从路中开始向外侧扩碾，碾压速度为 5~8km/h。

（2）钢轮压路机

轮重 3~4.5t，多用于多层稀浆封层的底层上。但在水泥混凝土路面上的稀浆封层，严禁使用钢轮压实。

3. 其他

（1）撒砂保护

刚摊铺的稀浆混合料，在养护成形期间内，严禁任何车辆和行人进入，否则将带来不良的外观。但有时，一些路段在摊铺后必须立即开放交通，如交叉路口、单位门口等。因此，必须采取一些措施尽可能减少对稀浆封层的损坏。撒砂保护是一个可取的办法，在需要开放交通的路段撒上一层薄砂，将避免粘轮现象的发生；但撒砂的时间最好在稀浆破乳之后进行，太早也将产生轮迹。在这些路段上最好应避免急刹车和急转弯，否则将破坏路面。

有时，成形的稀浆封层上会出现发亮、发黏，甚至是一层油膜的现象。其处理的办法是在开放交通前撒砂进行保护，撒砂后进行碾压将更好。

（2）缺陷处理

施工时产生的一些缺陷，如漏铺、刮痕、脚印等，均应在开放交通前进行修补，以防病害扩大。

（3）现场清洁

稀浆封层施工后，应对现场进行清理，路面上不应留有任何松散或成堆废弃物。不慎漏出的乳化沥青或施工终点多余的乳化沥青所产出的光滑表面，应撒上一层石屑，并扫平。料场的整洁也特别重要，尤其装乳化沥青的地方，被漏出的乳液污染的可能性很大，应及时清理。开放交通后的稀浆封层路面上，不应留有任何障碍，以保证交通顺畅。

（4）设施恢复

对雨水井箅、检查井盖等设施均应在施工后进行清理，保持设施的可操作性和完整性。

第三节　人行道及附属设施的养护

一、人行道的养护

（一）养护内容

人行道养护应包括人行道基层、面层及人行道无障碍设施，人行道缘石、树池和踏步等。对人行道及其附属设施，应经常养护，使其处于完好状态。

1. 面层

人行道面层养护维修主要包括砌块填缝料散失的补充，路面砖松动、破损、错台、凸起或凹陷维修，较大面积的沉陷、隆起或错台、破损维修，检查井沉陷和凸起维修。人行道面层砌块铺装必须设置足够强度的基层和垫层，面层砌块发现松动应补充填缝料，缝隙应填灌饱满，砌块排列应整齐，面层应稳固平整，排水应通畅。垫层材料可采用干砂、石屑、石灰砂浆、水泥砂等。面层养护应满足以下规定。

（1）更换的砌块色彩、强度、块型、尺寸均应与原面层砌块一致。

（2）面层砌块发生错台、凸出、沉陷时，应将其取出，整理垫层，重新铺装面层，填缝。维修的部位应与周围的面层砌块砖相接平顺，砌块的修补部位宜大于损坏部位一整砖。

（3）对基层强度不足产生的沉陷、破碎损坏，应先加固基层，再铺砌面层砌块。

（4）检查井周围或与构筑物接壤的砌块，应切块补齐，不宜切块补齐的部分应及时填补平整；盲道砌块缺失、损坏应及时维修。盲道的块型、位置应安装正确。

人行道面层砌块应具有防滑性能。其材质标准应符合表6-3的要求。

表6-3 人行道面层砌块材质标准

项目	技术要求
抗折强度/MPa	不低于设计要求
抗压强度/MPa	≥30
对角线长度/mm	±3（边长>350mm），±2（边长<350mm）
厚度/mm	±3（厚度>80mm），±2（厚度<80mm）
边长/mm	±3（边长>250mm），±2（边长<250mm）
缺边掉角长度/mm	≤10（边长>250mm），≤5（边长<250mm）
其他	颜色一致，无蜂窝、露石、脱皮、裂缝等

2. 基础

（1）当人行道变形下沉和拱胀凸起时，应对基础进行维修。

（2）修复挖掘的人行道基础时，要求沟槽回填的最小宽度应满足夯实机械的最小工作宽度，且不得小于600mm；应分层回填夯实，分层的厚度应小于夯实机械最大振实厚度。当不能满足回填最小宽度时，可采用灌筑混凝土等方法回填密实。沟槽回填应高于原路床，夯实后再整平，恢复面层。

3. 缘石

（1）混凝土缘石应经常保持稳固、直顺，发生挤压变形、拱胀变形应予以调整，调整后的缘石应及时勾缝。更换的缘石规格、材质应与原路缘石一致。

（2）花岗岩、大理石类的缘石，其缝宽不得小于3mm，最大缝宽不得超过10mm。

（3）道路翻修、人行道改造时，砌筑缘石应采用C20水泥混凝土做立缘石背填。

（4）缘石养护质量标准应符合表6-4的规定，缘石标准应符合表6-5的规定。

表6-4 人行道缘石养护质量标准

项目	技术要求	检验频率		检查方法取最大值
		范围	点数	
直顺度	≤10mm	20m	1	20m 小线
相邻块高差	≤3mm	20m	3	钢尺
缝宽	±3mm	20m	1	钢尺
高程	±10mm	20m	1	水准仪

表6-5 缘石标准

项目	技术要求
抗折强度/MPa	不低于设计要求
抗压强度/MPa	≥30
长度/mm	±5
宽度与厚度/mm	±2
缺边掉角/mm	<20，外露面、边、棱角完整
其他	颜色一致，无蜂窝、露石、脱皮、裂缝等

（二）养护状况检查

人行道及附属设施养护状况的检查分为日常检查和定期检查。

1. 日常检查

日常检查的内容如下。

（1）道面及侧石顶面是否完整，排水是否通畅，有无积水。

（2）道面砌块及侧石是否完整、牢固，砌块间缝宽及相邻砌块间高差是否符合要求，道路纵横坡是否符合原设计要求，侧石外边线是否直顺。

（3）道面上的树穴位置是否正确，绿化带内是否整洁，树枝有无影响行车或遮挡交通标志。

（4）各种立柱是否竖直并稳定，交通标牌字迹是否清晰、完整，金属构件表面的油漆是否完好。

（5）附属设施的位置是否正确，表面是否清洁、齐整，有无被路树遮蔽的现象。

（6）场内的绿地、绿树和花坛的布置是否合适，是否美观大方。

2. 定期检查

对人行道及附属设施的定期检查属详细检查，每月进行一次。定期检查要使用测量工具详细地检查人行道及附属设施的病害，并同时做好检查内容的记录，发现病害应及时修复。

定期检查的内容及其标准如下。

（1）人行道面上的坑槽（包括树穴边缘人行道缺损），其深度大于 20mm，则要修复。

（2）人行道面上的 1m² 范围内深度大于 20mm 时，则要及时修复。

（3）人行道上的错台、预制板与侧石、板与板之间的高度大于 10mm 时，则要修复。

（4）人行道上拱起，低点与高点之差大于 30mm 时，则要及时修复。

（5）人行道上的各类井框高于或低于人行道 20mm 时，应进行修理。

（6）人行道路面残缺损坏长度超过 400mm 时，则要进行修复。

（7）侧平石的损坏长度超过 400mm 时，应及时修复。

（8）各类路（名）牌的垂直偏差超过 50mm，字迹不清晰，玻璃钢路名牌脱落，以及混凝土路名牌等严重缺损、露筋时，应及时修复。

（9）护栏的垂直偏差超过 50mm、油漆大面积脱离时，需要修复。

（三）病害分析

1. 人行道病害的原因

预制混凝土板常见病害有坑槽、沉陷、高低差、平整度、井框高差，整体铺装人行道常见病害有坑槽、沉陷、井框高差、脱皮、裂缝等。

人行道病害的主要原因如下。

（1）预制块混凝土人行道板受雨水冲刷，嵌缝料流失造成板块的松动，以及由基层土壤流失造成的沉陷、坑槽、板块出现高低差及井框高差等。

（2）整体铺装的人行道板受雨水冲刷造成基层土壤流失，在水的不断侵蚀下，面层产生裂缝。裂缝扩大后，造成坑槽、沉陷。

（3）施工期间因基层没有夯实，密实度达不到要求，造成路面沉降，形成沉陷、裂缝和高低差。

（4）各类井框周围，因施工覆土没有达到标准密实度，发生局部沉降形成井框高差。

（5）整体铺装，人行道板因抹面等工序没有处理好而造成裂缝、脱皮等现象。

（6）在人行道上停放重车、堆积重物而形成人行道坑槽和裂缝。

2. 缘石病害的原因

（1）施工过程中，因侧平石不牢固，使用后造成倾倒、沉降。

（2）在使用过程中，因重型车辆撞击造成侧平石的沉降、残损、断裂等。

（3）因侧平石成品质量有问题而出现的裂缝、蜂窝等病害。

3. 路名牌病害的原因

（1）路名牌因遭日晒雨淋或受烟熏造成字迹模糊，难以辨认。

（2）路名牌因施工中不牢固，没有达到规定要求而造成倾斜或倒落。

（3）路名牌在使用中因悬挂重物或受车辆碰撞造成损坏及倾倒。

（四）养护措施

1. 日常养护

（1）应经常保持人行道的平整，及时清除人行道上的尘土及杂物。两侧建筑物的管道排水不得漫流于地面。

（2）禁止机动车在人行道上行驶。防止机动车上人行道的措施如下。

①在人行道上安装防护栏或布置绿化带，且在进出口坡度两侧安装反光立杆（间距1m），以防止机动车辆驶入人行道。

②提高侧石及整个人行道的高度，一般为22～30cm，以阻止机动车辆驶入人行道上。

③加强人行道的整体强度，铺设水泥混凝土人行道，以提高人行道基础和面层的强度，使人行道停放机动车后不致损坏。

（3）经常保持块料铺装人行道块体的稳定，发现松动及时补充嵌缝材料，充填稳固。若垫层不平，应重新铺砌。

（4）应保养好整体铺装人行道的伸缩缝和施工缝以及人行道同检查井口的接缝。局部损坏要及时修补。

（5）侧石及平石的接缝，要定期清缝及勾缝。

（6）对损坏或歪斜的侧石及平石，应及时调整或更换。

（7）因树根挤坏人行道及侧石而影响行人和排水时，应同园林部门联系并解决。

（8）发现人行道和附属设施被占压和破损，应及时处理。

2. 人行道板的养护

人行道道面、彩色和盲人人行道板如有破损，应用同种颜色的材料进行修复。修复时，应根据损坏情况采取局部调整或重新翻排。

（1）局部调整

对人行道板的高低差及局部损坏，应采用局部调整。其主要内容是翻挖有高低差或损坏的道板，整理垫层，铺填黄沙或1∶2水泥砂浆找平，以及放置新道板、灌缝、扫净余砂等。

（2）翻挖重排

①清除表面杂物，翻挖坑槽、沉陷范围内的道板。翻挖时，应按砌块接缝线留100mm进行开挖。

②将损坏基层中的混凝土破碎至一定深度后作为填充材料铺筑，并整理夯实，回填土及基层压实度不小于90%。

③基层混凝土铺筑强度应达到设计强度的75%，方可进行铺筑面层工作。

④在混凝土基层上用1∶2水泥砂浆做黏结层，厚度控制在3~4cm。

⑤将修补处人行道板或需要更换的人行道板，按所放定位线逐块铺于黏结层上，板底应完全坐实，上下结成一体。相邻板块紧贴，表面平整，线条顺直。

⑥挂线定位。以一条横缝为基准线向前或双向铺筑（一般以侧石顶面和原有混凝土板为基准线），在人行道边线距离基准横线一块预制板铺筑宽度处用钉钉一杆，用麻线的一端套结在钉杆上，其高度与放样麻线相平；另一端拴一垂球，骑挂在侧石外侧，并使此线平行于基准横道。

⑦铺设彩色或盲人人行道板，应根据原有图案规格进行修补，以保证色彩、

图像的完整。

⑧预制道板铺筑完成后，应用丁字镐轻击板面，但不得撞击板的四角。道板铺筑完毕后，即用垫层材料嵌相邻道板间的缝隙，扫缝2~3次。

3. 整体铺筑人行道的维修

（1）表面补修

整体铺筑人行道的表面出现脱皮和细小裂缝，一般采用表面补修。其主要补修方法如下。

①首先敲除脱皮面层，并清扫干净。

②挖除裂缝中的杂物及松动的混凝土，并用清水冲洗和毛刷轻刷。

③用M10水泥砂浆嵌补并抹平裂缝或脱皮部分。修补部位的新旧接茬应密实平整。

④养生期为3d，完毕才能开放交通。

（2）挖补方法

①沿损坏范围边缘放大10cm画线框，呈矩形。用切割机或人工切缝，刀割深度一般为5cm左右。

②将损坏的混凝土道板用空压机或风镐破碎至一定细度后作为碎石基层。

③铺筑基层和夯实，并用3m直尺检验平整度，误差控制在5mm范围内。

④铺筑面层应从四角开始，同时用插入式振捣器振实。新铺的混凝土强度和厚度应不低于原混凝土面层。

⑤混凝土面层振实后，用平板振捣器及振动夯板整平、抹面。

⑥收水抹面后，应及时分块滚花、压线。滚花应清晰，花眼深度一致，并防止将泥浆带起。

⑦铺筑、振实、收水、抹面及压线等工序应连续施工，不宜间隔过长。施工时，中断时间不得超过0.5h。

⑧修补成型后，应遮盖湿法养生3d后开放交通。

4. 侧平石维修养护

侧石及平石表面风化剥落或有少量破损可采用表面修补方法，表面修补的方法同整体铺筑修补；如侧平石倾斜、沉降或侧平石大面积缺损应进行翻修。

（1）将损坏的侧平石用空压机及风镐挖除。翻挖时，应注意避免破坏道路面层。

（2）侧平石基础如有松动，应予挖除。翻挖后，应及时用混凝土填补、整平。

（3）在翻挖两侧的原侧平石缝中插入铁钎，并在铁钎上拉一麻线与原侧石顶面高程一致。

（4）排砌侧平石，侧石顶面应与麻线一致；再用1m直尺检验后及时进行缘石坞膀。

（5）侧石坞膀符合强度要求后，铺筑平石混凝土基础。平石基础铺筑完后，应及时排砌平石，平石内侧应紧靠侧石外侧或直线，相邻平石应紧靠，且无倒落水现象。

（6）侧平石修补完毕后，应用护栏围护，同时进行湿法养生。

二、路名牌的养护

路名牌的养护工作主要有以下内容：

1. 应经常清除路名牌周围杂草、阻碍视线的枝杈树叶，及时清理其他堆积物，并清洗立杆上的污秽部分。

2. 路名牌应保持其特有的色泽和鲜明与清晰的字迹。

3. 路名牌有变更时，应及时更换新的路名牌。

4. 路名牌发生挤弯、变形、倾斜时，应尽快修复或更换。立杆锈蚀时应按护栏原漆及养护要求及时涂油漆。

三、广场与停车场的养护

（一）广场的养护

城市广场是指城市中由建筑物、构筑物、道路或绿地等围合而成的开敞空间，是城市公共社会的中心。广场又是集中反映城市历史文化的空间和城市建筑艺术的焦点，是最具艺术魅力、最能反映现代都市文明的开放空间。

广场按其主要性质、用途以及在道路网中所处的地位，可分为五类：公共活动广场、集散广场、纪念广场、交通广场及商业广场（有的广场兼有多种功能，也可成为综合性广场)。

1. 做好广场的绿化。随着生活水平的提高和生活节奏的加快，人们希望广场和公共绿地成为舒适、方便、卫生，空间构图丰富，充满阳光、绿化和水的富有生机的优美的休闲场所，以满足人们日益增长的生理和心理需求。因此，要派专人经常检查与维修，定期修剪植物的枝叶，以达到完美的视觉效果。

2. 保持广场的整洁。派专门的保洁人员保持公共设施的干净整齐。

3. 在花坛或绿地上竖立警示牌，提醒行人或游人注意自己的言行，维护广场的优美环境。

（二）停车场的养护

停车场是指城市中露天集中停放车辆的场所。城市公共停车场是指在道路外独立地段为机动车和非机动车设置的场地。

1. 停车场管理得当对提高道路服务能力、保障行车安全和交通畅通具有重要意义。要派专人进行管理，使车辆有序地停放。

2. 经常检查停车场出入口及停车场内的交通标志、标线，若缺失应及时补充，以指明场内的通道和停车车位。

3. 要确保场地平整、坚实、防滑。

第七章　桥梁工程结构施工技术

第一节　桥梁基础施工技术

桥梁上部结构承受的各种荷载，通过桥台或桥墩传至基础，再由基础传至地基。基础是桥梁下部结构的重要组成部分，因此基础工程在桥梁结构物的设计与施工中占有极为重要的地位。它对结构物的安全使用和工程造价有很大的影响。

一、桥梁基础概述

（一）桥梁基础的作用与要求

基础指桥梁结构物直接与地基接触的部分，是桥梁下部结构的重要组成部分。承受基础传来的荷载的那一部分地层（岩层或土层）则称为地基。地基与基础受到各种荷载作用后，本身将产生应力和变形。为了保证桥梁的正常和安全使用，地基和基础必须具有足够的强度和稳定性，变形也应在容许范围内。

根据地基土的土层变化情况、上部结构的要求和荷载特点，桥梁可采用各种类型的基础。

基础类型的选定主要取决于地质土层的工程性质、水文地质条件、荷载特性、桥梁结构、使用要求，以及材料的供应和施工技术等因素。

基础类型选择的原则是：力争做到使用上安全可靠、施工上简便可行、经济上节约合理。因此，必要时应比较不同的方案，从中选出较为适宜与合理的设计和施工方案。

众多工程实例表明，桥梁基础的设计与施工质量关系到整座桥梁的质量。基础工程是隐蔽工程，如有缺陷，较难发现，也较难弥补或修复，而这些缺陷往往直接影响整座桥梁的使用甚至安危。基础工程施工的进度，经常控制着全桥施工进度。下部工程的造价，尤其是在复杂地质条件下或采用深水基础的情况下，通常占全桥造价相当大的比重。因此，这项工作必须做到精心设计、精心施工，确保万无一失。

桥梁结构是一个整体，上部结构、下部结构和地基是共同工作、相互影响的。地基的任何变形都必然引起上部结构和下部结构的相应位移，上部结构和下部结构的受力情况也必然关系到地基的强度和稳定性。所以，桥梁基础的设计、施工都应紧密结合桥梁结构的特点和要求，全面分析，综合考虑。

（二）桥梁基础的特点

桥梁基础起着支承桥跨结构、保持体系稳定的作用。它把上部结构、墩台自重及车辆荷载传递给地基，是桥梁结构的一个重要组成部分。地基即基础下面的地层，作为整个桥梁的载体，地基承受基础传来的荷载。

为了保证建（构）筑物的安全和正常使用，要求地基必须有足够的强度和稳定性；同时，变形也应在容许范围之内。对于浅基础而言，从地基的层次和位置看，它有持力层和下卧层之分。持力层即与浅基础底面相接触的那部分地层，直接承受基底压应力作用。持力层以下的地层称为下卧层。要保证建（构）筑物的质量，必须保证有可靠的地基与基础，否则，整个建（构）筑物就可能遭到损坏或影响正常使用。从实践来看，工程质量事故往往是由地基与基础的失稳、破坏造成的。

（三）桥梁基础的分类

地基可分为天然地基和人工地基。直接在其上修筑基础的地层称为天然地基；如果天然地层土质过于软弱或有不良工程地质问题，则需要经过人工加固或处理后才能修筑基础，这种地基称为人工地基。

在一般情况下，应尽量采用天然地基。基础可按基础的刚度、埋置深度、构造形式、施工方法及材料来分类。分类的目的在于了解各种类型基础的特点，以便在设计时根据具体情况合理选用。

1. 按基础的刚度划分

基础按刚度不同，可分为刚性基础和柔性基础。

受力后，不发生挠曲变形的基础称为刚性基础，一般可用抗弯拉强度较差的圬工材料（如浆砌块石、片石混凝土等）修筑。这种基础不需要钢材，造价较低，但圬工体积较大，且支承面积受一定的限制。

受力后，容许发生较大挠曲变形的基础称为柔性基础或弹性基础，其通常须用钢筋混凝土做成。由于钢筋可以承受较大的弯拉应力和剪应力，所以当地基承载力较小时，采用这种基础可以有较大的支承面积。在桥梁工程中，多采用刚性基础。

2. 按基础埋置深度划分

基础按埋置深度不同，可分为浅基础（埋置深度在 5m 以内）和深基础两种。

当浅层地基承载力较大时，可采用埋深较小的浅基础。浅基础施工方便，通常用明挖法从地面开挖基坑后，直接在基坑底面砌筑、浇筑基础。浅基础是桥梁基础首选方案。

如果浅层土质不良，则须将基础埋置于较深的良好土层中，这种基础称为深基础。深基础设计和施工较为复杂，但具有良好的适应性和抗震性。因此，目前高等级道路普遍应用深基础，常见的形式有桩基础、沉井等。

3. 按构造形式划分

桥梁基础按构造形式不同，可分为实体式基础和桩柱式基础两类。

当整个基础都由圬工材料筑成时称为实体式基础。其特点是基础整体性好，自重较大，对地基承载力要求较高。由多根基桩或小型管桩组成，并用承台连接成整体的基础，称为桩柱式基础。这种基础相较于实体式基础，圬工体积小、自重较轻，对地基强度的要求相对较低，桩柱本身一般要用钢筋混凝土制成。

4. 按施工方法划分

基础按施工方法不同，可分为明挖基础、沉井基础、沉箱基础、沉桩基础、沉管灌注桩基础、就地钻（挖）孔灌注桩基础等。施工方法中，明挖法最为简单，但只适用于浅基础，其他方法均可用于深基础。

5. 按基础的材料划分

目前，我国道路构造物基础大多采用混凝土或钢筋混凝土结构，少部分采用钢结构。在石料丰富的地区，按照因地制宜、就地取材的原则，也常用砌体结构。只有在特殊情况下（如抢修、修建林区便桥），才采用临时的木结构。

二、桥梁浅基础施工

（一）桥梁浅基础的构造形式

1. 刚性扩大基础

由于地基强度一般较墩台强度低，因而需要将基础平面尺寸扩大，以适应地基强度的要求。同时，相对于地基而言，基础类似于一个强大的刚体，故常被称为刚性扩大基础。

作为刚性基础，其每边的最大尺寸受到其自身材料刚性角的限制。当基础较厚时，可以利用刚性角将基础做成阶梯状，这样既可以减少基础的圬工量，又可以发挥基础的承载作用。

刚性角是材料的一种性质，由于刚性角的存在，设计基础时应当根据刚性角的限定范围将基础按照阶梯形状逐步放大，让放大的尺寸尽可能与刚性角保持一致，基础的高度与底边宽度不得随意设定。在充分考虑材料刚性角的前提下进行基础施工，既可以较好地扩散基底应力，又可以节省基础建造材料。

2. 单独基础和联合基础

单独基础是立柱式桥墩中常用的基础形式之一，它的纵、横剖面均可砌筑成台阶式。但当两个立柱式桥墩相距较近，每个单独基础为了适应地基强度的要求而必须扩大基础平面尺寸时，则相邻的单独基础有可能在平面上相接甚至重叠，此时可将基础扩大部分连在一起，形成联合基础。

3. 条形基础

条形基础是指基础长度远大于宽度和高度的基础形式，分为墙下条形基础和柱下条形基础。柱下条形基础又可分为单向条形基础和十字交叉条形基础。条形基础必须有足够的刚度，将柱的荷载较均匀地分布到扩展的条形基础底面积上，并且调整可能产生的不均匀沉降。当单向条形基础底面积不足以承受上部结构荷载时，可在纵横两个方向将柱基础连成十字交叉条形基础，以增加桥梁的整体性，减小基础的不均匀沉降。

条形基础还可分为梁板式条形基础和板式条形基础两类。梁板式条形基础适用于钢筋混凝土框架结构、框架—剪力墙结构、框支结构和钢结构，板式条形基础适用于钢筋混凝土剪力墙结构和砌体结构。

（二）桥梁浅基础基坑开挖

1. 基坑定位放样

在桥梁施工过程中，首先要建立施工控制网，其次进行桥梁轴线标定和墩台中心定位，最后进行墩台施工放样，定出基础和基坑的各部分尺寸。桥梁的施工控制网除用来测定桥梁长度外，还要用于各个位置控制，保证上部结构的正确连接。

施工控制网常用三角控制网，其布设应根据总平面图设计和施工地区的地形条件来确定，并作为整个工程施工设计的一部分。布网时要考虑施工程序、方法及施工场地的布置情况，可以用桥址地形图拟订布网方案。

桥梁轴线的位置是在桥梁勘测设计中根据路线的总走向、地形、地质、河床情况等选定的，在施工时必须在现场恢复桥梁轴线位置，并进行墩台中心定位。中小桥梁一般采用直接丈量法标定桥梁轴线长度并定出墩台的中心位置，有条件的可以用测距仪或全站仪直接确定。

施工放样贯穿整个施工过程，是质量保证的一个方面。施工放样的目的是将设计图上的结构物位置、形状、大小和高低在实地标定出来，以作为施工的依据。

桥梁施工放样的主要内容是：墩台纵横向轴线的确定，基坑开挖及墩台扩大基础的放样，桩基础的桩位放样，承台及墩身结构尺寸、位置放样，墩帽和支座垫石的结构尺寸、位置放样，各种桥型的上部结构中线及细部尺寸放样，桥面系结构的位置、尺寸放样，各施工阶段的高程放样。

基础放样是以实地标定的墩台中心位置为依据来进行的，在无水地点可直接将经纬仪安置在中心位置，用木桩准确固定基础纵横轴线和基础边缘。由于定位桩随着基坑开挖必将被挖去，所以必须在基坑开挖范围以外设置定位桩的保护桩，以备施工中及时检查基坑位置或基础位置是否正确，基坑外围通常用龙门板固定位置或在地上用石灰线标出位置。对于建筑物标高的控制，常将拟建建筑物区域附近设置的水准点引测到施工现场附近不受施工影响的地方，设置临时水准点。

2. 陆上基坑开挖

（1）浅基坑无水开挖。浅基坑无水开挖指的是在陆地深水位地层中进行开挖工作。由于这种类型的基坑很浅，而水位又很深，因此，整个开挖过程都是在无水或者渗水量很小的情况下进行的。基坑壁的稳定性不会受到水的影响，开挖工作比较简单。坑壁形态可根据土质情况灵活选择，可选择竖直状、斜坡状、阶梯状等。

（2）深基坑无水开挖。深基坑无水开挖是指开挖较深的基坑，但地下水依旧位于基坑底面以下，坑内有较少的渗水。一般情况下只须在坑底设置几个集水坑进行抽水即可。少量的渗水不会影响基坑壁的稳定性。若条件允许，可以采用坑壁放坡或修筑台阶的方式进行开挖；若条件不允许进行全方位大尺度扩口，则应当采取适当的护壁措施进行开挖，以防止坑壁发生坍塌。通常采用的护壁措施有插打钢板桩围堰、钢轨、木桩，也可以采用挂网喷射混凝土、地下连续墙、钻孔搅拌桩连续墙等防护措施。

（3）浅基坑渗水开挖。如果桥梁施工位置处的地下水位很浅，会出现严重渗水甚至涌水的情况。在这样的状态下，如果不消除水的影响，那么后续的工作将无法正常开展。目前使用较多的排水方法主要有三种，即降水井抽水排水法、钢板桩围堰封闭排水法、地下连续墙封闭排水法。其中：降水井抽水排水法适用于陆地高水位环境；钢板桩围堰封闭排水法既适用于水中基坑开挖，又适用于陆地高水位环境；地下连续墙封闭排水法适用于陆地高水位环境。在水中环境和陆地高水位环境中，采用集水坑抽水排水的方法是难以奏效的。

（4）深基坑渗水开挖。在水中开挖深基坑是基础施工中难度最大的。根据长期的工程实践经验，利用钢板桩围堰封闭开挖空间，使之与外围水源隔绝，在无渗水、无坑壁坍塌的环境中进行水中深基坑的开挖是值得推荐的方法。

3. 水中基坑开挖

桥梁墩台基础大多位于地表水位以下，有时水流还比较大，施工时都希望在无水或静止水条件下进行。桥梁水中基础常用的施工方法是围堰法。

围堰的作用主要是防水和围水，有时还起到支撑施工平台和基坑坑壁的作用。围堰的结构形式和材料要根据水深、流速、地质情况、基础形式及通航要求等条件进行选择。任何形式和材料的围堰，均必须满足下列要求：

（1）围堰顶宜高出施工期间最高水位 70cm，最低不应小于 50cm，用于防御地下水的围堰宜高出最高水位或地面 20~40cm。

（2）围堰外形应适应水流排泄要求，大小不应过多压缩流水断面，以免壅水过高危害围堰安全，影响通航、导流等。围堰内的平面尺寸应满足基础施工的要求，并留有适当的工作面积。

（3）围堰的填筑应分层进行，减少渗漏，并应满足堰身强度和稳定性的要求，基坑开挖后，围堰不致发生破裂、滑动或倾覆。围堰要求防水严密，应尽量采取措施防止或减少渗漏，减轻排水工作。围堰施工一般安排在枯水期进行。

4. 地基处理

（1）多年冻土地基的处理。基础不应置于季节冻融土层上，并不得直接与冻土接触；基础的基底修筑于多年冻土层（即永冻土）上时，基底之上应设置隔温层或保温层，且铺筑宽度应在基础外缘加宽 1m。按保持冻结原则设计的明挖基础，其多年平均地温等于或高于 3℃时，应于冬期施工；多年平均地温低于 -3℃时，可避开高温季节在其他季节施工。施工前做好充分准备，组织快速施工。做好的基础应立即回填封闭，不宜间歇。必须间歇时，应以草袋、棉絮等加以覆盖，防止热量侵入。施工过程中，严禁地表水流入基坑。如有明水，应在距坑顶 10m 之外修排水沟排除。水沟的水应远离坑顶排放并及时排除融化水。施工时，必须搭设遮阳棚和防雨篷，并及时排除季节冻融土层内的地下水和冻土本身的融化水。

（2）岩层基底的处理。风化的岩层，应挖至满足地基承载力要求或其他方面的要求为止；在未风化的岩层上修建基础前，应先将淤泥、苔藓、松动的石块清除干净，并洗净岩石；如有坚硬的倾斜岩层，应将岩层面凿平；倾斜度较大无法凿平时，则应凿成多级台阶，台阶的宽度不宜小于 0.3m。

（3）溶洞地基的处理。如有影响基底稳定的溶洞，不得堵塞溶洞水路；干溶洞可用砂砾石、碎石、干砌或浆砌片石及灰土等回填密实；基底干溶洞较大，回填处理有困难时，可采用桩基处理，桩基应进行设计，并经有关单位批准。

（4）泉眼地基的处理。可将有螺口的钢管紧紧打入泉眼，盖上螺帽并拧紧，阻止泉水流出，或向泉眼内压注速凝的水泥砂浆，再打入木塞堵眼。堵眼有困难时，可采用管子塞入泉眼，将水引流至集水坑排出，或在基底下设盲沟将水引流至集水坑排出，待基础圬工完成后，向盲沟压注水泥浆堵塞。采用引流排水时，应注意防止砂土流失，引起基底沉陷。

5. 基坑施工过程中的注意要点

在基坑顶缘四周适当位置处设置截水沟，防止水沟渗水，避免地表水冲刷坑壁，影响坑壁稳定性；坑壁边缘应留有护道，静荷载距坑边缘不小于0.5m，动荷载距坑边缘不小于1.0m，垂直坑壁边缘的护道还应适当增宽，水文地质条件欠佳时应采取相应加固措施。

应经常注意观察坑边缘顶面土有无裂缝，坑壁有无松散塌落现象发生；基坑施工不可延续时间过长，自开挖至基础完成，应抓紧时间连续施工。

如用机械开挖基坑，挖至坑底时，应保留不小于30cm厚的底层不挖，在基础浇筑圬工前用人工挖至基底标高；基坑应尽量在少雨季节施工；基坑宜用原土及时回填，对桥台及有河床铺砌的桥墩基坑，则应分层夯实。

三、桩基础施工

（一）沉入桩基础施工

当地基浅层土土质较差，持力土层埋藏较深，需要采用深基础才能满足结构物对地基强度、变形和稳定性的要求时，可用桩基础。桩基础是常用的桥梁基础类型之一。应用锤击沉桩、振动沉桩、射水沉桩、静力压桩等施工方法施工的称为沉入桩。

基桩按材料分类有木桩、钢筋混凝土桩、预应力混凝土桩与钢桩，桥梁基础应用较多的是钢筋混凝土桩、预应力混凝土桩。

1. 沉入桩基础施工准备工作

沉桩前应掌握工程地质钻探资料、水文资料和打桩资料；沉桩前必须处理地上（下）障碍物，平整场地，且应满足沉桩所需的地面承载力；应根据现场环境状况采取降噪措施；在城区、居民区等人员密集的场所不应进行沉桩施工。

2. 振动沉桩法

振动沉桩法是用振动打桩机（振动桩锤）将桩打入土中的施工方法。其原理是：振动打桩机使桩产生上下方向的振动，在清除桩与周围土层间摩擦力的同时，松动桩尖地基，从而使桩贯入或拔出。振动沉桩法一般适用于砂土、硬塑及软塑的黏性土和中密及较软的碎石土。

振动沉桩施工要点及注意事项如下：

（1）振动时间的控制。每次振动时间应根据土质情况及振动机能力大小，通过实地试验决定。一般当振动下沉速度由慢变快时，可以继续振动。当振动下沉速度由快变慢，如下沉速度小于 5cm/min 或桩头冒水时，即应停振。当振幅过大（一般不应超过 14mm）而桩不下沉时，则表示桩尖土层坚实或桩的接头已振松，应停振继续射水，或另做处理。

（2）振动沉桩停振控制标准。应以通过试桩验证的桩尖标高为主要控制指标，以最终贯入度（以 cm/min 计）或通过可靠的振动承载力公式计算的承载力进行校核。如果桩尖已达标高而最终贯入度或计算承载力相差较大，应查明原因，报有关单位研究后另行确定。

（3）管桩改用开口桩靴振动吸泥下沉。若桩基土层中含有大量卵石、碎石或破裂岩层，采用高压射水振动沉桩难以下沉，可将锥形桩尖改为开口桩靴，并在桩内用吸泥机配合吸泥，非常有效。

（4）振动沉桩机、机座、桩帽应连接牢固。沉桩机和桩中心轴线应尽量保持在同一直线上；开始沉桩时宜用自重下沉或射水下沉，待桩身有足够的稳定性后，再采用振动下沉。

3. 射水沉桩法

选择采用射水沉桩法时应考虑土质情况，在砂夹卵石层或坚硬土层中，一般以射水为主，以锤击或振动为辅；在亚黏土或黏土中，为避免降低承载力，一般以锤击或振动为主，以射水为辅，并应适当控制射水时间和水量；下沉空心桩，一般用单管内射水，当下沉较深或土层较密实时，可用锤击或振动，配合射水；下沉实心桩，将射水管对称地装在桩的两侧，并沿着桩身上下自由移动，以便在任何高度上射水冲土。不论采用何种射水施工方法，在沉至离设计标高 1~1.5m 时，应停止射水，用锤击或振动将桩沉至设计深度。

射水沉桩法采用的主要设备包括水泵、输水管路和射水管等。射水沉桩的施工要点如下：

吊插基桩时要注意及时引送输水胶管，防止拉断与脱落；基桩插正立稳后，压上桩帽、桩锤，开始用较小水压，使桩靠自重下沉，初期不应使桩身下沉过快，以免阻塞射水管嘴，并注意校正桩的方向；下沉渐趋缓慢时，可开锤轻击，沉至一定深度（8~10m）已能保持桩身稳定后，可逐步加大水压和锤的冲击动能；沉桩至距设计标高一定距离（2m以上）后停止射水，拔出射水管，进行锤击或振动使桩下沉至设计标高。若采用中心射水法沉桩，要在桩垫和桩帽上留有排水通道，防止射水从桩尖孔返入桩内产生水压，造成桩身胀裂。管桩下沉到位后，如设计要求以混凝土填芯，应先用吸泥法等清除沉渣，再用水下混凝土填芯。

4. 静力压桩法

静力压桩法适用于高压缩性黏土或砂性较轻的软黏土地基。

（1）静力压桩法的特点。施工时无冲击力，噪声和振动较小；桩顶不易损坏，可预估和验证桩的承载力；较难压入30m以上的长桩，但可通过接桩分节压入；机械设备的拼装和移动耗时较多。

（2）静力压桩法的施工要求。所选用压桩设备的设计承载力宜大于压桩阻力的40%；压桩前检查各种设备，使压桩工作不至于间断；同时采用两台卷扬机，放下压梁时，必须同步运行；压桩尽量避免中途停歇；当桩尖标高接近设计标高时应严格控制进程；遇到特殊情况，应暂停施压。

（二）钻孔灌注桩施工

钻孔灌注桩桩长可以根据持力土层的起伏面变化，按使用期间可能出现的最不利内力组合配置钢筋。钻孔灌注桩钢筋用量较少，便于施工，且承载力强，故应用较为普遍。钻孔灌注桩施工的主要工序有埋设护筒，制备泥浆，钻孔，清孔，制作、运输及吊装钢筋骨架，灌注水下混凝土等。

1. 埋设护筒

护筒能稳定孔壁、防止坍孔，还能隔离地表水、保护孔口地面、固定桩孔位置，并起到钻头导向作用等。护筒要求坚固耐用，不漏水，其内径应比钻孔直径大（旋转钻，约大20cm；潜水钻、冲击或冲抓锥，约大40cm），每节长2~3m。

一般采用钢护筒，在陆上与深水中均能使用，钻孔完成可取出重复使用。在深水中埋设护筒时，应先打入导向架，再用锤击或振动加压沉入护筒。护筒入土深度视土质与流速而定。护筒平面位置的偏差不得大于 5cm，倾斜度不得大于 1%。

2. 制备泥浆

钻孔泥浆由水、黏土（膨润土）和添加剂组成，具有浮悬钻渣、冷却钻头、润滑钻具、增大静水压力，并在孔壁形成泥皮，隔断孔内外渗流、防止坍孔的作用。通常采用塑性指数大于 25、粒径小于 0.005mm、颗粒含量大于 50% 的黏土，通过泥浆搅拌机或人工调和，储存在泥浆池内，再用泥浆泵输入钻孔内。

3. 钻孔

（1）正循环回转钻机钻孔。开始钻孔时，应稍提钻杆，在护筒内打浆，开动泥浆泵进行循环，待泥浆均匀后开始钻进；在黏土中宜选用尖底钻头，用中等转速、大泵量、稀泥浆的方法钻进；在砂土或软土层中宜选用平底钻头，用控制进入深度、轻压、低挡慢速、大泵量、稠泥浆的方法钻进；在钻孔过程中，钻机的主吊钩应始终吊住钻具，钻机的全部重量不全由孔底承受，这样既可避免钻杆折断，又可保证钻孔质量。

（2）反循环回转钻机钻孔。反循环程序是泥浆由孔外流入孔内，用真空泵或其他方法（如空气吸泥机等），将钻渣通过钻杆中心从钻杆顶部吸出，或将吸浆泵随钻锥一同钻进，从孔底将钻渣吸出孔外。在钻孔过程中，必须连续不断地补充水或泥浆，保证护筒内水位稳定，维持应有的高度。

（3）冲击锥钻进成孔。利用钻锥不断地提锥、落锥，反复冲击孔底土层，把土层中的泥砂、石块挤向四壁或打成碎渣，钻渣悬浮于泥浆中，利用掏渣筒取出，重复上述过程直至成孔。钻头应有足够的重量，并保持适当的冲程和冲击频率，以使它有足够的能量将岩石打碎。

（4）冲抓锥钻进成孔。用兼有冲击和抓土功能的抓土瓣，通过钻架，由带离合器的卷扬机操纵，靠冲锥自重冲下，使抓土瓣锥尖张开插入土层，然后由带离合器的卷扬机锥头收拢抓土瓣将土抓出，弃土后继续冲抓直至成孔。冲抓锥钻进成孔常采用六瓣和四瓣抓土瓣，适用于黏性土、砂性土及夹有碎卵石的沙砾土层，成孔深度宜小于 30m。

4. 清孔

钻孔深度达到设计标高后，应对孔深、孔径进行检查，符合要求后方可清孔。清孔方法应根据设计要求、钻孔方法、机具设备条件和地层情况决定。在吊入钢筋骨架后，灌注水下混凝土之前，应再次检查孔内泥浆性能指标和孔底沉淀厚度，如超过规定，应进行二次清孔，符合要求后方可灌注水下混凝土。

5. 钢筋骨架的制作、运输及吊装

钢筋骨架在场内制作，长桩骨架宜分段制作，分段长度应根据吊装条件确定，且应确保不变形，接头应错开。应在骨架外侧设置控制保护层厚度的垫块，其竖向间距为2m，横向沿骨架四周不得少于4处。骨架顶端应设置吊环，骨架入孔一般用吊机，无吊机时，可采用钻机钻架、灌注塔架。起吊应按骨架长度的编号入孔。钢筋骨架制作和吊放的允许偏差为：主筋间距±10mm、箍筋间距±20mm、骨架外径±10mm、骨架倾斜度±0.5%、骨架保护层厚度±20mm、骨架中心平面位置20mm、骨架顶端高程±20mm、骨架底面高程±50mm。

6. 灌注水下混凝土

灌注水下混凝土时，配备的搅拌机等设备应能在规定时间内灌注完毕桩孔。灌注时间不得长于首批灌注混凝土初凝时间。若估计灌注时间长于首批灌注混凝土初凝时间，则应掺入缓凝剂。水下混凝土一般用钢导管灌注，导管内径为200~350mm，视桩径大小而定。导管使用前应进行水密承压和接头抗拉试验，严禁用压气法试压。混凝土拌和物运至灌注地点时，应检查其均匀性和坍落度等。如不符合要求，应进行二次拌和，若仍不符合要求，不得使用。首批灌注混凝土的数量应满足导管首次埋置深度和填充导管底部的需要。首批灌注混凝土拌和物下落后，混凝土应连续灌注。

在灌注过程中，导管的埋置深度宜控制在2~6m，并应经常测探井孔内混凝土面的位置，及时调整导管埋深。为防止钢筋骨架上浮，当灌注的混凝土顶面距钢筋骨架底部1m左右时，应降低混凝土的灌注速度。当混凝土拌和物上升到骨架底口4m以上时，提升导管，使其底口高于骨架底部2m以上，即可恢复正常灌注速度。在灌注过程中，特别是潮汐地区和有承压水地区，应注意保持孔内水头；应将孔内溢出的水或泥浆引流至适当地点处理，不得随意排放，以免污染环境；灌注中发生故障时，应查明原因，确定合理的处理方案，及时处理。

（三）挖孔灌注桩施工

1. 开挖桩孔

桩孔一般采用人工开挖，开挖之前应清除现场四周及山坡上的悬石、浮土等，排除一切不安全的因素，设置好孔口四周的临时围护和排水设备。在孔口应采取措施防止土石掉入孔内，并安排好排土提升设备（卷扬机或木绞车等），布置好弃土通道，必要时孔口应搭雨棚。在挖孔过程中要随时检查桩孔尺寸和平面位置，防止产生误差。注意施工安全，下孔人员必须佩戴安全帽和安全绳，必须经常检查提取土渣的机具。孔深超过 10m 时，应经常检查孔内 CO_2 含量，如超过 0.3% 应采取通风措施。孔内如用爆破施工，采用浅眼爆破法，严格控制炸药用量并在炮眼附近加强支护，以防止震坍孔壁。孔深大于 5m 时，应采用电雷管引爆，爆破后应先通风、排烟 15min 并经检查孔内无毒后，施工人员方可下孔继续开挖。

2. 护壁和支撑

在挖孔灌注桩开挖过程中，开挖和护壁两个工序必须连续作业，以确保孔壁不坍塌。应根据水质、水文条件、材料来源等情况因地制宜地选择支撑及护壁方法。桩孔较深、土质较差、出水量较大或遇流沙等情况时，宜就地灌注混凝土护壁，每下挖 1~2m 灌注一次，随挖随支。

护壁厚度一般为 0.15~0.20m，混凝土强度等级为 C15~C20，必要时可配置少量的钢筋，也可下沉预制钢筋混凝土圆管作为护壁。如土质较松散而渗水量不大，可考虑用木料做框架式支撑或在木框架后面铺架木板做支撑。木框架之间或木框架与木板之间应用扒钉钉牢，木板后与土面之间也应塞紧。如土质情况尚好，渗水不大，也可用荆条、竹笆做护壁，随挖随护壁，以保证挖土安全进行。

3. 排水孔

如孔内渗水量不大，可采用人工排水（用手摇木绞车或小卷扬机配合提升）；渗水量较大，可用高扬程抽水机或将抽水机吊入孔内抽水。若同一墩台有几个桩孔同时施工，可以安排一孔超前开挖，使地下水集中在一孔再排除。

4. 吊装钢筋骨架及灌注桩身混凝土

挖孔达到设计深度后，应进行孔底处理。必须做到孔底表面无松渣、泥、沉淀土，保证桩身混凝土与孔壁及孔底密贴，受力均匀。如地质条件复杂，应进行钎探以了解孔底以下地质情况是否满足设计要求，否则应与监理、设计单位研究处理。吊装钢筋骨架及灌注水下混凝土的有关方法及注意事项与钻孔灌注桩基本相同。

四、沉井基础施工

沉井基础是桥梁工程中经常用到的基础形式，因沉井在最初制作时无底无盖，呈筒状，故又称为井筒。

沉井通常采用钢材、混凝土或钢筋混凝土制成，具有强度高、质量大、外形庞大、容易下沉的特点。当采用合适的方式将其沉降到稳定地层中时，沉井将因稳定的状态和较大的支撑截面，为建造在其顶面上的结构物提供强大、稳定的支撑。因此，在软土沉积很厚的地方常选择沉井作为桥墩基础。沉井主要由井壁、刃脚和隔墙等组成。沉井既是基础结构的组成部分，又在下沉过程中起着挡土和挡水的围护作用，不需要另设坑壁支护结构，施工工艺简单，技术稳妥可靠，不需要特殊的专业设备。此外，其可做成补偿性基础，既节省了材料，又简化了施工工序，因而在深基础或地下结构中被广泛应用。

（一）沉井的类型

1. 按平面外形划分

按平面外形划分，沉井可分为圆形沉井、矩形沉井和圆端形沉井。

（1）圆形沉井：易控制下沉方向，取土方便，在水压力作用下，井壁只承受环向压力。

（2）矩形沉井：制造简单，基础受力有利。其四角一般做成圆角，以减小井壁的摩阻力和取土清底的难度。但其阻水面积大，易造成严重冲刷，井壁承受的挠曲弯矩较大。

（3）圆端形沉井：介于上述两者之间，在控制下沉、受力状态、阻水冲刷方面相较于矩形沉井更有优势，但制造相对复杂。

2. 按仓室分布分类

当沉井平面尺寸较大时，往往根据井壁侧向承受的弯矩、施工要求及上部结构的需要,在沉井中设置面墙,将沉井平面分成多格,沉井内部空间被分成多个仓室。按照仓室的分布,沉井可分为圆形单仓沉井和矩形三仓沉井。

(二)沉井的构成

1. 刃脚

刃脚在沉井的最下端,用钢板做成,形如刀刃。当沉井下沉时,起切入土中的作用。

2. 井壁

井壁是沉井的外壁,用钢筋混凝土逐节现浇而成。在下沉的过程中,除起挡土作用外,还以其自重克服外壁与地基土间的摩阻力和刃脚底部的土阻力,使沉井逐渐下沉直至设计高程。

3. 隔墙

隔墙把沉井分成若干小间,以减小外侧土压力对井壁的弯矩,加强沉井的刚度。此外,隔墙使施工便于挖土和控制沉井下沉的偏差。

4. 井孔

井孔是挖土、排土的工作场所和通道。井孔尺寸应满足施工要求,宽度(直径)不宜小于3m。井孔应沿沉井中心轴对称布置,便于对称挖土,使沉井均匀下沉。

5. 凹槽

凹槽设在井孔下端近刃脚处,其作用是使封底混凝土与井壁有较好的结合,封底混凝土底面的反力更好地传给井壁(如为井孔全部填实的实心沉井也可不设凹槽)。凹槽深0.15~0.25m,高约1.0m。

6. 射水管

当沉井下沉深度大,穿过的土层土质又较好,估计下沉会产生困难时,可在井壁中预埋射水管组。射水管应均匀布置,以利于控制水压和水量,以便于调整下沉方向,一般水压不小于600kPa。

7. 封底和盖板

沉井沉至设计高程并进行清基后,便浇筑封底混凝土。混凝土强度达到设计强度后,可从井孔中抽干水并填满混凝土或其他圬工材料。如井孔中不填料或仅填沙砾，则须在沉井顶面浇筑钢筋混凝土盖板，盖板厚度一般为 1.5~2.0m。封底混凝土底面承受地基土和水的反力，这就要求封底混凝土有一定的厚度（可由应力验算确定），其厚度根据经验也可取不小于井孔最小边长的 1.5 倍。封底混凝土顶面应至少高出刃脚根部 0.5m，并浇灌到凹槽上端。封底混凝土强度等级，对岩石地基为 C15，一般地基为 C20。井孔中充填的混凝土，其强度等级不应低于 C10。

（三）水中沉井的施工

1. 筑岛法

水流速度不大，水深在 4m 以内时，可用筑岛法。筑岛材料为砂或砾石，周围用草袋围护，如水深较大可做围堰防护。岛面应比沉井周围宽出 2m 以上，宽出部分作为护道，并应高出施工最高水位 0.5m 以上。筑岛地基强度应符合要求，然后在岛上浇筑沉井。如筑岛对水面的压缩较大，可采用钢板桩围堰筑岛。

2. 浮运法

水深较大，如超过 10m，采用筑岛法很不经济，且施工也较困难，可改用浮运法施工。沉井在岸边做成，利用在岸边铺成的滑道滑入水中，然后用绳索引到设计墩位。

沉井井壁可做成空体形式或采用其他措施（如带木底或装上钢气筒）使沉井浮于水上，也可以在船坞内制成，用浮船定位和吊放下沉。或利用潮汐，在水位上涨时浮起，再浮运至设计位置，沉井就位后，用水或混凝土灌入空体，使沉井徐徐下沉直至河底。或依靠在悬浮状态下接长沉井及填充混凝土，使它逐步下沉。每个步骤均须保证沉井本身有足够的稳定性。沉井刃脚切入河床一定深度后，可按前述下沉方法施工。

（四）陆地沉井的施工

陆地上的沉井采用在墩台位置处就地制造，然后取土下沉的方法施工。因这种施工方法是在原地制作，故不需要大型设备，且施工方便、成本低。通常情况下，沉井比较高，故可以分段制造、分段下沉。其中，第一节沉井的制作和下沉尤为重要。

1. 第一节沉井的制作

第一节沉井应建造在土质较好的土层上。当土层强度不能满足建造第一节沉井的质量要求时，可对地基进行处理或减小沉井节段的高度。由于沉井自重较大，刃脚底部窄，应力集中，所以应在沉井刃脚下对称地铺垫枕木，再立模，绑扎钢筋，浇筑第一节沉井混凝土；下沉时，应按顺序对称地抽出枕木，以防止沉井出现倾斜和开裂。

2. 沉井下沉

在沉井仓室内不断取土可使沉井下沉。下沉方法可分为排水下沉和不排水下沉两种。

对于水位以上部分或渗水量小的土层，可采取人工和机械挖土；当井内水位上升时，可采用抓土斗或水力吸泥机取土，待沉井顶面高出地面 1~2m 时应停止挖土，接高沉井。

3. 封底、填充填料及浇筑盖板

封底之前应对基底进行检验和处理，一般情况下，采用不排水封底，封底厚度应满足沉井底部不渗水的要求。封底施工完毕后再填充填料、浇筑盖板。

第二节　桥梁墩台施工技术

桥墩、桥台（桥梁墩台）为桥梁的下部结构，是桥梁的重要组成部分。桥梁墩台的主要作用是承受上部结构传来的荷载，并将荷载及桥梁墩台自重传给地基。桥墩支承相邻的两孔桥跨。桥台居于全桥的两端，它的前端支承桥跨，后端与路基衔接，起着支挡台后路基填土并把桥跨与路基连接起来的作用。

桥梁墩台除承受上部结构的作用力外，桥墩还承受风力、流水压力及可能发生的冰压力、船只和漂流物的撞击力，桥台还需要承受台背填土及填土车辆荷载产生的附加侧压力。因此，桥梁墩台不仅本身应具有足够的强度、刚度和稳定性，而且对地基的承载力、沉降量、地基与基础之间的摩阻力等也都有一定的要求。

一、桥墩

（一）桥墩的分类

桥墩按构造特征分为重力式（实心）桥墩、薄壁空心桥墩、多柱式柔性桥墩、V形桥墩等。

桥墩按变形能力分为刚性桥墩、柔性桥墩。

桥墩按截面形状分为矩形墩、圆形墩、圆端形墩、尖端形墩、组合截面墩。

（二）重力式桥墩

重力式桥墩依靠自身的重量和桥面传来的永久荷载抵抗水平荷载，通常截面尺寸较大。

重力式桥墩在水平荷载作用下将产生弯矩，最大弯矩在墩底截面处。在此弯矩作用下，横截面内将产生弯曲正应力，一部分截面受拉，一部分截面受压；桥墩在自重和桥跨传来的竖向永久荷载作用下，横截面内产生压应力；此压应力完全抵消弯曲拉应力，因而最终横截面上没有拉应力。

重力式桥墩多采用简单的流线型截面形状，如圆端形墩、尖端形墩、圆角形墩等，以便桥下水流顺畅地绕过桥墩，减少阻水及墩旁冲刷。因重力式桥墩横截面内没有拉应力，一般采用抗拉强度很低的砖石材料或混凝土材料建造。

（三）空心桥墩

1. 部分镂空实体桥墩

部分镂空实体桥墩仍具有重力式桥墩的基本特点，如较大的轮廓、较大的圬工量、较少的钢筋用量等。镂空的目的是在截面强度和刚度足以承担外荷载的条件下减少圬工量，使桥墩结构更经济。

但镂空部位受到一定的条件限制，如在墩帽下一定高度范围内，为保证上部结构的荷载能安全有效地传递给墩身镂空部分的墩壁，应设置一定的实体过渡段。在镂空部分与实体部分连接处，应设置倒角或配置构造钢筋，以避免在墩身的传力路径中产生局部应力集中。易遭漂浮物撞击或易磨损、须防冰害的墩身部分，一般不宜镂空。

2. 薄壁空心桥墩

针对重力式桥墩建筑材料用量多、力学性能利用低的情况，薄壁空心桥墩应运而生。

一般高度的空心墩比实体墩省工 20%～30%，钢筋混凝土空心墩则比实体墩省工 50%左右。

当墩高小于 50m 时，混凝土空心墩的壁厚一般要求不小于 30cm。有资料表明，跨度为 12～26m 的多跨连续梁桥，桥墩壁厚可做成 40～80cm，造价比一般桥墩节约 20%以上。

空心桥墩的截面形式有圆形、圆端形、长方形等。沿墩高一般采用可滑模施工的变截面，即采用斜坡式立面布置，墩顶和墩底部分可设实心段，以便设置支座与传递荷载。

（四）柔性桥墩

柔性桥墩的墩帽上设置活动支座，桥梁热胀冷缩时产生的水平推力及刹车制动力，通过桥梁传给桥墩的水平力，都因活动支座而使桥墩免于承受这些压力。

柔性桥墩造型纤细，为了承受竖向荷载，墩身要加入一些粗钢筋和采用高强度材料。柔性桥墩也可以做成薄壁空心的。

（五）V 形桥墩

V 形桥墩的出现不仅扩展了桥墩的类型，还给桥梁的结构造型增添了新的形态。V 形桥墩在改变桥墩受力特征的同时，也改变了桥墩以往那种朴拙的外形，使得桥梁的结构整体造型更显轻巧、美观。扩展的 V 形桥墩包括 Y 形、X 形、倒梯形桥墩等。V 形桥墩可以缩短梁的跨径，从而可以采用更为简单的梁截面，进而可降低梁的高度和造价，增强桥梁的跨越能力，还可以改善桥梁结构的造型。V 形桥墩与主梁的连接可以是固接，也可以是铰接。前者连接后部分称为 V 形桥墩斜撑刚架，后者连接后部分称为 V 形桥墩连续梁。V 形桥墩斜撑刚架两斜撑的夹角根据桥下通航净空及斜撑与主梁的内力关系来确定。

二、桥台

（一）重力式桥台

重力式桥台主要靠自重来平衡台后的土压力，桥台本身多数由石块、片石混凝土或混凝土等圬工材料建造，并用就地浇筑的方法施工。重力式桥台依据桥梁跨径、桥台高度及地形条件的不同有多种形式，常用的类型有 U 形桥台、埋置式桥台、八字式桥台和一字式桥台。

（二）轻型桥台

轻型桥台一般由钢筋混凝土材料建造，其特点是用这种结构的抗弯能力来减少圬工体积而使桥台轻型化。常用的轻型桥台有薄壁轻型桥台和支撑梁轻型桥台。轻型桥台适用于小跨径桥梁，桥跨孔数与轻型桥墩配合时不宜超过 3 个，单孔跨径不大于 13m，多孔全长不宜大于 20m。

（三）框架式桥台

框架式桥台是一种在横桥向呈框架式结构的桩基础轻型桥台，它所承受的土压力较小，适用于地基承载力较低、台身较高、跨径较大的梁桥。其构造形式有柱式、肋墙式、半重力式、双排架式、板凳式等。

（四）组合式桥台

为使桥台轻型化，桥台本身主要承受桥跨结构传来的竖向力和水平力，而台后的土压力由其他结构来承受，进而形成了组合式桥台。常见的形式有锚定板式、过梁式、框架式及桥台与挡土墙的组合等形式。

三、桥梁墩台施工

（一）钢筋混凝土墩台施工

1. 墩台模板

（1）模板设计的一般原则

①宜优先使用胶合板和钢模板；在计算荷载作用下，对模板结构按受力程序分别验算其强度、刚度及稳定性；模板板面之间应平整，接缝严密，不漏浆，保证结构物外露面美观，线条流畅，可设倒角；结构简单，制作、拆装方便。

②模板可采用钢材、胶合板、塑料和其他符合设计要求的材料制成；浇筑混凝土之前，木板应涂刷脱模剂，外露面混凝土模板的脱模剂应采用同一种品种，不得使用废机油等油料，且不得污染钢筋及混凝土的施工缝等。重复使用的模板应经常检查、维修。

（2）混凝土及钢筋混凝土墩台的模板

混凝土及钢筋混凝土墩台的模板主要有拼装式模板、整体吊装模板、组合型钢模板、滑动钢模板等。

①拼装式模板。拼装式模板是将各种尺寸的标准模板利用销钉连接，并与拉杆、加劲构件等组合，形成墩台所需形状的模板。将墩台表面划分为若干小块，尽量使每部分板扇尺寸相同，以便于周转使用。板扇高度通常与墩台分节灌注高度相同，一般可为 3~6m，宽度可为 1~2m，具体视墩台尺寸和起吊条件而定。拼装式模板由于在厂内加工制造，因此，板面平整，尺寸准确，体积小，质量轻，拆装容易、快速，运输方便，应用广泛。

②整体吊装模板。根据墩台高度分层支模和浇筑混凝土，每层的高度应视墩台尺寸、模板数量和浇筑混凝土的能力而定，一般为 2~4m；用吊机吊起大块板扇，按分层高度安装好第一层模板，其组装方法同低墩台组装模板；模板安装完成后在浇筑第一层混凝土时，应在墩台身内预埋支承螺栓，用以支承第二层模板和安装脚手架。

③组合型钢模板。组合型钢模板是以各种长度、宽度及转角的标准构件，用定型的连接件拼成的结构用模板。组合型钢模板具有体积小、质量轻、运输方

便、装拆简单、接缝紧密等优点,适用于在地面拼装、整体吊装的结构。

④滑动钢模板。滑动钢模板适用于各种类型的桥墩。

在工程中,各种模板可根据墩台高度、墩台形式、机具设备、施工期限等条件,因地制宜,合理选用。

验算模板的刚度时,其变形值不得超过下列数值:结构表面外露的模板,挠度为模板构件跨度的 1/400;结构表面隐蔽的模板,挠度为模板构件跨度的 1/250;钢模板的面板变形为 1.5mm,钢模板的钢棱、柱箍变形为 3.0mm。

模板安装前应对模板尺寸进行检查;安装时要坚实牢固,以免振捣混凝土时引起跑模、漏浆;安装位置要符合结构设计要求。

2. 混凝土的浇筑

桥梁墩台具有垂直高度较大、平面尺寸相对较小的特点,其混凝土浇筑方法有别于梁或承台等构件的混凝土浇筑方法。墩台混凝土运输方式不仅有水平运输,还有难度较大的垂直运输。

通常采用的混凝土运输方法有:利用卷扬机和升降电梯平台通过手推车运送混凝土、利用塔式起重机吊斗输送混凝土、利用混凝土输送泵将混凝土送至高空用料点等。混凝土在运输过程中应有足够的初凝时间,保证混凝土的浇筑质量。

采用泵送混凝土时,应防止堵管现象的发生。在进行大体积墩台混凝土浇筑时应分层分块浇筑。同时,应控制混凝土的水化热。一般情况下,其应符合相关桥涵施工质量标准的要求。当平截面面积过大,次层混凝土不能在前层混凝土初凝或被重塑前浇筑完成时,可进行分块浇筑。分块浇筑时应符合相关规定:分块时宜合理布置,各分块平截面面积应小于 50m²;各分块的高度不宜超过 2m;块与块之间的水平接缝面应与基础平截面的短边平行,且与截面边界垂直;邻层混凝土间的竖向接缝位置应错开,做成企口,并按施工缝处理。

大体积混凝土应参照下述方法控制混凝土的水化热温度:用改善集料级配,降低水灰比,掺加混合料、外加剂、片石等方法来减少水泥用量;采用水化热低的大坝水泥、矿渣水泥、粉煤灰水泥或低强度等级的水泥;减小浇筑层厚度,以加快混凝土的散热速度;混凝土用料应避免日光暴晒,以降低初始温度;在混凝土内埋设冷却管并通水冷却。

（二）砌筑墩台施工

1. 施工准备

（1）对石料与砂浆的要求

①石砌墩台是用片石、块石、粗料石、水泥砂浆砌筑的，石料与砂浆的规格要符合有关规定。

②浆砌片石一般适用于高度小于 6m 的墩台身、基础、镶面及各式墩台身填腹，浆砌块石一般用于高度大于 6m 的墩台身、镶面或应力要求大于浆砌片石砌体强度的墩台，浆砌粗料石则用于磨耗及冲击严重的分水体及破冰体的镶面工程及有整齐美观要求的桥墩台身等。

（2）对脚手架的要求

将石料吊运并安砌到正确位置是砌石工程中比较困难的工序。当重量小或距地面不高时，可用简单的马凳、跳板直接运送；当重量较大或距地面较高时，可采用固定式动臂吊机、桅杆式吊机或井式吊机将材料运到墩台上，然后再分运到安砌地点。

用于砌石的脚手架应环绕墩台搭设，用以堆放材料并支承施工人员砌镶面定位行列及勾缝。脚手架一般采用固定式轻型脚手架（适用于高度在 6m 以下的墩台）、简易活动脚手架（适用于高度在 25m 以下的墩台）及悬吊式脚手架（用于较高的墩台）。

（3）砌筑环节的注意事项

①砌块在使用前必须浇水湿润，表面如有泥土、水锈，应清洗干净。砌筑基础的第一层砌块时，若基底为岩层或混凝土基础，应先将基底表面清洗、湿润，再坐浆砌筑；若基底为土质，则可直接坐浆砌筑。

②砌体应分层砌筑，砌体较长时可分段分层砌筑，但两相邻工作段的砌筑差一般不宜超过 1.2m；分段位置宜尽量设在沉降缝或伸缩缝处，各段水平砌缝应一致。

③为使外表美观，石砌墩台常选择较整齐的石料砌筑外层。里层则可使用一般石料，但应注意里外交错地连接成一体，不可砌成外面一环后，里面杂乱填芯。

④砌筑上层砌块时，应避免振动下层砌块。砌筑工作中断后恢复砌筑时，已砌筑的砌层表面应加以清扫和湿润。

⑤墩台侧面为斜面，为砌筑方便，当用料石或预制块砌筑时，可用收台方式形成墩台身的斜面。此时，台阶内凹顶点的连接线应与墩台设计线相一致。

⑥在砌筑中应经常检查平面外形尺寸及侧面坡度是否符合设计要求。检查平面尺寸时，应先用经纬仪恢复墩台中心线位置，再按中心线量出外轮廓尺寸。至少每2m复测一次高度。有偏差但不超过允许值时，在下一段砌筑时逐渐纠正。若超出允许偏差，应返工重砌。

⑦砌筑完后所有砌石（块）均应勾缝，勾缝必须平顺，无脱落现象。

2. 砌筑方法

同一层石料及水平灰缝的厚度要均匀一致，每层按水平砌筑，丁顺相间，砌石灰缝应互相垂直，灰缝宽度和错缝按相关规定进行控制。砌石顺序为先角石，再镶面，后填腹。

填腹石的分层高度应与镶面石相同；圆端、尖端及转角形砌体的砌石顺序应自顶点开始，按丁顺排列安砌镶面石。

3. 桥墩、台帽施工

（1）放样。桥墩、桥台混凝土浇筑或砌石砌至离桥墩、台帽下缘300～500mm时，即须测出桥墩、台帽纵横中心轴线，并开始竖立桥墩、台帽模板，安装锚栓孔或安装预埋支座垫板，绑扎钢筋等；台帽放样时，应注意不要以基础中心线作为台帽背墙线；模板立好后，在浇筑混凝土前应再次复核，以确保桥墩、台帽中心、支座垫石等的位置、方向和高程不出差错。

（2）桥墩、台帽模板安装。桥墩、台帽是支承上部结构的重要部分，其位置、尺寸和高程的准确度要求较严，桥墩、台身混凝土浇筑至桥墩、台帽下300～500mm处就应停止浇筑，待桥墩、台帽模板立好后再浇筑，以保证桥墩、台帽底有足够厚度的紧密混凝土。

（3）钢筋和支座垫板的安设。桥墩、台帽上支座垫板的安设一般采用预埋支座垫板和预留锚栓孔的方法。前者须在绑扎墩台帽和支座垫石钢筋时，将焊有锚固钢筋的钢垫板安设在支座的准确位置上，即将锚固钢筋和桥墩、台帽骨架钢筋焊接固定。同时，用木架将钢垫板固定在桥墩、台帽模板上。在施工时采用此法，垫板位置不易准确，应经常校正。后者须在安装墩台帽模板时，安装好预留孔模板，在绑扎钢筋时注意将锚栓孔位置留出，支座安装施工方便，支座垫板位置准确。

（三）装配式墩台施工

装配式墩台可用于预应力混凝土、钢筋混凝土薄壁空心墩或轻型桥墩，采用拼装法施工。装配式桥墩主要由实体部分墩身、拼装部分墩身和基础组成。实体墩身与基础采用就地现浇施工，在浇筑实体墩身与基础时应考虑其与拼装部分的连接、抵御洪水和漂流物的冲击、锚固预应力筋、调节拼装墩身高度等问题。

拼装部分墩身由基本构件、隔板、顶板和顶帽等部分组成，在工厂制作，运到桥位处拼装成桥墩。拼装部分墩身的分块根据桥墩的结构形式、吊装、起重和运输能力决定。拼装要根据施工现场的具体情况拟定施工细则，认真组织施工。

1. 拼装接头

（1）承插式接头。承插式接头连接是将预制构件插入相应的承台预留孔内，插入长度一般为 1.2~1.5 倍的构件宽度，底部铺设 2cm 厚的砂浆，四周以半干硬性混凝土填充，这种方法常用于立柱与基础的接头连接。

（2）钢筋锚固接头。钢筋锚固接头连接是使构件上的预留钢筋形成钢筋骨架，插入另一构件的预留槽内，或将钢筋互相焊接后再浇筑混凝土，这种方法多用于立柱与墩帽处的连接。

（3）焊接接头。焊接接头连接是将预埋在构件中的钢板与另一构件的预埋钢板用电焊连接，外部再用混凝土封闭。这种方法易于调整误差，多用于水平连接杆与立柱间的连接。

（4）扣环式接头。扣环式接头连接即相互连接的构件按预定位置预埋环式钢筋。安装时，柱脚先安置在承台的柱心上，上、下环式钢筋互相错接，扣环间插入 U 形钢筋焊接，之后立模浇筑外侧接头混凝土。

（5）法兰盘接头。采用法兰盘接头时，在连接构件两端安装法兰盘，连接时要求法兰盘预埋件的位置必须与构件垂直，接头处可以不采用混凝土封闭。

2. 砌块式墩台施工

砌块式墩台安装前的准备工作与石砌墩台相同，只是预制砌块的形式因墩台形状不同而有很多变化。基坑坑底整平后，经检验合格后铺设砂、砾石或碎石垫层并夯实整平，铺好坐浆后安装墩台。其施工方法和注意事项主要包括以下几点：预制砌块时，吊环宜设于凹窝内，使其不突出顶面，以免妨碍拼装，同时，也省去切除吊环工序；吊运安装机具可采用各种自行式吊车、龙门架、简易缆索吊机设备或各种扒杆；砌块安装时应对准位置安放平稳，若位置不准确，应吊起重放，不得用撬棍拨移；安砌时，平缝用较干砂浆。砌缝宽度应不大于1cm，为防止水平缝砂浆全被上层砌块挤出，可在水平缝中垫以铁片，其厚度须小于铺筑的砂浆。竖向砌缝中的砂浆应插捣密实，砌筑外露面时应预留2cm的空缝以备勾缝之用，隐蔽面砌缝可随砌随刮平。竖向砌缝错缝应不小于20cm；每安装1m左右高的砌块应进行找平，控制灰缝厚度和标高。

3. 装配式柱式墩台施工

装配式柱式墩台是将桥墩、桥台分解成若干轻型部件，在工厂或工地集中预制，再运送到现场装配。其形式有双柱式、排架式、板凳式和刚架式等。装配式柱式墩台施工应注意以下几个问题：

（1）墩台柱构件与基础顶面预留环形基座应编号，并检查各个墩台高度是否符合设计要求；基础杯口四周与柱边的空隙不得小于2cm。

（2）墩台柱吊入基坑内就位时，应在纵横方向测量，使柱身垂直度或倾斜度及平面位置均符合设计要求；对重大、细长的墩柱，须用风缆或撑木固定，方可摘除吊钩。

（3）在墩台柱顶安装盖梁前，应先检查盖梁口预留槽眼位置是否符合设计要求，否则应先修凿。柱身与盖梁（顶帽）安装完毕并检查符合要求后，可在基坑空隙与盖梁槽眼处灌注稀砂浆，待其硬化后，撤除楔子、支撑或风缆，再在楔子孔中灌填砂浆。

（4）在基础或承台上安装预制混凝土管节、环圈做墩台的外模时，为使混凝土基础与墩台连接牢固，应将基础或承台中伸出的钢筋插入管节、环圈中间的现浇混凝土内，插入钢筋的数量和锚固长度应按设计规定或通过计算确定。

4. 后张法预应力钢筋混凝土装配式墩台施工

后张法预应力钢筋混凝土装配式墩台采用的预应力钢材主要有高强度低松弛率钢丝和冷拉Ⅳ级粗钢筋两种。

高强度低松弛率钢丝的强度高，张拉力大，因此所需预应力束的数量较少，施工时穿束较容易。在预应力钢丝束连接处，受预应力钢丝束连接器的影响，需要局部加厚构件的混凝土壁。对于冷拉Ⅳ级粗钢筋，要求混凝土预制构件中的预留孔道精度高，以利于冷拉Ⅳ级粗钢筋的连接。

后张法预应力钢筋混凝土装配式墩台的预应力张拉方式有两种，即在墩帽顶上和在墩台底的实体部位张拉预应力钢丝束，一般在墩帽顶上张拉预应力钢丝束。

（1）在墩帽顶上张拉预应力钢丝束。其主要特点是：张拉作业为高空作业，虽然张拉操作方便，但安全性较差；预应力钢丝束锚固端可以直接埋入承台，而不需要设置过渡段；在墩台底截面受力最大的位置可以发挥预应力钢丝束抗弯能力强的优势。

（2）在墩台底的实体部位张拉预应力钢丝束。其主要特点是：张拉作业为地面作业，施工安全且方便；在墩台底要设置过渡段，既要满足预应力钢丝束张拉千斤顶的安放要求，又要布置较多的受力钢筋，以满足截面在运营阶段的受力要求；过渡段构件中预应力钢丝束的张拉位置与竖向受力钢筋间的相互关系较为复杂。应特别注意的是，压浆时最好由下向上压注，构件装配的水平拼装缝采用35号水泥砂浆灌缝，砂浆厚度为15mm。一方面，可以起到调节水平的作用；另一方面，可避免因渗水而影响预制构件的连接质量。

（四）滑升模板（滑模）施工

滑升模板整体支设在桥墩墩脚处，借助液压千斤顶和顶杆使模板沿墩身向上滑升。其主要优点为：施工进度快，在一般情况下，每昼夜平均进度可达5~6m；混凝土质量好，采用干硬性混凝土，机械振捣，连续作业，可提高墩台施工质量；节约木材和劳动力；滑动模板可用于直坡墩身，也可用于斜坡墩身。

1. 滑模施工

（1）滑模组装。滑模在墩位上就地进行组装时，安装步骤如下：在基础顶面搭枕木垛，定出桥墩中心线；在枕木垛上先安装内钢环，并准确定位，再依次安装辐射梁、外钢环、立柱、千斤顶、模板等；提升整个装置，撤去枕木垛，再将模板落下就位，随后安装余下的设施；内外吊架待模板滑升至一定高度后及时安装；模板在安装前，表面需涂润滑剂，以减少滑升时的摩阻力；组装完毕后，必须按设计要求及相关组装质量标准进行全面检查，并及时纠正偏差。

（2）灌注混凝土。滑模宜灌注低流动度或半干硬性的混凝土，灌注应分层、分段、对称地进行，分层厚度宜为20~30cm，灌注后混凝土表面距模板上缘宜有不小于15cm的距离。混凝土入模时，要均匀分布，采用插入式振动器振捣，振捣时应避免触及钢筋及模板，振动器插入下一层混凝土的深度不得超过5cm。脱模时混凝土强度应为0.2~0.5MPa，以防在其自重压力下坍塌变形。为此，可根据气温、水泥强度等级经试验后掺入一定量的早强剂。脱模后8h左右开始养护，用吊在下吊架上的环绕墩身的带小孔的水管来供水。水管一般设在距模板下缘1.8~2.0m处，效果较好。

（3）提升与收坡。整个桥墩灌注过程可分为初次滑升、正常滑升和最后滑升三个阶段。从开始灌注混凝土到模板首次试升为初次滑升阶段。初灌混凝土的高度一般为60~70cm，分几次灌注，在底层混凝土强度达到0.2~0.4MPa时即可试升。将所有千斤顶同时缓慢起升5cm，以观察底层混凝土的凝固情况。现场鉴定可用手指按刚脱模的混凝土表面，若基本按不动，但留有指痕，砂浆不沾手，用指甲划过有痕迹，滑升时有沙沙的摩擦声，这些现象表明混凝土已具有0.2~0.4MPa的出模强度，可以开始再缓慢提升20cm左右。初升后经全面检查设备合格后，即可进入正常滑升阶段。即每灌注一层混凝土，滑模提升一次，使每次灌注的厚度与每次提升的高度基本一致。在正常气温条件下，提升时间不宜超过1h。滑升阶段是混凝土已经灌注到需要的高度，不再继续灌注，但模板尚须继续滑升的阶段。灌完最后一层混凝土后，每隔1~2h将模板提升5~10cm，滑动两三次后即可避免混凝土模板胶合。滑模提升时应做到垂直、均衡一致，顶架间高差不大于20mm，顶架横梁水平高差不大于5mm。应三班连续作业，不得随意停工。随着模板的提升，应转动收坡丝杆，调整墩壁曲面半径，使之符合设计要求的收坡坡度。

（4）接长顶杆、绑扎钢筋。模板每提升一定高度后，就需要穿插进行接长顶杆、绑扎钢筋等工作。为了不影响提升时间，钢筋接头均应事先配好，并注意将接头错开。对预埋件及预埋的接头钢筋，滑模抽离后，要及时清理，使之外露。在整个施工过程中，若由于工序的改变，或发生意外事故，混凝土的灌注工作停止较长时间，需要进行停工处理。例如，每隔半小时左右稍微提升模板一次，以免黏结；停工时在混凝土表面要插入短钢筋等，以加强新老混凝土的黏结；复工时还须将混凝土表面凿毛，并用水冲走残渣，湿润混凝土表面，灌注一层厚度为 2~3cm 的 1：1 水泥砂浆，然后再灌注原配合比的混凝土，继续滑模施工。

2. 滑升模板施工方法的特点

（1）滑升模板施工方法具有以下优点：

①机械化程度高。整套滑升模板均由电动液压机械提升，机械化程度高。

②施工速度快。施工过程中只需要进行一次模板组装，大大减少了模板拆装工序，实现了连续作业。竖向结构施工速度快，在一般气温下，每个昼夜的平均施工进度可达 5~6m。

③结构整体性好。滑升模板体系刚度高且可连续作业，各层混凝土之间不留施工缝，从而大大提高了墩台混凝土浇筑的内在质量和外观质量。

④节约模板和劳动力，有利于安全施工。滑升模板事先在地面上组装，施工中不再变化，模板的利用率很高。不但可以大量节约模板，还极大地减少了装拆模板的劳动力，方便浇筑混凝土，改善了操作条件，因而有利于安全施工。

⑤适应性强。该方法不但可用于直坡墩身的施工，还可用于斜坡墩身的施工。

（2）滑升模板施工方法具有以下缺点：一次性投资大、建筑物立面造型受到一定限制、需要较高的施工管理水平和技术水平。

（五）其他模板施工

爬升模板施工与滑升模板施工相似，不同的是支架通过千斤顶支承于预埋在墩壁中的预埋件上。待浇筑好的墩身混凝土达到一定强度后，将模板松开。千斤顶上顶，把支架连同模板升到新的位置，模板就位后，再继续浇筑墩身混凝土。如此往复循环，逐节爬升，每次升高约 2m。翻升模板施工采用一种特殊钢模板，一般由三层模板组成一个基本单元，并配置有随模板升高的混凝土接料工作平台。当浇筑完上层模板的混凝土后，将最下层模板拆除并翻上来拼装成上层模板，以此类推，循环施工。翻升模板也能够用于有坡度的桥墩施工。

第三节 混凝土简支梁桥施工技术

简支梁桥属于静定结构，它受力明确、构造简单、施工方便，是中小跨度桥梁中应用最广泛的桥型之一。简支梁桥的结构尺寸设计系列化、标准化，有利于在工厂内或工地上广泛采用工业化制造，组织大规模预制生产，并利用起重设备或架桥机进行架设。

采用预制装配式的施工方法，可以节约模板及支架材料、降低劳动强度、提高质量、缩短工期，显著加快建桥速度。因此，国内外中小跨径的桥梁，绝大部分采用装配式的简支混凝土梁桥、钢梁桥或结合梁桥。

一、简支梁桥的分类

从梁的截面形式来区分，混凝土简支梁桥可以分为三种类型：板桥、肋板式桥和箱梁桥。其中，肋板式桥的横截面形式又主要有Ⅱ形和T形两种。

（一）板桥

板桥的承重结构就是矩形截面的钢筋混凝土或预应力混凝土板，其主要特点是构造简单、施工方便、建筑高度较低。板桥通常有三种结构形式，即整体式板桥、装配式板桥、组合式板桥。这三种结构形式的板式梁因结构上的差异而导致使用中受力与变形方面的不同，从而导致承载力的不同，因而适用的场合和跨径也不同。

1. 整体式板桥

整体式板桥是小跨径桥梁中常用的形式，因具有结构整体性强、刚度大、成桥后桥面状况好等优势而得到广泛应用。但整体式板桥的施工存在如下不便之处：需要现场浇筑、机械化程度低、施工速度慢、支架和模板使用量大、在架空太高或深水环境中难以施工等。

整体式板桥梁的截面形式主要有实心式、空心式、矮肋式。整体式板桥的梁通常在桥位处现场浇筑；当具有充分的吊装条件时，也可以先在桥下预制整体式板桥梁，然后吊装就位。整体式板桥在车辆荷载等的作用下，其变形和内力分布均表现为空间板结构的空间受力状态。受力时，其不但绕受力方向产生双向弯矩，而且由于弯曲曲率逐点不同，还将导致产生围绕法线的扭矩。因此整体式板桥的承载力优于装配式板桥。

2. 装配式板桥

装配式板桥一般由数块一定宽度的实心或空心预制板组成。各板利用在板间企口缝填充混凝土相连接。在荷载作用下，每块板相当于单向受力的梁式窄板，除在主跨径方向承受弯曲外，还承受通过板间接缝（铰缝）传递剪力而引起的扭转。因此，每块预制板除承受板内荷载外，还承受相邻板作用而引起的竖向剪力和其他内力作用。由于其他内力与竖向剪力相比，对确定板的内力影响很小，所以设计中多采用铰接板（梁）法确定板中内力。板中主要受力钢筋的数量由计算得到的内力确定。此外，还应在板中布置适量的构造钢筋以承受计算时忽略的某些内力。装配式板桥的截面形式有实心板、空心板两种。

3. 组合式板桥

组合式板桥通常采用"装配+整体现浇"的方式成型，因而也称叠合桥。施工中，通常在桥下将梁的底层分片预制成构件，然后在墩顶进行装配，最后以装配构件为底模，整体浇筑梁体，从而完成组合式板桥的施工。

组合式板桥在荷载作用下变形和受力情况与整体式板桥类似，属于双向受力弹性薄板。其刚度介于整体式板桥和装配式板桥之间。从梁的施工过程和成桥后的受力特点可以看出，组合式板梁在施工过程中可以充分利用装配式板梁成桥的优点，先将部分梁体在桥下预制成构件，然后将预制构件安装于墩顶，作为上部梁体浇筑时的底模，从而大大减少了施工时所需的支撑和模板数量。组合式板梁在成桥之后又具有整体式板梁的承载力，因此，在小跨度简支梁桥的建设中得到了广泛应用。

（二）肋板式桥

在横截面内形成明显肋形结构的梁桥称为肋板式桥，或简称肋梁桥。在此种桥上，梁肋（或称腹板）与顶部的钢筋混凝土桥面板结合在一起作为承重结构。

由于肋与肋之间处于受拉区域的混凝土得到很大程度的挖空，显著减小了结构自重。特别是对于仅承受正弯矩作用的简支梁来说，既充分利用了扩展的混凝土桥面板的抗压能力，又有效地发挥了集中布置在梁肋下部的受力钢筋的抗拉作用，从而使结构构造与受力性能的组合达到理想的状态。与板桥相比，对于梁肋较高的肋梁桥来说，由于混凝土抗压和钢筋受拉所形成的力偶臂较大，因而也具有更大的抵抗弯矩的能力。目前，中等跨径（25m 以上）的简支梁桥通常采用肋梁桥。

1. Ⅱ形梁桥

Ⅱ形截面的特点是截面形状稳定，横向抗弯刚度大，梁的堆放、装卸和安装都较方便，各Ⅱ形梁之间用穿过腹板的螺栓连接，但这种构件的制造较复杂。梁肋被分成两片薄腹板，通常用钢筋网来配筋，难以做成刚度较大的钢筋骨架。设计经验证明，跨度较大时，Ⅱ形梁桥的混凝土和钢筋用量都比 T 形梁桥大，而且构件也重。故Ⅱ形梁桥一般只用于跨径为 6~12m 的小跨径桥梁，应用范围有限。

2. T 形梁桥

由若干个 T 形截面梁组成的桥，统称为 T 形梁桥，也称 T 梁桥。在设计整体式 T 梁桥时，鉴于梁肋尺寸不受起重、安装机具的限制，故可以根据钢筋混凝土体积最小的经济原则来确定截面尺寸。对于桥面不宽的双车道道路桥梁，只要建筑高度不受限制，往往建造双主梁桥较为合理，主梁的间距可按桥梁全宽的 55%~60% 布置。有时为减小桥面板的跨径，还可在两主梁之间增设内小纵梁。

（三）箱梁桥

箱梁桥是指桥横截面形式为箱形的桥。箱形截面具有闭合性，当荷载作用于梁上任何位置时，箱形梁桥结构的所有组成部分（包括顶板、腹板、底板和翼板）将同时参与受力，使其具有较大的抗扭刚度和抗弯刚度，因而其可制作成薄壁结构，从而节省大量建造材料。同时，因为箱形梁桥顶板、底板具有较大的面积，能有效地抵抗正、负弯矩的作用，所以满足较大跨度简支桥梁建设的需要。

此外，对于曲线半径较大的弯桥和变宽度的桥梁，采用小箱梁布置有较好的适应性。在设计中，通常根据现场条件，考虑技术、经济等多种因素，经方案比选来确定最适宜的梁型。

一般来说，整体现浇的梁桥具有整体性好、刚度大、易于做成复杂形状（如曲线桥、斜交桥、宽度变化的异形桥）等优点，但其施工速度慢，工业化程度较低，又要耗费大量支架、模板等材料。

二、混凝土简支梁桥施工

（一）支架与模板

1. 支架

就地浇筑简支梁桥的上部结构时，应在桥孔位置搭设支架，以支承模板和钢筋混凝土及其他施工荷载。

（1）支架的主要类型

①满布式木支架。满布式木支架常用于陆地、不通航的河道、桥墩不高或桥位处水位不深的桥梁。其形式可采用排架式、人字撑式或八字撑式。排架式支架是最简单的满布式支架，主要由排架和纵梁等部件组成，纵梁为抗弯构件，跨径一般不大于4m。人字撑式和八字撑式支架构造较复杂，纵梁须加设可变形的人字撑或八字撑。因此，在浇筑混凝土时应适当安排浇筑程序，均匀、对称地进行浇筑，以防发生较大变形。此类支架的跨径可达8m。满布式木支架的排架可设置在枕木或桩基上，基础须坚实可靠，以保证排架的沉陷值不超过规定要求。当排架较高时，为保证支架横向稳定，除在排架上设置撑木外，还须在排架两端外侧设置斜撑木或斜立柱。满布式支架的卸落设备一般采用木楔、木马或砂筒等，可设置在纵梁支点处或桩顶帽木上面。

②钢木混合支架。为加大支架跨径、减少排架数量，钢木混合支架的纵梁可采用工字钢，其跨径可达10m。但在这种情况下，支架多采用木框架结构，以提高支架的承载力及稳定性，其各项参考数值可查看相关规定。

③万能杆件拼装支架。用万能杆件可拼装成各种跨度和高度的支架，其跨度须是杆件本身长度的整数倍。用万能杆件拼装的支架的高度，可超过6m。当高度为2m时，腹杆拼为三角形；高度为4m时，腹杆拼为菱形；高度超过6m时，则拼成多斜杆的形式。用万能杆件拼装墩架时，柱之间的距离应与桁架之间的距离相同，柱高除柱头及柱脚外应为2m的倍数。用万能杆件拼装的支架，在荷载作用下的变形较大，而且难以预计其数值。因此，必要时应考虑预压。预压质量

相当于浇筑的混凝土及其模板和支架上机具、人员的质量。

④装配式道路钢桥桁架节拼装支架。用装配式道路钢桥桁架节可拼装成桁架梁和支架，为加大桁架梁孔径和利用墩台做支承，也可拼成八字斜撑以支撑桁架梁。桁架梁之间应用抗风拉杆和木斜撑等进行横向连接，以保证桁架梁的稳定。用装配式道路钢桥桁架节拼装的支架，在荷载作用下的变形很大，因此应进行预压。

⑤轻型钢支架。若桥下地面较平坦，有一定承载力的梁桥，为节省木料，宜采用轻型钢支架。轻型钢支架的梁和柱，以工字钢、槽钢或钢管为主要材料，斜撑、联结系等可采用角钢；构件应按统一规格和标准制作；排架应预先拼装成片或组，并以混凝土、钢筋混凝土枕木或木板作为支承基底。为了防止冲刷，支承基底须埋入地面以下适当深度。为适应桥下高度，排架下应垫以一定厚度的枕木或木楔等。为便于支架和模板的拆卸，纵梁支点处应设置木楔。

⑥墩台自承式支架。在墩台上留承台式预埋件，上面安装横梁及架设适宜长度的工字钢或槽钢，即构成模板的支架。这种支架适用于跨径不大的梁桥，但支立时仍须考虑梁的预拱度、支架梁的伸缩，以及支架和模板的卸落等所需条件。

⑦模板车式支架。这种支架适用于跨径不大、桥墩为立桩式的多跨梁桥的施工。在墩柱施工完毕后即可铺设轨道，拖进孔间，进行模板的安装。这种方法可简化安装工序、节省安装时间。当上部构造混凝土浇筑完毕，且强度达到要求后，模板车即可整体向前移动，但移动时须将斜撑取下，将插入式钢梁节段推入中间钢梁节段内，并将千斤顶放松。

（2）支架的制作及安装要求

支架的制作要求主要有以下两点：支架宜采用标准化、系列化、通用化的钢构件制作拼装；制作木支架时，两相邻立柱的连接接头宜分设在不同的水平面上，并应减少长杆件接头。主要压力杆的接长连接，宜使用对接法，采用木夹板或铁夹板夹紧；次要构件的连接可采用搭接法。

支架的安装要求主要是支架应按施工图设计的要求进行安装。立柱应垂直，节点连接应可靠。支架在纵桥向和横桥向均应加强水平、斜向连接，增强整体稳定性。高支架应设置足够的斜向连接、扣件或缆风绳，并应采取措施保证横向稳定。对此，应通过预压的方式，消除支架地基的不均匀沉降和支架的非弹性变形，并获取弹性变形参数，或检验支架的安全性。预压荷载宜为支架须承受的全部荷载的 1.05~1.10 倍，预压荷载的分布应模拟须承受的结构荷载及施工荷载。

在支架安装完成后，应对其平面位置、顶部高程、节点连接及纵横向稳定性进行全面检查。检查符合要求后，方可进行下一工序。

（3）设置支架的预拱度和卸落装置的要点

①设置的预拱度值，应包括结构本身需要的预拱度和施工需要的预拱度两部分。

②设置施工预拱度应考虑下列因素：模板、支架承受施工荷载产生的弹性变形，受载后由于杆件接头的挤压和卸落装置压缩而产生的非弹性变形，支架地基在受载后产生的沉降变形。

③专用支架应按其产品的要求进行模板的卸落；自行设计的普通支架应在适当部位设置相应的木楔、木马、砂筒或千斤顶等卸落装置，并应根据结构形式、承受的荷载大小确定卸落量。支架制作、安装质量应分别符合模板、支架的制作、安装质量标准。

2. 模板

就地浇筑的桥梁模板主要有木模和钢模。模板形式的选择主要取决于同类桥跨结构的数量和模板材料的供应。

当建造单跨或跨度不等的多跨桥梁结构时，一般采用木模；而对于多跨相同跨径的桥梁，可采用大型模板块件组装或采用钢模。模板制造宜选用机械化的方法，以保证模板形状正确和尺寸精度高。模板制作尺寸偏差、表面平整度和安装偏差均应符合有关规定，尤其要保证模板具有足够的强度、刚度和稳定性。

木模包括用胶合板制成的大型整体定型的块件模板，以及局部构造较复杂部位采用的模板。大型整体定型的块件模板可按结构要求预先制作，然后在支架上用连接件迅速拼装。钢模大多做成块件，由钢板和加劲骨架焊接而成，钢板厚度通常为 4~8mm。骨架由水平肋和竖向肋组成，肋由钢板或角钢做成。大型钢模块件用螺栓或销钉连接。对于多次周转使用的钢模，在使用前应用化学方法或机械方法清扫，在浇筑混凝土前，应在模板内壁涂脱模剂，以利脱模。

模板虽然是施工中的临时性结构，但对于梁体的制作十分重要。模板不仅控制着梁体尺寸的精度，直接影响施工进度和混凝土的灌注质量，而且关系到施工安全。因此，模板应符合下列要求：模板应具有足够的强度、刚度和稳定性，能安全可靠地承担施工中可能出现的各种荷载；保证结构的设计形状、尺寸及各部分相互之间位置的准确性；模板的接缝必须密合，确保混凝土浇筑过程中不漏浆；构造简单，拆装方便，便于周转使用，应尽量做成装配式组件或块件。

3. 预拱度的设置

在简支梁就地浇筑施工过程中，模板和支架因承受巨大的混凝土荷载作用而产生弹性和非弹性变形。如果不加以控制，势必导致现浇梁成型后跨中起拱。为避免这种情况的发生，保证桥梁竣工后线形准确，在进行模板与支架安装时须设置一定的预拱度。设置预拱度时应考虑下列因素：

卸架后上部构造自重及 1/2 活荷载产生的竖向挠度 δ_1、支架在荷载作用下的弹性压缩量 δ_2、支架在荷载作用下的非弹性变形量 δ_3、支架基础在荷载作用下的非弹性沉陷量 δ_4、由混凝土收缩及温度变化引起的挠度。

根据梁的挠度和支架变形所计算出来的变形值之和，为支架体系预拱度的最大值。预拱度设置的位置在梁的跨径中点，其余各点的预拱度以中间点为最高值，以梁的两端为 0，呈直线或二次抛物线形式分布。

（二）钢筋的制作与安装

1. 准备工作

（1）钢筋的外观检查和力学性能检查。进场钢筋应具有出厂质量证明书和试验报告单。进场时除应检查外观和标志外，还应按不同的钢种、等级、牌号、规格及生产厂家分批抽取试样进行力学性能检验，检验试验方法应符合现行国家标准的规定。钢筋经进场检验合格后方可使用。

（2）钢筋的保管。钢筋进场后，应妥善保管，具体应做到以下几点：钢筋堆放选择在地势较高处，上用料棚遮盖，下设垫块，不能直接置于地面；钢筋应按不同钢种、等级、牌号、规格及生产厂家等分类挂牌堆放，并标明数量；钢筋在运输过程中应避免锈蚀、污染或被压弯。

（3）钢筋的调直。直径 10mm 以下的细钢筋多卷成盘形，粗钢筋常弯成发卡形，以便运输和储存。因此，运到工地的钢筋应先调直。采用冷拉方法调直钢筋时，应注意各级钢筋的冷拉率，如 HRB400 级钢筋的冷拉率不宜大于 1%。钢筋的形状、尺寸应按照设计的规定进行加工，加工后的钢筋，其表面不应有削弱钢筋截面的痕迹。

（4）钢筋的除锈。钢筋表面应洁净、无损伤，使用前应将表面的油渍、漆皮、鳞锈等清除干净，保证钢筋与混凝土间的黏结力得以充分发挥。可用钢丝刷或喷枪喷砂进行除锈、去污。带有颗粒状或片状老锈的钢筋不得使用；当除锈后钢筋表面有严重的麻坑、斑点，已伤蚀截面时，应降级使用或剔除不用。

2. 钢筋的连接

（1）钢筋的焊接

钢筋的焊接接头宜采用闪光对焊，或采用电弧焊、电渣压力焊或气压焊，但电渣压力焊仅可用于竖向钢筋的连接，不得用于水平钢筋和斜筋的连接。钢筋焊接接头形式、焊接的方法和材料应符合现行行业标准《钢筋焊接及验收规程》（JGJ 18—2012）的规定。

每批钢筋焊接前，应先选定焊接工艺和焊接参数，按实际条件进行试焊，并检验接头外观质量及力学性能，试焊质量经检验合格后方可正式施焊。焊接时，施焊场地应有适当的防风、防雨、防雪、防严寒的设施。

电弧焊宜采用双面焊缝，仅在双面焊缝无法施焊时，方可采用单面焊缝。

采用搭接电弧焊时，两钢筋搭接端部应预先折向一侧，两接合钢筋的轴线应保持一致；采用焊条电弧焊时，焊条应采用与主筋相同的钢筋，其总截面面积不应小于被焊接钢筋的截面面积。电弧焊接头的焊缝长度，双面焊缝不应小于 $5d$（d 为钢筋直径），单面焊缝不应小于 $10d$。电弧焊接与钢筋弯曲处的距离不应小于 $10d$，且不宜位于构件的最大弯矩处。

（2）钢筋的机械连接

①锥螺纹连接。钢筋锥螺纹连接是利用锥形螺纹套筒将两根钢筋端头对接在一起，利用螺纹的机械咬合力传递拉力或压力。锥螺纹连接套筒是在工厂专用机床上加工制成的，钢筋套丝的加工是在钢筋套丝机上进行的。

②直螺纹连接。直螺纹连接是将钢筋待连接的端头辊压成规整的直螺纹，再用相配套的直螺纹套筒将两钢筋相对拧紧，实现连接。该技术的优点在于无虚拟螺纹，力学性能好，连接安全可靠，接头能达到与钢筋母材同等的强度。

③套筒挤压连接。钢筋套筒挤压连接改变了电弧焊、电渣焊、闪光焊、气压

焊等传统焊接工艺的热操作方法，是在常温下采用钢筋连接机将钢套筒和两根待接钢筋压接成一体，使套筒塑性变形后与钢筋上的横肋纹紧密地咬合在一起，从而实现连接的一种机械连接方式。冷压接头具有性能可靠、操作简便、施工速度快、施工不受气候影响、省电等优点。

（3）钢筋的绑扎

①当没有焊接条件时，接头可用铁丝绑扎搭接，但钢筋直径不能超过25mm，其搭接长度参考相关规定。在轴心受拉和小偏心受拉构件中，主钢筋均应焊接，不得采用绑扎接头。

②当混凝土在凝固过程中受力钢筋易受扰动时，其搭接长度宜适当增加。

③在任何情况下，纵向受拉钢筋的搭接长度不应小于300m，受压钢筋的搭接长度不宜小于200mm。

④当混凝土强度等级低于C20时，Ⅰ级钢筋的搭接长度相应增加10d，HRB500钢筋不宜采用绑扎接长。

⑤有抗震要求的受力钢筋的搭接长度，当抗震设防烈度为7度及以上时，应增加5d；两根不同直径的钢筋搭接长度，以较细的钢筋直径计算。

⑥接头的绑扎要求如下：受拉区Ⅰ级钢筋的绑扎接头的末端应做弯钩，HRB4000钢筋的绑扎接头末端可不做弯钩；直径等于或小于12mm的受压Ⅰ级钢筋的末端可不做弯钩，但搭接长度不应小于钢筋直径的30倍；钢筋搭接处，应在中心和两端用铁丝扎牢。

3. 钢筋的安装

（1）钢筋的级别、直径和根数等应符合设计的规定；对于多层多排钢筋，宜根据安装需要在其间隔外设立一定数量的架立钢筋或短钢筋，但架立钢筋或短钢筋端头不得伸入混凝土的保护层内；当钢筋过密影响到混凝土质量时，应及时与设计人员协商解决。

（2）钢筋与模板之间应设置垫块，垫块应与钢筋绑扎牢固，其绑丝的丝头不应伸入混凝土保护层内。混凝土浇筑前，应对垫块的位置、数量和紧固程度进行检查，不符合要求时应及时处理，保证钢筋混凝土保护层的厚度满足设计要求和规范的规定。

（3）钢筋骨架的焊接、拼装应在坚固的工作台上进行。拼装前应按设计图纸放样，放样时应考虑焊接变形量的预留。拼装时，需要焊接的位置宜采用楔形卡卡紧，防止焊接时局部变形。

（4）骨架焊接时，不同直径钢筋的中心线应在同一平面上，较小直径的钢筋在焊接时，下面宜垫以厚度适当的钢板。施焊宜由中心到两边对称地进行，先焊骨架下部，后焊骨架上部，相邻的焊缝应分区对称跳焊，不得顺方向一次焊成。

（5）绑扎或焊接的钢筋网和钢筋骨架不得有变形、松脱和开焊。

（三）混凝土工程

1. 混凝土的配合比

在试验室中计算配合比是以干燥材料为基准的，而施工现场存放的砂、石材料都含有一定水分，所以要将试验室配合比换算为施工配合比。下面介绍混凝土施工配合比的确定方法。施工时，每立方米混凝土中水、砂和石的实际称量为：①水的称量＝用水量－砂、石材料中含水的质量；②砂的称量＝砂的用量＋砂中含水的质量；③石的称量＝石的用量＋石料中含水的质量。水泥称量不变。

2. 混凝土拌制

混凝土应采用机械拌制，人工拌制仅用于小量的辅助或修补工程。混凝土的配料宜采用自动计量装置，各种衡器的精度应符合要求，计量应准确。计量器具应定期标定，迁移后应重新进行标定。拌制混凝土所用的各项材料应按质量投料，允许偏差应符合规定。

混凝土拌制时，将全部材料加入搅拌筒。从开始搅拌至开始出料的最短拌制时间，应按搅拌机产品说明书的要求并经试验确定。混凝土拌和物应搅拌均匀，颜色一致，不得有离析和泌水现象。混凝土搅拌完毕后，应检测混凝土拌和物的坍落度及损失。必要时，还应对其工作性能、泌水率及含气量等指标进行检测。

3. 混凝土的运输

混凝土运输能力应与混凝土的凝结速度和浇筑速度相适应，应使浇筑工作不间断且混凝土运到浇筑地点时仍能保持其均匀性和规定的坍落度。

混凝土的运输宜采用搅拌运输车，或在条件允许时采用泵送方式输送；采用吊斗或其他方式运输时，运距不宜超过100m且不得使混凝土产生离析。

采用搅拌运输车运输混凝土时，途中应以 $2\sim4r/min$ 的速度缓慢进行搅动，卸料前应以常速再次搅拌。混凝土运至浇筑地点后发生离析、泌水或坍落度不符合要求时，应进行二次搅拌。

二次搅拌时不宜任意加水，确有必要时，可同时加水、相应的胶凝材料和外加剂，并保持其原水胶比不变；二次搅拌仍不符合要求时，则不得使用。

混凝土采用泵送方式输送时，混凝土的供应宜使输送混凝土的泵能连续工作，泵送的间歇时间不宜超过 15min。在泵送过程中，受料斗内应具有足够的混凝土，应防止吸入空气产生阻塞；输送管应顺直，转弯处应圆缓，接头应严密不漏气。向低处泵送混凝土时，应采取必要的措施，防止混凝土离析或堵塞输送管。

4. 混凝土的浇筑

为了保证浇筑混凝土的整体性，防止混凝土在浇筑过程中受到破坏性扰动，浇筑混凝土时必须具有一定的速度，上层混凝土应当在下层已浇筑混凝土开始初凝之前完成浇筑。因此，混凝土浇筑层的增长速度应按 $h \geqslant s/t$ 控制。其中，h 为混凝土浇筑面的上升速度，s 为振捣棒的振捣深度，t 为混凝土的初凝时间。

一般来说，混凝土浇筑需要遵循以下顺序：

（1）水平分层浇筑。对于跨径不大的简支梁，可以采用该方法。具体操作时，可以从梁体两端向跨中水平分层浇筑并在跨中合龙，然后掉头再向梁端浇筑。分层厚度视振捣器的能力而定，一般为 $15\sim30cm$。当采用人工捣实时，分层厚度可为 $15\sim20cm$。为避免振捣导致支架产生不均匀沉降，浇筑时应保持合理的速度，以便在混凝土失去塑性之前完成浇筑工作。

（2）斜层浇筑。采用斜层浇筑时，简支梁的混凝土应从主梁两端斜向跨中浇筑并在跨中合龙。因为箱形梁底板顶面没有模板，所以 T 梁和箱形梁所采用的斜层浇筑法在细节上是有差异的。当梁的跨度较大而采用梁式支架且在内部设置支点时，应先在支架下沉量最大的部位浇筑混凝土，使应该发生的支架变形及早完成，以使先期浇筑的混凝土初凝后不再发生更大的变形，避免混凝土内部产生微裂隙。

（3）单元浇筑。当桥面较宽且混凝土数量较大时，可分成若干纵向单元，分别浇筑每个单元。可沿其长度分层浇筑，在纵梁间的横梁上设置连接缝，并在纵横梁浇筑完成后填缝连接，之后桥面板可沿桥全宽一次浇筑完成，桥面与纵横梁间设置水平工作缝。

5. 混凝土的养护

新浇筑混凝土的养护，应满足其对温度、湿度和时间的要求。应根据施工对象、环境条件、水泥品种、外加剂或掺合料及混凝土性能等因素，制订具体的养护方案，并严格实施。混凝土浇筑完成后，应在其收浆后尽快予以覆盖并洒水保湿养护。

对于硬性混凝土、高强度混凝土、高性能混凝土、炎热天气浇筑的混凝土及桥面等大面积裸露的混凝土，应加强初始保湿养护，具备条件的可在浇筑完成后立即加设棚罩，待收浆后再予以覆盖和洒水养护。覆盖时不得损伤或污染混凝土的表面。混凝土面有模板覆盖时，应在养护期间使模板保持湿润。

混凝土的养护不得采用海水或含有害物质的水。混凝土的洒水保湿养护时间应不少于7d。对重要工程或有特殊要求的混凝土，应根据环境的湿度、温度，水泥品种及掺用的外加剂和掺合料等情况，酌情延长养护时间，并应使混凝土表面始终保持湿润状态。当气温低于5℃时，应采取保温养护的措施，不得向混凝土的表面洒水。当采用喷洒养护剂对混凝土进行养护时，所使用的养护剂应不会对混凝土产生不利影响，且应通过试验验证其养护效果。

新浇筑的混凝土与流动的地表水或地下水接触时，应采取临时防护措施，保证混凝土在7d以内且强度达到设计强度的50%以前，不受水的冲刷侵袭；当环境水具有侵蚀作用时，应保证混凝土在10d以内且强度达到设计强度的70%以前，不受水的侵袭；混凝土处于冻融循环作用的环境时，宜在结冰期到来4周前完成浇筑施工，且在混凝土强度未达到设计强度的80%前不得受冻，否则应采取技术措施防止发生冻害。

（四）构件的安装

1. 陆地架梁法

（1）自行式吊车架梁。在桥不高，场内又可设置行车便道的情况下，用自行式吊车（汽车吊车或履带吊车）架设中小跨径的桥梁十分方便。自行式吊机本身有动力，因而架设迅速，可缩短工期。不需要架设桥梁用的临时动力设备，不必进行任何架设设备的准备工作，不需要采用其他架梁方法时所要求配备的技术工种。因此，一般中小跨径的预制梁（板）的架设安装越来越多地采用自行式吊机。

（2）移动式支架架梁法。陆地架梁法是在架设孔的地面上，顺桥轴线方向铺设轨道，其上设置可移动支架。预制梁的前端搭在支架上，通过移动支架将梁移运到要求的位置后，再用龙门架或人字扒杆吊装；或者在桥墩上设枕木垛，用千斤顶卸下，再将梁横移就位。

（3）摆动式支架架梁法。摆动式支架架梁法通常是将预制梁（板）沿路基牵引到桥台上并稍悬出一段（悬出距离根据梁的截面尺寸和配筋确定），然后在桥孔中心处河床上悬出的梁（板）端底下设置人字扒杆或木支架。

（4）跨墩或墩侧龙门架架梁法。对于桥不太高，架桥孔数又多，沿桥墩两侧铺设轨道不困难的情况，可以采用跨墩或墩侧龙门吊车来架梁。通过运梁轨道或者用拖车将梁运到相应位置后，就用门式吊车起吊、横移，并安装在预定位置。当一孔架完后，吊车前移，再架设下一孔。本方法的优点是架设安装速度较快，河滩无水时也较经济，而且架设时不需要特别复杂的技术工艺，作业人员较少。但龙门吊机的设备费用一般较高，尤其是在桥墩较高的情况下。

2. 浮吊架设法

（1）浮吊船架梁法。在海上和水较深的大河上修建桥梁时，用可回转的伸臂式浮吊架梁法比较方便。这种架梁方法高空作业少、施工比较安全、吊装能力大、工效高，但需要大型浮吊。鉴于浮吊船来回运梁航行时间长，要增加费用，故一般采取用装梁船装梁后成批架设的方法。浮吊架梁时须在岸边设置临时码头用于移运预制梁。架梁时，浮吊要认真锚固。如水流流速不大则可用预先抛入河中的混凝土锚作为锚固点。

（2）固定式悬臂浮吊架梁法。在缺乏大型伸臂式浮吊时，也可用钢制万能杆件或贝雷钢架拼装固定式的悬臂浮吊进行架梁。

3. 高空架梁法

（1）联合架桥机架梁法。此法适用于架设安装跨度在 30m 以下的多孔桥梁，其优点是完全不设桥下支架，不受水深流急影响，架设过程中不影响桥下通航、通车。预制梁的纵移、起吊、横移、就位都较方便。其缺点是架设设备用钢量较多。

（2）双导梁架桥机架梁法。本法是在架设孔间设置两组导梁，导梁上安设配有悬吊预制梁设备的轨道平车和起重行车或移动式龙门吊机，将预制梁在双导梁内吊着运到规定位置后，再落梁、横移就位。横移时，一种方法是用两组导梁吊着预制梁整体横移；另一种方法是导梁设在桥面宽度以外，预制梁在龙门吊机上横移，导梁不横移，这比第一种横移方法安全。双导梁架桥机架梁法的优点与联合架桥机架梁法相同，适用于在墩高、水深的情况下架设多孔中小跨径的装配式梁桥，但不需要蝴蝶架。因配备两组导梁，故可架设跨径较大，可吊装的预制梁较重。

（3）自行式吊车桥上架梁法。在预制梁跨径不大、重量较轻且梁能运抵桥头引道上时，可直接用自行式伸臂吊车（汽车吊车或履带吊车）来架梁。但是，对于架桥孔的主梁，当横向尚未连成整体时，必须核算吊车通行和架梁工作时的承载力。此种架梁方法简单方便，几乎不需要任何辅助设备。

第四节　预应力混凝土桥梁施工技术

普通钢筋混凝土结构受弯构件在正常使用条件下，其受拉区是开裂的，影响构件的正常使用和耐久性，并限制了高强材料的应用。另外，普通钢筋混凝土结构的自重大，增加了施工的难度，大大地限制了桥梁的跨越能力。随着桥梁跨度的增大，预应力混凝土结构将更具有优势。

一、预应力混凝土结构的特点

预应力混凝土结构除具有普通钢筋混凝土结构的优点外，还有下述重要特点：能有效地利用高强钢筋、高强混凝土，减小截面，降低自重，增大跨越能力；与普通钢筋混凝土桥梁相比，一般可节省钢材 30%～40%，跨径越大，节省越多；预应力混凝土梁在正常使用条件下不出现裂缝，鉴于其能全截面参与工作，故可显著减小建筑高度，使大跨径桥梁可以做得轻柔美观，扩大了对各种桥型的适应性，提高了结构的耐久性；预应力技术为现代装配式结构提供了有效的装配、拼装手段；根据需要，可在纵向、横向及竖向施加预应力，使装配式结构集整成理想的整体，扩大了装配式桥梁的使用范围。

当然，采用预应力混凝土结构要有作为预应力筋的优质高强钢材，保证高强混凝土的制备质量；同时，要有一整套专门的预应力张拉设备和材质好、精度高的锚具，并要掌握复杂的施工工艺。

二、预应力混凝土桥梁施工

（一）固定支架就地浇筑法

固定支架就地浇筑法是在固定支架上安装模板，绑扎及安装钢筋骨架，预留孔道，并在现场浇筑混凝土与施加预应力的施工方法。由于采用此种方法施工需用大量的支架，故其一般在桥墩较低的中小跨径桥梁或交通不便的边远地区采用。

近年来，随着桥梁结构形式的发展，出现了一些变宽的异形桥、弯桥等复杂的预应力混凝土结构。由于临时钢构件、万能杆件、贝雷梁等大量应用，采用其他施工方法都比较困难；或经过比较发现采用固定支架就地浇筑法施工较方便、费用较低时，在大跨径桥梁中也可以采用这种施工方法。为了完成现浇梁桥的就地浇筑施工，应根据桥孔跨径、桥孔下面覆盖土层的地质条件、水的深浅等因素，合理地选择支架形式。

1. 支架

支架类型选择是就地浇筑施工的关键。就地浇筑连续梁桥施工所用支架与钢筋混凝土简支梁桥就地浇筑所用支架基本相同，此处不再赘述。

2. 浇筑

（1）采用碗扣式钢管支架时，其支架搭设应符合下列要求：

①模板支架应根据所承受的荷载选择立杆的间距和步距，底层纵、横向水平杆作为扫地杆，距地面高度应小于或等于350mm，立杆底部应设置可调底座或固定底座；立杆上端包括可调螺杆伸出顶层水平杆的长度不得大于0.7m。

②可调底座及可调托撑丝杆与调节螺母的啮合长度不得少于6扣，插入立杆内的长度不得小于150mm。

（2）模板支架的斜杆设置要求。①当立杆间距大于1.5m时，应在拐角处设置通高的专用斜杆，中间每排、每列应设置通高的八字斜杆或剪刀撑；当立杆间距小于或等于1.5m时，模板支架四周应从底到顶连续设置竖向剪刀撑；中间纵横向应由底至顶连续设置竖向剪刀撑，其间距应小于或等于4.5m；剪刀撑的斜杆与地面间的夹角应为45~60°，斜杆应每步与立杆扣接。②当模板支架高度大于4.8m时，顶端和底部必须设置水平剪刀撑，中间水平剪刀撑设置间距应小于或等于4.8m。③必须严格控制支架的垂直度，以免影响整体稳定性。垂直度偏差应小于或等于$H/500$（H为支架搭设高度），且不得大于50mm。④当模板支架周围有桥梁墩台结构时，应建立与墩台的水平连接，以加强架体的安全可靠度。⑤模板支架高宽比应小于或等于2；当高宽比大于2时，可扩大下部架体尺寸或采取其他构造措施（如设置缆风绳加固）。

（3）混凝土的浇筑顺序。在浇筑混凝土时支架会产生不均匀沉降。为避免因支架不均匀沉降而导致混凝土在浇筑过程中出现损伤，要求混凝土的浇筑从跨中向两侧墩台逐步推进，整跨梁体浇筑完成后再浇筑跨越梁段。跨越梁段的浇筑应呈斜面逐层推进，浇筑完成时应保持混凝土顶面为斜面，以便与下一梁跨混凝土建立更好的连接。

（4）模板拆除及卸架的主要施工内容。当混凝土的强度达到设计强度的25%以后可拆除侧模，当混凝土强度大于设计强度的75%以后可拆除梁体的各项模板。对于预应力混凝土梁，应在预应力钢丝束张拉完毕或张拉到一定数量后再拆除模板，以免梁体混凝土受拉。卸架应从梁体挠度最大处的支架节点开始，逐步卸落相邻两侧的节点。落架要对称、均匀、有序。同时，要求各节点的卸落分级、多次进行，以使梁的沉落曲线逐步加大。

3. 固定支架就地浇筑法的特点

（1）混凝土能整体浇筑，预应力筋整体张拉，桥梁的整体性较好。施工中不需要进行体系转换。对机具和起重能力要求不高，不需要大型起重设备，施工较简便、平稳、可靠。

（2）需要使用大量的施工支架，施工周期长，周转次数少，费用高；跨河桥梁搭设支架影响河道的通航与排洪，施工期间支架可能会受到洪水和漂流物的威胁。

（3）需要有较大的施工场地进行支架组拼、钢筋加工、模板制作、预应力筋加工等，因此施工管理较复杂。

（二）悬臂施工法

悬臂施工法是大跨度桥梁常采用的施工方法，也是桥梁施工中难度较大的施工工艺，需要专门的施工设备和熟悉悬臂施工工艺的技术队伍。

采用该方法建造桥梁时，不需要在桥下搭设大量的支架，而是利用挂篮施工设备从墩顶已建梁段向两侧对称悬出接长，直至合龙。梁体延伸时，通过预应力钢筋将当前梁段与梁体连成一体。按照节段梁体的制作方法方式的不同，悬臂施工法可以分为悬臂浇筑法和悬臂拼装法。

悬臂浇筑法是在桥墩两侧对称逐段就地浇筑混凝土，待混凝土达到一定强度时，张拉预应力钢筋，移动机具、模板继续施工。

悬臂拼装法是将预制节段块件从桥墩两侧依次对称安装，张拉预应力钢筋，使悬臂不断接长，直至合龙。

1. 悬臂浇筑施工

（1）施工挂篮。挂篮是能够沿轨道行走的活动脚手架，悬挂在已经张拉锚固的梁段上。挂篮的承重结构可用万能杆件或采用专门设计的结构。挂篮除要能承受梁段自重和施工荷载外，还要求自重轻、刚度大、变形小、稳定性好、行走方便等。用梁式挂篮浇筑墩侧初始几对梁段时，由于墩顶位置受限，往往需要将两侧挂篮的承重结构临时连接在一起。待梁段浇筑到一定长度后，再将两侧承重结构分开。如果墩顶位置过于窄小，开始用挂篮浇筑困难时，可以设立局部支架。墩顶梁段（即0号块）或墩顶附近的梁段在支架上浇筑，施工挂篮就在已浇筑的梁段上拼装。

（2）悬臂浇筑施工工艺流程。当挂篮安装就位后，即可在其上进行梁段悬臂浇筑的各项作业，其工艺流程是按每一梁段的混凝土分两次浇筑排列的，即先浇筑底板混凝土，后浇筑肋板及顶板混凝土。当一次浇筑成型时，将浇筑底板混凝土的工序与浇筑肋板及顶板混凝土的工序合并，其他工序不变。混凝土浇筑前，须用硬方木支垫于台车前轮分配梁上，以分布荷载，减小轮轴压力。在浇筑混凝土的过程中，要注意观测挂篮由于受荷而产生的变形。挂篮负荷后，还可能引起新旧梁段接缝处混凝土开裂。尤其是采用两次浇筑法施工时，第二次浇筑混凝土时，第一次浇筑的底板混凝土已经凝结，由于挂篮的第二次变形，底板混凝土就会在新旧梁段接缝处开裂。为了避免产生这种裂缝，可对挂篮采取预加变形的方法，如采用活动模板梁等。

2. 悬臂拼装施工

（1）梁段预制。悬臂拼装施工是将梁沿纵轴根据起吊能力分成适当长度的节段，在工厂或桥位附近的预制场进行预制，然后运到桥位处用吊机进行拼装。节段预制的质量直接关系着梁段悬臂拼装施工的质量和速度，因此预制时应严格控制梁段断面和形体的精确度，充分注意预制场地的选择与布置、台座和模板支架的制作、工艺流程的拟定及养护和储运的每个环节。梁段预制的方法通常有长线预制法或短线预制法。

（2）梁段运输。梁段运输有水、陆、栈桥及缆吊等各种形式。梁体节段自预制底座上出坑后，一般先存放于存梁场，节段拼装时由存梁场运至桥位处，预制块件的运输方式一般可分为场内运输、装船和浮运三个阶段。

（3）悬臂拼装方法。①浮吊拼装法。重型的起重机械装配在船舶上，全套设备在水上作业，在40m的吊高范围内起重能力强，所用辅助设备少。②悬臂吊机拼装法。悬臂吊机由纵向主桁架、横向起重桁架、锚固装置、平衡重、起重系统、行走系统和工作吊篮等部分组成。③连续桁架拼装法。连续桁架拼装法可分为移动式和固定式两类。移动式连续桁架的长度大于桥的最大跨径，桁架支承在已拼装完成的梁段和待拼装墩顶上，由吊车在桁架上移运节段进行悬臂拼装。固定式连续桁架的支点均设在桥墩上，而不增加梁段的施工荷载。

（4）接缝处理及拼装程序。梁段拼装的接缝有湿接缝、干接缝和胶接缝等几种。不同的施工阶段和不同的部位，应采用不同的接缝形式。①湿接缝。1号块和调整块用湿接缝拼装。悬臂拼装施工时，防止梁体上翘和下挠的关键是1号块的准确定位。1号块是基准块件，一般1号块与墩顶0号块以湿接缝相接。1号块定位后，可由起重机悬吊支承，也可用下面的临时托架支承。为便于接缝处管道接头操作、接头钢筋的焊接和混凝土振捣作业，湿接缝宽度一般为0.1～0.2m。②干接缝或胶接缝拼装。除上述块件之间采用湿接缝外，一般块件之间采用干接缝或胶接缝。其他预制梁段拼装包括以下几个步骤：预制梁段提升，内移就位，试拼；预制梁段移开，与已拼装梁段保持约0.4m的间距；穿束；涂胶（双面涂胶，干接缝无此工序）；梁段就位，检查位置、高程及吻合情况；预应力钢丝束张拉，观察预制梁段是否滑移，锚固。

（5）穿束。T形刚构桥纵向预应力钢筋的布置有两个特点：一是较多集中于顶板部位；二是钢丝束对称于桥墩布置。因此，拼装每一对对称于桥墩块件的预应力钢丝束须按锚固这一对块件所需的长度下料。明槽钢丝束通常按等间距排列，锚固在顶板加厚的部分（这种板俗称"锯齿板"），加厚部分预制时留有管道。穿束时先将钢丝束在明槽内摆放平顺，然后再分别将钢丝束穿入两端管道之内，钢丝束在管道两头伸出的长度要相等。暗管穿束比明槽难度大。经验表明，60m以下的钢丝束穿束一般均可采用人工推送。较长钢丝束穿入端，可点焊成箭头状，缠裹黑胶布。60m以上的钢丝束穿束时，可先从孔道中插入一根钢丝，与钢丝束引丝连接，然后一端以卷扬机牵引，一端以人工送入。

（6）张拉。钢丝束张拉前，先要确定合理的张拉次序，保证在张拉过程中每批张拉合力都接近于该断面钢丝束总拉力重心处。钢丝束张拉次序的确定与梁横断面形式、同时工作的千斤顶数量、是否设置临时张拉系统等因素有关。一般情况下，纵向钢丝束的张拉次序按下述原则确定：①对称于箱梁中轴线，钢丝束两端同时成对张拉；②先张拉肋束，后张拉板束；③肋束的张拉次序是先张拉边肋，后张拉中肋（若横断面为三根肋，仅有两对千斤顶时）；④同一肋上的钢丝束先张拉下边的，后张拉上边的；⑤板束的张拉次序是先张拉顶板中部的，后张拉顶板边部的。

（7）压浆。管道压浆的目的是保证预应力筋不受腐蚀。目前的工艺是先用高压水检查管道的畅通、匹配面的密贴情况及封端情况后再进行正式压浆，直到出浆口出浓浆。封闭出浆口持压3~5min，以保证水泥浆尽量充满管道。压浆是在局部封锚后进行的，除保证封端质量外，还须在水泥浆中加入适量微膨胀剂，选取合适的配合比，既能使压浆工作顺利进行，又能使凝固后的水泥浆尽量充满管道，尽可能地排出管道内的水和空气，避免钢筋受腐蚀。

（8）合龙段施工。用悬臂施工法建造的连续刚构桥、连续梁桥须在跨中将悬臂端刚性连接，整体合龙。合龙段施工有现浇和拼装两种方法，现浇方法与悬浇中跨合龙段施工方法相同，拼装方法与简支梁板的安装方法相同。

参考文献

［1］苗冬. 道路桥梁工程技术与建设［M］. 北京：北京工业大学出版社，2023.

［2］万明，陈德明. 道路桥梁工程施工与维修加固［M］. 北京：中国标准出版社，2023.

［3］孔金好，孙维，伏辉. 道路桥梁工程施工与工程项目管理研究［M］. 汕头：汕头大学出版社，2023.

［4］戴隆强，骆杨，胡泉辉. 道路与桥梁工程施工技术研究［M］. 北京：中国商务出版社，2023.

［5］张建恪，裴承润，卜志强. 道路与桥梁工程技术的创新与发展［M］. 长春：吉林科学技术出版社，2023.

［6］张洪军，李栋国，张宏权. 道路桥梁工程施工技术［M］. 2版. 武汉：武汉大学出版社，2023.

［7］王香允，李家顺，彭囿朗. 道路桥梁建设与工程项目管理研究［M］. 长春：吉林科学技术出版社，2023.

［8］李智，王学龙. 城市道路桥梁建设与工程项目管理研究［M］. 长春：吉林科学技术出版社，2023.

［9］黄景海，金宏波，田青春. 道路桥梁施工技术与管理研究［M］. 长春：吉林科学技术出版社，2023.

［10］刘勇，徐海彬，邓子科. 市政建设与给排水工程［M］. 长春：吉林科学技术出版社，2023.

［11］张君瑞，林智，左宝仪. 道路桥梁工程技术研究［M］. 长春：吉林科学技术出版社，2022.

［12］王凯，郭志峰，张翠. 道路与桥梁工程BIM建模基础［M］. 重庆：重庆大学出版社，2022.

［13］张湘湖，金玉秀. 道路桥梁建设与隧道工程［M］. 长春：吉林科学技术出

版社，2022.

[14] 张忠磊，赵伟朝，石洪磊. 道路与桥梁设计施工技术 ［M］. 武汉：华中科技大学出版社，2022.

[15] 刘斌，苏宝良，李传琳. 道路桥梁工程建设与维修养护 ［M］. 汕头：汕头大学出版社，2022.

[16] 朱春燕，王辉，赵宝才. 道路桥梁工程施工技术研究 ［M］. 长春：吉林科学技术出版社，2022.

[17] 王立朋，张逸飞，黄天懿. 道路桥梁工程材料及施工技术 ［M］. 长春：吉林科学技术出版社，2022.

[18] 肖春，徐伟，李旭彪. 城市道路桥梁工程新技术应用 ［M］. 长春：吉林大学出版社，2022.

[19] 纪文君，田凤丽，冯志卫. 道路桥梁工程施工及试验检测技术管理研究 ［M］. 哈尔滨：黑龙江科学技术出版社，2022.

[20] 李世鑫. 市政工程与道路桥梁建设 ［M］. 沈阳：辽宁科学技术出版社，2022.

[21] 胡伟辉，马宗利，范立朋. 道路和桥梁检测方法与实践应用研究 ［M］. 长春：吉林科学技术出版社，2022.

[22] 沈鑫，樊翠珍，蔺超. 市政工程与桥梁工程建设 ［M］. 北京：文化发展出版社，2022.

[23] 王国福，赵永刚，武晋峰. 道路与桥梁工程 ［M］. 长春：吉林科学技术出版社，2021.

[24] 陈咏锋，钟志光，朱明准. 道路桥梁工程与路基路面施工技术研究 ［M］. 长春：吉林科学技术出版社，2021.

[25] 黄煜镇. 道路与桥梁工程试验检测技术 ［M］. 重庆：重庆大学出版社，2021.

[26] 王渭峰，何有强，吴晶. 道路与桥梁工程试验检测技术 ［M］. 长春：吉林科学技术出版社，2021.

[27] 杨寿君，刘建强，张建新. 城市道路桥梁建设与工程项目管理 ［M］. 长春：吉林科学技术出版社，2021.

［28］黄延，夏俊吾，刘海涛. 道路桥梁工程与维修养护［M］. 汕头：汕头大学出版社，2021.

［29］刘长卿，李延锋，李善洲. 道路桥梁工程建设与施工管理［M］. 长春：吉林科学技术出版社，2021.

［30］王修山. 道路与桥梁工程概论［M］. 北京：机械工业出版社，2020.

［31］武晋锋. 道路与桥梁工程［M］. 天津：天津科学技术出版社，2020.

［32］江斗，刘成，熊文斌. 道路桥梁和工程建设［M］. 北京：中国石化出版社，2020.